MINERVA
TEXT
LIBRARY
28

経営学の新展開

組織と個人の未来像

藤井 耐 編著

ミネルヴァ書房

はしがき

　平均寿命80歳，この人生80年間において，私たち人間が最も密接なかかわりをもつ組織が「家庭」と「企業組織」である。
　本書は，後者の「企業組織」について様々な角度から分析することを目的に著されたものである。
　①組織の成長・発展の要件とは何であろうか。②組織において中核的役割を担う経営者・管理者の機能はどのようなものであるのか。③組織の構造はどのようにデザインされているのか。④企業組織と他企業組織が提携をする，あるいは，合併をする，というが，それはどのような目的で，また，どのような方法で行われるのか。⑤組織が１国内のみならず，海外に進出する目的は何であるのか。また，海外進出戦略には，どのようなパターンがみられるのか。⑥組織で働く人間の満足とはいかなるものであり，それは，いかにして実現されるのであろうか。⑦組織は，いかにして，資金を調達し，その運用を計るのであろうか。また，当該期間の損益や，資本構造は，どのような会計技法により整理されるのか。⑧メーカー，あるいは，流通企業は，顧客・消費者に受け入れられる製品・サービスをいかなる方法により実現しようとしているのか。また，流通機構とはどのようなものなのか。⑨製品の製造，すなわち，生産活動とは，具体的にいかなる方法でなされているのか。⑩企業経営と，直接・間接に関連する法律にはどのようなものがあるのか。⑪企業組織の担い手である経営者・管理者を任用・罷免する権限は，いったい誰が有しているのであろうか。⑫ビッグ・ビジネスのみならず，中小企業組織，あるいは，ベンチャー・ビジネスの経営とは，どのようなものであるのか，等々。
　私たちは，「企業組織」についての多くの知識を得，さらに，その知識を基礎としつつ，自らが，「企業組織」について考え，「企業組織」の構成員の一人

として，「企業経営」にかかわっていくことが要請されているのである。

　編著者である私は，「組織目的と個人目的の同時実現」を目指し，経営学を研究し，また，自らの所属する大学組織構成員の一人として組織的活動を実践している。

　上述のように，『経営学』は，その研究対象としての「企業組織」および，「組織における人間行動」を分析することを主たる目的とし，「経営組織論」，「経営管理論」，「経営戦略論」，「人事管理論」，「生産管理論」，「マーケティング論」，「財務会計論」，「管理会計論」，「国際経営論」，「経営法学」，「中小企業経営論」等々，様々に細分化され，多くの研究成果が蓄積されてきた。

　読者の皆様が，本書により，企業組織に関する多くの知識を得，経営学の学問的意義，また，企業組織の構成員の一人として，自らに付与された職務を遂行することの実践的意義を改めて御理解していただくことができれば，これほど，うれしいことはない。「組織目的と個人目的の同時実現」に向け，共に経営学を研究し，共に組織的活動の謙虚な，かつ秀れた実践者となりたいものである。

　なお，本書は，本年・平成15年（2003年）5月27日（火）に，創立百周年を迎える高千穂学園・高千穂大学に奉職する研究者を中心に執筆されたものである。創立百周年記念の年に，この著書を出版することができたのも，これら諸先生方の御協力を頂けたからに他ならない。そして，何よりも，株式会社ミネルヴァ書房，および，編集部梶谷修氏の御配慮の賜ものである。ここに，心よりの御礼を申し上げる次第である。

　平成15年（2003年）3月

高千穂大学経営学部教授
（学長）

藤井　耐

経営学の新展開
―― 組織と個人の未来像 ――

目　次

はしがき

第1章　経営管理論・経営組織論の基礎理解 ……………（藤井　耐）… 1
　　　　　──コスミック・パースペクティブとカオティック・パースペクティブの
　　　　　　同期化──
　　1　環境安定状況とコスミック・パースペクティブ ……………………… 1
　　2　環境安定状況における経営管理・経営組織の特徴 ………………… 5
　　3　不確実性環境状況とカオティック・パースペクティブ ………… 12
　　4　不確実性環境状況における経営管理・経営組織の特徴 ……… 18

第2章　経営管理論・経営組織論における新たな研究課題
　　　　　………………………………………………………（藤井　耐）… 25
　　1　組織的知識創造マネジメント ………………………………………… 25
　　2　純粋持株会社制組織 …………………………………………………… 31
　　3　コーポレイト・ガバナンス …………………………………………… 37

第3章　経営戦略論 ……………………………………（竹内慶司）… 51
　　1　経営環境の変化と経営戦略の意義 …………………………………… 51
　　2　経営戦略の次元と企業間提携のタイプ ……………………………… 53
　　3　戦略提携のパターン …………………………………………………… 59
　　4　経営戦略のこれから …………………………………………………… 63

第4章　管理会計論 ……………………………………（成田　博）… 67
　　1　企業会計 ………………………………………………………………… 67
　　2　財務会計と管理会計 …………………………………………………… 69
　　3　管理会計の体系 ………………………………………………………… 73
　　4　管理会計と会計情報システム ………………………………………… 76
　　5　管理会計各論 …………………………………………………………… 80

第5章　マーケティング論 ……………………………（庄司真人）… 83
    1　マーケティングとは ………………………………………… 83
    2　標的市場の選定とマーケティング情報 …………………… 85
    3　マーケティング戦略 ………………………………………… 89

第6章　財務会計論 ………………………（深山秀一・赤坂慎二）… 99
    1　財務会計とは何か …………………………………………… 99
    2　財務会計の前提条件 ……………………………………… 101
    3　財務会計に関するルール ………………………………… 104
    4　新会計基準の概要 ………………………………………… 106

第7章　生産管理論 …………………………………（平松茂実）… 115
    1　経営における生産の位置づけ …………………………… 115
    2　生産管理論の対象領域 …………………………………… 116
    3　工業生産の新しい概念 …………………………………… 117
    4　工業生産の本質 …………………………………………… 118
    5　生産の形態 ………………………………………………… 121
    6　生産に必要な要素 ………………………………………… 122
    7　製品（商品）に求められる要素 ………………………… 124
    8　生産管理の本質 …………………………………………… 125
    9　生産管理のプロセスと管理手法 ………………………… 125
    10　製造原価とコストダウン ………………………………… 127
    11　品質と品質管理 …………………………………………… 128
    12　生産の情報システム（IT）化 …………………………… 129
    13　日本経済における工業の位置づけと日本の工業生産のあり方 ……… 131

第8章　人事管理論　……………………………（根本　孝）… 135
 1 人事管理とは何か …………………………………………… 135
 2 日本的人事管理と人事戦略 ………………………………… 139
 3 人事制度と評価制度 ………………………………………… 142

第9章　企業経営と金融　………………………（楠美将彦）… 153
 1 資金調達と企業価値 ………………………………………… 153
 2 市場の不完全性とエージェンシー問題 …………………… 157
 3 コーポレイト・ガバナンス ………………………………… 161
 4 企業のトップボードの構成と企業の価値 ………………… 164
 5 これからの企業経営システム ……………………………… 168

第10章　企業経営と法　………………………（山本剛嗣）… 171
 1 法律は，「権利」（相手にとっては「義務」）について定める … 171
 2 債権の発生する原因としては，約束（契約）と不法行為がある
  ……………………………………………………………………… 174
 3 契約は，他人（代理人）により締結することもできる ……… 176
 4 詐欺，脅迫等による契約の効力 …………………………… 178
 5 契約の解消，権利の変更・消滅 …………………………… 179
 6 労働関係と借地借家関係には，合意の効力が否定されるものが
  多い ……………………………………………………………… 182
 7 トラブルになると証拠が決め手 …………………………… 182
 8 重要な問題の法律的判断は，専門家に相談する ………… 186

第11章　国際経営論　…………………………（松崎和久）… 189
 1 国際ビジネス環境 …………………………………………… 189
 2 日本の国際競争力とアドバンテージ ……………………… 190

3　グローバル戦略の論点 ……………………………………… *194*
　　　4　グローバルな組織デザイン ………………………………… *200*

第12章　中小企業・ベンチャー企業経営論 ……………（鹿住倫世）… *207*
　　　1　中小企業・ベンチャー企業とは ………………………………… *207*
　　　2　経済・産業における役割 ………………………………………… *209*
　　　3　中小企業経営の特徴 ……………………………………………… *213*
　　　4　ベンチャー企業経営の特徴 ……………………………………… *217*

用語解説 ……*227*
索　　引 ……*241*

第1章 経営管理論・経営組織論の基礎理解
——コスミック・パースペクティブとカオティック・パースペクティブの同期化——

> ▷ポイント
>
> 本章は,約100年の歴史を有する経営管理論研究,および,約70年の歴史を有する経営組織論研究を,コスミック・パースペクティブ(環境決定論的視点)および,カオティック・パースペクティブ(戦略的選択論的視点)の両視点に大きく分類しつつ,その代表的学説の系譜を実際の組織行動,経営者・管理者行動の変遷と関連させながら整理していくこととする。

【キーワード】 コスミック・パースペクティブ,カオティック・パースペクティブ,環境決定論,戦略的選択論,組織進化,ネットワーク戦略,人間欲求とモティベイション,人間関係論

1 環境安定状況とコスミック・パースペクティブ

組織(企業組織)は,環境との適応を意図していかなければ,組織そのものの存続が困難・不可能となることは,いうまでもないことである。同時に,組織は,組織を構成するメンバーから,組織目的を受容する意思,および,行動を得られなければ,組織の存続・成長が実現できないこともこれまた,周知の通りである。

このことを経営学的に表現するなら,前者の環境―外部環境―との適応を意図する機能が,「戦略」(Strategy)であり,後者の組織構成員の組織目的に対する受容意思,貢献行動を確保・実現する機能が,「管理」(Management)なのである。そして,この2つの機能こそ,経営者・管理者に要請される二大機能であると同時に,換言すれば,組織の存続・成長のための二大要件なのである。

アメリカ産業界を例にあげるならば,1870年代の産業革命終了と同時に,組織のBig Business化が顕在化し,特に,「経営管理機能」の重要性が認識され

てくるのである。

　組織のBig Business化とは，巨大化する組織をいかに「効率的」かつ「合理的」に運営していくのかという機能が必然的に要請されてくることを意味するものであり，そこに登場した最初の経営管理が，1895年，F・W・テイラーにより発表された「差別出来高払い賃金形態」である（Taylor［1］）。

　その後，1924年から1932年にかけて，米国ウエスタン・エレクトリック・カンパニーのホーソン工場における実験研究を契機に，組織におけるマネジメントの立脚点は，組織メンバーの「情緒・感情」および，人々の情緒・感情により自然発生的に形成される「人間関係（非公式組織）」にあるとの時代（人間関係論的マネジメント〔Mayo［2］〕）を迎えるのである。

　ところで，F・W・テイラー以来，人間関係論の時代を経過し，アメリカ産業界の成長期に到るおよそ60年間，学問的にはもちろんのこと，実務の世界それ自体においても，組織成長の二大要件の一つである「管理」についての理論，および，技法は，様々生まれたにもかかわらず，もう一方の組織成長要件である「戦略」については，ほとんど議論されることはなかったといえるのである。何故なのか。それは，いうまでもなく，「戦略」が，外部環境との適応機能であるという既述の概念規程からも明らかな通り，まさに，この時代は，外部環境への関心を示すまでもなく，それほどまでに，組織環境が安定的であったということができるのである。換言するなら，米国フォード社の例が顕著に示す如く，「量産量販体制」が，実現化・機能化できるほどに，「作れば売れる」市場成長期だったのである。だからこそ，経営者・管理者の関心は，「戦略」（外部環境への適応行動）ではなく，「管理」すなわち，組織内部の「効率的・合理的運営」それ自体にあったのである。この現象は，わが国でみるなら，戦後，1960（昭和35）年初期から1970（昭和45）年代における「高度経済成長期」の時代なのである。

　ところが，アメリカにおいては1960年代より，わが国においては，1973（昭和48）年の第一次石油危機の頃より，徐々にではあるが，外部環境との適応，すなわち，「戦略」に関心を示さなければならない時代を迎えることになるの

である。このことを立証する主要な根拠の一つとして，米国経営学において，初めて「戦略」の概念が登場し，それが，H・I・アンソフの「Corporate Strategy（企業戦略論）」(1965年) である (Ansoff［3］)。

　さらに，時を同じくして，組織および，管理についての見方・考え方についても，超歴史的・普遍妥当な管理機能・組織構造を論及する姿勢から，管理や組織の機能・構造は，一定の状況（例えば，環境特性，技能の違い，あるいは，組織構成員の価値感，行動様式の違い等）とフィットした時にこそ有効なのであり，普遍妥当な一般化できうるような管理方式や組織構造は存在しないといった「コンティンジェンシー・パラダイム（状況適合理論）」の時代を迎えることになるのである。

　例えば，1961年には，T・バーンズ＆G・M・ストーカーが，「安定的環境においては，官僚制組織など機械的組織構造が，また，予見困難な環境においては，有機的組織構造が，それぞれ機能しうるのである」ということを理論化 (Burns & Stalker［4］) し，1962年には，A・D・チャンドラーが，「構造（組織構造）は，戦略に従う」という命題を提示 (Chandler［5］) し，1965年には，J・ウッドワードが，「組織構造は，技術の複雑性に比例して，その差異性がみられる」との提唱をした (Woodward［6］)。さらに，1967年には，今日の，コンティンジェンシー・パラダイムの普及に多大の影響を与えたP・ローレンス＆J・ローシュが，「組織は，環境との相互作用によって成長・存続するオープン・システムであり，その構造は，要請される環境により異なる」とする理論モデルを打ち出したのである (Lawrence & Lorsh［7］)。

　これらの理論を統合化・体系化したわが国経営学の代表的研究者の一人が野中郁次郎であり，同氏の「統合的コンティンジェンシー・モデル（野中［8］)」図1-1により，環境・戦略・組織・組織パフォーマンスの体系的フレームワークが明示化されたのである。

　上記の諸研究からも明らかなように，1890年代より1960年代頃までの時代は，組織の内部効率性を第一義的目的としつつ，賃金管理，人間関係管理にウエイトをおいたマネジメントが主流をなし，環境安定状況下において何ら戦略（外

図1-1 環境安定状況および、環境不確実性状況における環境・戦略・組織・(管理)・人間行動の体系的関係とその差異性

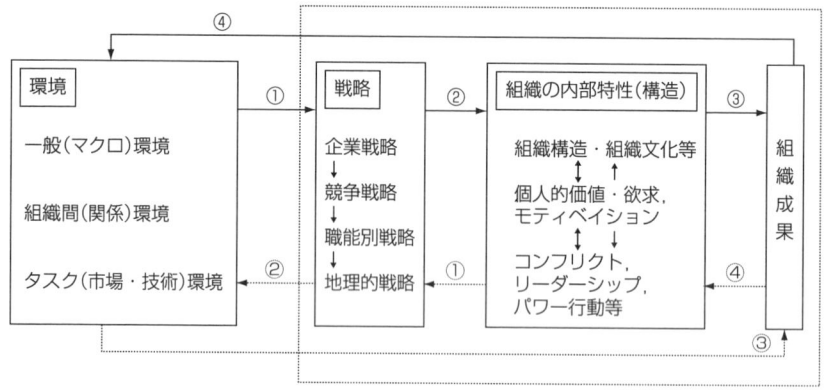

（注）　実線（→）が、経営者・管理者にみるコスミック・ビヘイビア（環境決定論的行動）。
　　　　点線（⋯→）が、経営者・管理者にみるカオティック・ビヘイビア（戦略的選択論的行動）。
（出所）　野中郁次郎『経営管理』日経文庫、1980年、174ページを参照し筆者が再構成。

部環境適応戦略）を強く意識する必要もなく、内部管理中心の経営が展開されてきた。ところが、1960年代より1970年代初頭にかけ、徐々にではあるが、外部環境に注目しなければならない時代に入り、同時に、管理・組織構造についても、普遍的・一般的方式の追求から、一定の状況下において有効な方式・組織構造を模索する段階に到るのである。すなわち、コンティンジェンシー・モデルとは、野中モデル、あるいは、チャンドラー命題からも明らかなように、「まず環境ありき」、換言するなら、「環境を与件」とする「環境決定論」であるということなのである。環境を与件としつつ、環境に適合する戦略を策定し、次に、戦略を具現化するための管理方式・組織構造を構築し、さらに、この管理方式・組織構造にフィットしうる人間行動を要請するという「環境→戦略→構造→人間行動」のベクトルを前提とした体系的関係を意図してきたのである。筆者は、この種の体系的関係を、「コスミック・パースペクティブ」と呼んでいる。つまり、テイラー以来、コンティンジェンシー理論までの理論的系譜を分析すれば、まさに、環境を視野に入れる必要がないほどまでに環境が安定していた時代も、また、徐々にではあるが、環境を視野に入れる段階に到ったア

ンソフ理論，コンティンジェンシー・モデルも，一括して，「コスミック・パースペクティブ」として捉えることが好ましいと考えられるのである。

2 環境安定状況における経営管理・経営組織の特徴

　既述のように，環境が，安定状況に位置している組織の環境・戦略・管理・人間行動の体系的関係は，環境を与件としつつ環境に適合する戦略の策定（環境適合的戦略），戦略を実現するための管理（戦略適合的管理〔含，組織構造〕），そして，管理を機能化するための人間行動（管理適合的人間行動）というベクトルで捉えることが有効であるといえるのである。

　では，そのような体系的関係を前提とするマネジメント，すなわち，「コスミック・マネジメント」とは，具体的にどのような方法であるのか，この点について少し論述しておくことにする。

　コスミック・マネジメントにおいては，環境および，戦略を与件としつつマネジメントの内容が決定されていくということであるので，そのマネジメント観は，与件としての戦略を実現するために，いかにして，組織の内部を効率的・合理的に機能化させることが可能であるかが最も重要な課題となる。この効率性・合理性を具現化するための具体的マネジメントとして初めて展開された方式が，既述のF・W・テイラーによる「賃金」に着目した「差別出来高払い賃金形態」である。この賃金形態は，同一の職務を担当する者（テイラーの場合は，主に工場労働者）のなかで，最も作業能率・生産性の高い従業員を賃率設定の基準とするものである。ということは，生産性の高い従業員だけは，ある程度の経済的欲求を充足しうるものの，作業能率の中程度，さらには，低い従業員においては，仕事はしても十分な賃金を得ることは困難となるのである。わが国労働史でみるなら，明治・大正期における紡績・繊維産業においてみられた女工哀史の世界なのである。今日では，憲法第27条第2項にみられる労働条件の保障を確保するための労働法の一つとしての最低賃金法が設定され，さらに，この最低賃金法を前提としつつ個別企業において独自の賃金体系（含，

基本給）がデザインされ，ある程度の経済欲求の充足は実現されてきたといえるであろう。やや古いデータではあるが，1988（昭和63）年における労働者1人当たり月額平均現金給与総額は34万1160円（30人以上規模事業所），そのうち定期給与は25万4865円，月当たり平均特別給与（ボーナス等）は，8万6295円であり，定期給与25万4865円のうち，諸手当（所定外給与〔残業手当等〕）を除いた所定内給与は，22万9924円である。ただし，このデータの発表された昭和63年以後いわゆるバブル経済の破綻を経ておよそ15年後，2002（平成14）年の今日，月額平均現金給与総額は，約40万円であり，この15年間で6万円程度の増加にしかすぎないことを看過してはならないと同時に，テイラーの差別出来高払い賃金形態が，最も優秀な作業者を賃金の設定基準としたこととは本質的に異なるものの，今日，多くの組織において，試行錯誤の段階とはいえ採用されている成果主義賃金形態は，日本的賃金体系（年功給，職能給，総合決定給等）とは大きくその理念が異なるものであり（欧米の職務給とも異なる）およそ100年前に提案・実施された「能力と賃金」の実績主義・業績主義に非常に類似した賃金形態・賃金体系が今日，わが国企業組織においても採用されていることに注目しなければならないであろう。

さて，コスミック・マネジメントの代表的方式としてあげられる第二のマネジメントは，1924年から1932年にかけてアメリカのウエスタン・エレクトリック・カンパニーのホーソン工場において実施された「ホーソン研究（Roethlisberger & Dickson［9］）」を契機として生まれた「社会的欲求充足マネジメント」である。

このホーソン実験の結果が，企業のマネジメント，ないしは，経営者に与えた影響は，組織のマネジメントにとっての重要な視点は，賃金，あるいは，休憩時間，作業環境等が組織構成員のモティベイションに影響を与えるのではなく，彼らの人間としての感情・情緒，さらには，感情・情緒により自然発生的に形成される非公式組織（人間関係）こそ人々のモラールの高揚，貢献意欲の確保にとって大切な要因となるということなのである。

このホーソン研究の成果を参考に生み出された人間関係論的マネジメントの

第1章　経営管理論・経営組織論の基礎理解

図1-2　非公式組織の4類型モデル

	組織制度・上司に対する態度 (−)	組織制度・上司に対する態度 (+)
職務遂行を通じての精神的・人格的成長を求める意識 (+)	（第3類型） 精神的満足追求型非公式組織	（第4類型） 理想的非公式組織
職務遂行を通じての精神的・人格的成長を求める意識 (−)	（第1類型） 自他否定的非公式組織	（第2類型） 他者肯定的非公式組織

具体的方式が，①従業員意識調査，②職場懇談会制度，③カウンセリング制度，あるいは④福利厚生管理制度等である。

　ところで，人間関係，あるいは，非公式組織といった場合，非公式組織の内容についてより詳細に考察することが必要とされるわけであるが，ホーソン実験においては，その分析がやや不十分であると思われるため，ここでは，非公式組織に関する筆者の仮設的類型論を論述しておくこととする。

　非公式組織，すなわち，組織構成員の感情によって自然発生的に形成される人間関係といった場合，その具体的類型は，2つの類型基準を設定することにより，4種類のパターンとして捉えられるものと思われる。

　類型基準の第一は，組織の諸制度ないしは，自らの上司等に対する肯定的・否定的感情（もちろん，中立的感情もある），第二は，自らの職務に積極的にかかわることにより，職務遂行を通じての人間的成長あるいは，精神的満足を得たいとする態度の有無（これにも中立的態度はある）である。このパラレル（異次元）な2つの類型基準により4種類の非公式組織を理念的に明示化できるのである（図1-2）。

　第1類型は，組織ないしは上司に対し否定的感情を有すると同時に，自らの職務遂行に対しても何ら興味をいだくこともなく，精神的満足を求めようという意思を有しないメンバーにより形成される非公式組織であり，「自他否定的非公式組織」と呼ぶことができよう。第2類型は，組織ないしは，上司に対しては肯定的態度を有するが，自らの職務遂行を通じての人格的成長に対しては，

主たる関心を示さないメンバーにより形成される非公式組織であり,「他者肯定的非公式組織」と呼ぶことにする。第3類型は, 組織ないしは, 上司に対しては否定的であるが, 自らの職務遂行には強い関心・責任感を有し, 職務遂行を通じての人格的成長をはかることに精神的満足を見出したいというメンバーにより形成される非公式組織であり「精神的満足追求型非公式組織」と呼べるものである。そして, 第4類型こそ, 最も理想的なパターンであり, 自他共に成長（含,組織）することに強い関心を示す「理想的非公式組織」である。

さて, コスミック・マネジメントの代表的研究ないしは, 方式の第三は, 上記のテイラー方式, あるいは, ホーソン研究を契機に発展した人間関係論的マネジメントの時代を経て, 1950年代より1960年代にかけて, 展開されてくることになる。ここでは, それを「欲求・動機づけマネジメント」と呼ぶ。そして, この「欲求・動機づけマネジメント」には,「規範理論」と呼ばれる研究と, 1970年代に入り規範理論に対する批判的研究として生まれた「欲求・動機づけに関するコンティンジェンシー理論」の2種類の学説・方式がある。そこで, まず初めに,「欲求・動機づけに関する規範理論」の代表的研究から概観していくことにする。

1954年にA・H・マズローが,「*Motivation and Personality*」(Maslow [10]) において, また, F・ハーズバーグが,「*Work and the Nature of Man*」(Herzberg [11]) において, 自己実現（Self actualization）という概念を提示した。既述の非公式組織に関する類型基準において, その一方に職務を通じての精神的満足の充足を志向する基準を示したわけであるが, この類型基準は, マズロー, および, ハーズバーグの「自己実現人モデル」に立脚しているものなのである。

さて, マズローによれば, 組織に参加する全ての人間（この考え方を「規範モデル」という）は, あるいは, 人間一般は, 経済的欲求, 社会的欲求が充足されていく過程で, 最終的に, 人間欲求としての最も高次元のレベルにおける自己実現欲求, すなわち, 自らに付与された社会的役割, ないしは, 職務を遂行することそれ自体に人間としての精神的満足を見出したとする欲求に到達す

るとの分析をされている。たしかに私たち人間は，①職務に興味・関心を有している時，②担当職務に何らかの意義を見出している時，③職務に付与されている責任の重さを認知した時，④職務遂行に自らの意思決定権限・自由裁量権が付与されている時，あるいは，⑤職務に対して不断のイノベーション・創造的破壊を実行している時，まさに，美しい自然に遭遇した時と同様な，美しい心を具備した人間に出会った時と同様な，秀れた芸術作品・学問的業績にめぐり会えた時と同様な精神的満足を得ることがあるであろう。マズローの「自己実現」の意味は，まさに，この種の精神的満足を指しているのである。ところで，マズロー学説にみられるこの欲求観は，ハーズバーグにおいても同様である。ただし，下記の点において，マズロー・モデルとハーズバーグ・モデルとは基本的に相違するものである。すなわち，マズロー理論が，人間の欲求構造をより基礎的・基本的欲求としての経済的欲求を起点に，順次，安全欲求，社会的欲求，自我欲求，自己実現欲求へと同一次元上をより階層的に上位に高次元化していくものであると捉えているのに対し，ハーズバーグ理論にみられる欲求構造は，マズロー理論の自己実現欲求と同一の概念として捉えられる「精神的成長欲求」と，もう一方，それとは，全く異次元―パラレル―の欲求としての「不満足回避欲求」の二次元構造として人間の欲求構造をモデル化しているという点である。

　ハーズバーグによれば，前者の精神的成長欲求こそが，人々を真に職務へモティベイトする欲求であり，その充足要因（モティベイション要因）として，①仕事それ自体，②仕事の達成感，③責任の付与，④組織からの承認，および，⑤昇進の5要因があげられている。また，後者の不満足回避欲求とは，直接的に人々のモティベイションとは何ら関係するものではなく，職場生活上の不満を回避・防止したいとする欲求であり，その充足要因（環境要因）として，①賃金，②上司の監督指導方法，③作業条件，④人間関係，および，⑤会社の経営方針・制度の5要因をあげている。

　いずれにせよ，上記両理論により，組織における人間の欲求構造が体系的に明らかにされ，なかでも，自己実現欲求・精神的満足欲求の重要性，および，

その充足要因としての「仕事・職務」の有する意義が立証されていったのである。特に，ハーズバーグは，自己実現充足マネジメントの具体的方式としての「職務充実化政策（ジョブ・エンリッチメント〔Job enrichment〕）」を提唱し，その対象は，マネジメントの職位にある経営者・管理者ではなく定型職務を担当する一般従業員（オペレーター）に向けられたのである。すなわち，経営者・管理者には，一定の責任はあるものの，同時に，職務遂行上の権限，ないしは，自由裁量権が付与されており，かなりの程度において，職務上の精神的満足が得られる可能性が高いわけであるが，現場のオペレーターは，定型職務・単純労働ということからも理解できる通り，職務の性格上，仕事を通じての自己実現が相当，困難なのである。そこで，たとえ，定型ワークであるにせよ，職務遂行に関する計画・実行・判定および，調整といった一連の垂直的職務遂行過程を可能な限りその担当者に委譲し，そのことによる精神的満足の実現を計ることを意図したのである。

さて，次に，「欲求・動機づけマネジメント」に関する第二の研究方法，「欲求・動機づけに関するコンティンジェンシー・モデル（状況適合理論）」の代表的学説を概観する。

モティベイションに関する状況理論の代表的研究者としては，V・H・ブルーム（Vroom [12]），および，L・ポーター＆ E・E・ローラー（Lawler & Porter [13]）をあげることができよう。

モティベイションに関する上記研究者等に代表される状況理論は，「期待理論」とも呼ばれている。期待理論によれば，人間のモティベイションは，①組織が提供・準備する諸誘因のなかに，自らの主観的価値を有する誘因が存在していること，および，②主観的価値を有する誘因が獲得可能であることの2条件が同時に充たされる時に発生するということになるのである。マズロー，ハーズバーグによれば，人間の欲求の最高次元の欲求が，自己実現欲求，ないしは，精神的成長欲求であり，この種の欲求こそ人々を真に，職務上のモティベイションに導きうるものであるということであった。さらに，この種の欲求は，全ての人間に共通するものであり，人々は，皆，この種の欲求を追求するとい

う規範的パラダイムを提示したわけである。たしかに，マズロー等の学説は，人間の欲求構造あるいは，モティベイションに関するモデルとしてかなりの程度において説得性を有するものであると思われるが，同時に，私たち人間は，ある人は経済的欲求を最高次元の欲求として認知し，また，ある人は，社会的欲求を，あるいは，自我欲求をそれぞれ自らの追求すべき第一義的欲求として認知しているという事実が存在していることも看過できないのである。ブルーム等の状況論的パラダイム，ないしは，人間観が，「リアル・マン・モデル」と呼ばれるのもそのためである。

それでは，この状況論的パラダイムにおけるモティベイション・マネジメントとはいかなる内容のものであるのか。既述のように，規範論的パラダイムに立脚するモティベイション・マネジメントは，ハーズバーグの職務充実化政策にみられるように「職務」に視点を置くマネジメントを展開すればよいわけであるが，人間の個々人の求める欲求には，明らかな差異性があるとする状況論的パラダイムに立脚した場合，その内容は大きく異なることになるのである。この点を理論化した代表的学説が，R・J・ハウスの「目標・経路理論（A Path-Goal Theory（House［14］）」である。

ハウスによれば，欲求・動機づけに関する期待理論に立脚した場合，そこにおける経営者・管理者のモティベイション・マネジメント行動は，以下の如くとなる。

第一は，モティベイションの第1条件である組織の提供・準備する諸誘因のなかに，自らの主観的価値を有する誘因が存在することに関連するリーダーシップ行動として，「部下（フォロワー）の主観的価値（これが〔Goal〕）を知ること」，および，第二は，モティベイションの第2条件である自らの主観的価値を有する誘因が獲得可能であることに関連するリーダーシップ行動として，「部下が自らの主観的価値を有する誘因を獲得するための経路・方法（これが〔Path〕）を提示してあげること」ということになるのである。

ハウスの学説が，「目標・経路理論（A Path-Goal Theory）」と呼ばれるのはこのためである。

さて，以上において，テイラー以来，比較的に，組織環境が安定している時代における組織行動および，組織における人間行動を分析対象としてきた代表的学説を概観してきた。筆者は，これらの学説，ないしは，現実の組織行動を「コスミック・パースペクティブ」として位置づけていることは，既述の通りである。

それでは，組織環境が，不確実性の様相を呈してきた今日，そこにおける組織行動はいかなるものであるのか，また，その組織行動を分析する経営管理論・経営組織論には，いかなる学説が生まれてきているのか，次節では，「カオティック・パースペクティブ」と筆者が呼ぶ組織行動，経営者・管理者行動および，それらを分析した新たな理論モデルを考察していくことにする。

3 不確実性環境状況とカオティック・パースペクティブ

アメリカにおいては，1960年代以後，わが国においては1970年代以後，特に，バブル崩壊後の1990年代初頭より今日，企業をめぐる環境は，不確実性の様相を一層強めているといってよいであろう。第*1*節・第*2*節において考察したように，環境が安定している状況下における環境・戦略・管理・人間行動の体系的関係は，コンティンジェンシー・パラダイムにみられる如く，環境を与件とした戦略を策定し，効率性・合理性を中心とする組織原則・管理原則に基づく組織運営がなされてきたのである。ところが，環境不確実性状況下におかれている組織において，果たしてコスミック・マネジメントは機能しているのであろうか。

そこには，明らかに，従来とは全く異質の経営者・管理者行動ないしは，組織行動が顕在化してきているのである。この新たな現象に着目した理論が，「戦略的選択論的パラダイム」なのである。本節では，この環境に積極的に働きかける組織の自律性・主体性に注目した代表的学説を順次検討していくこととする。

ところで，環境という概念が，経営組織論・経営管理論，あるいは，経営戦

略論領域における中心的コンセプトとして使用されているわけであるが，いかなる定義をすることが好ましいのであろうか。ここでは，R・N・オズボーン＆J・G・ハントの環境類型論に従い整理してみよう（Osborn & Hunt [15]）。

彼らによれば，環境とは，①政治・経済・人口動態・文化等に代表される一般環境（General Environment），②組織と組織の関係次元である組織間環境（Inter Organization Environment）および③組織の戦略策定に最も密接な影響を及ぼす次元であるタスク環境（市場・製品技術）：（Task Environment）の3次元で捉えられることになる。とするなら，「環境不確実性」とは，これら3次元のうちのどれか一つ，ないしは，複数の次元において，その分析が困難ないし不可能であるか，あるいは，好ましからざる状況（例えば，当該製品市場の成熟化・衰退化等）にあることを意味しているということなのである。

J・R・ガルブレイスは，環境諸次元に対する分析・確認が困難ないしは，不可能な状態を次のように整理し，「環境不確実性」を定義している。すなわち，「環境不確実性とは，タスクを実行するために要請される情報所有・処理量と，実際に組織が所有する情報（処理）量との差（Galbraith [16]）」ということである。J・R・ガルブレイスの学説については，改めて後述するが，今日の企業組織は，このJ・R・ガルブレイスの環境不確実性の定義にみられるような，環境から要請される情報量と組織自らが保有する情報量との差が一層拡大しつつあるとみることができるであろう。

では，環境不確実性が高まるなかで，組織はいかなる行動を展開しているのであろうか。換言すれば，環境安定状況下においてみられた「環境→戦略→管理→人間行動」の体系的関係は，いかなる方向に転換されているのであろうか。

この新たな組織行動を分析した最初の研究が，D・T・キャンベル（Cambell [17] 1965），および，K・E・ウエイク（Weick [18] 1969）であるといえるであろう。

D・T・キャンベルは，組織進化の本質を，組織内に発生する「カオス（Chaos：混沌）」にあることを説き，このカオスに基づく「変異→淘汰→保持」

の循環プロセスこそが組織行動ないしは，経営者・管理者行動に求められる第一義的進化要件であることを明らかにした。また，K・E・ウエイクは，「人間という行為者は，環境に反応 (react) するのではなく，環境を演ずる (enact) ないしは，システムが適応できるような環境を創造 (create)（創造環境〔enacted environment〕）する」という認識に立脚し，組織の自律性・主体性に着目しているのである。

キャンベルの「変異→淘汰→保持」といった進化プロセスないしは，「カオス」概念，あるいは，ウエイクの「創造環境」概念は，少なくとも，テイラー以後，バーナード，サイモン，さらには，コンティンジェンシー理論に到るまで，全くみることのできなかった概念である。

さて，理論史的にみると，D・T・キャンベルおよび，K・E・ウエイクの進化論モデルに何らかの影響を受けつつ，組織論において，「戦略的選択 (Strategic Choice)」の概念を，コンティンジェンシー理論にみる「環境決定論」の対概念として提示したのが，J・チャイルド (Child [19] 1973) である。また，キャンベル，ウエイクらの進化論モデルを一層精緻化したのが，E・ジャンチ (Jantsch [20] 1981) であるといえよう。さらに，チャイルドの戦略的選択の概念が，後述する組織デザイン論，あるいは，組織間関係論の発展に多大の影響を与えたのである。

それでは，キャンベル，ウエイクにより展開され，人間及び，組織の自律性・創造性，あるいは，コスモス（調和）からカオス（混沌）への組織編成原理の転換に着目した組織進化論のより詳細な内容を，E・ジャンチおよび，野中郁次郎（野中 [21] 1985〔昭和50〕年）の研究を参考に検討してみよう。

野中郁次郎は，ジャンチにより提唱された「セルフ・オーガナイジング（自己組織化）」の概念に立脚しつつ，下記の如く自己革新的組織の諸条件を提示している。①深耕可能性・応用可能性のあるドメイン（ドメインとは，企業戦略論上の概念であり，組織が活動する具体的事業領域という意味である。そして，この事業領域は，⒤産業・製品の決定，ⅱライン機能の決定，および，ⅲ地理的市場の決定という3つのディメンションから構成されている）の選択，②トップ・マ

ネジメントによる組織内カオスの創造（より具体的には，ⅰ新規事業への参入，ⅱ中途採用者の受け入れ等による組織内既成文化と，新たな文化との意図的衝突，ⅲ企業内ベンチャー等による異種混合人事システム等），③個人・集団・組織間の関係をタイトな関係（例えば，官僚制組織）からルースな関係（例えば，フラット型組織，プロジェクトチーム等）にシフトさせることによる個人の「自律性」の確保，④既述の②にみられた新規事業の参入もその顕著な方法の一つであるが，すでに習得された知識・技術を「アンラーニング（学習棄却）」することにより変異→淘汰→保持の進化プロセスを繰り返すという意味における「自己超越」，⑤組織（この場合は，組織制度そのものを指す場合もあるし，経営者〔トップ・マネジメント〕にみられる一般的行動パターンを指す場合もある）の保守性あるいは，慣性力と，個人の自律性を共振・衝突させること（ミドル・マネジメントの革新的コンフリクト・マネジメントが非常に重要となる），⑥組織内すべての構成員が，自由な解釈をなし得るような曖昧な戦略ビジョンの提示，および，⑦淘汰された新たな情報・知識の組織内普及機能の 7 条件である。第 **2** 章において論述する「組織的知識創造マネジメント論」も，その理論的ベースは，強く，この「組織進化論」に影響を受けているのである。

　それでは，次に J・チャイルドにより初めて使用された「戦略的選択」の概念を中心に，組織デザイン論・組織間関係論の代表的研究を概観する。

　チャイルドによれば，組織階層の垂直化の程度，ライン部門とスタッフ部門の比率，1 人の管理者に対する部下の人数，組織形態（集権的職能別部門制組織，分権的事業部制組織，マトリックス制組織，カンパニー制組織等）の選択，あるいは，職務責任・職務権限の明確性の程度（ルースかタイトか）等の組織構造は，その創出権力を有する「組織を支配する一部のグループ（Dominant Coalition）」（例えば，取締役会であるとか，経営戦略委員会であるとか，社長室等）の戦略的決定であるとしている。チャイルドにみられるこの種の指摘は，組織の自律的・創造的機能を一層重視する顕著な論述とみることができよう。

　そこには，コンティンジェンシー理論にみられた環境を与件とする「環境→戦略→管理→人間行動」の体系的関係とは全く異質の，個人および，組織の自

律性・創造性を前提とした「人間行動→管理→戦略→環境（創造）」といった，新たなベクトルにより捉えられる組織行動，経営者・管理者行動を意図しているのである。前掲図 1-1 における点線（……➤）である。

　さらに，J・R・ガルブレイスは，既述の自らが定義した環境不確実性に着目し，組織の環境不確実性に対応するための環境不確実性対応戦略を下記の如く 2 種類に整理し説明している。

　第一は，「環境デザイン戦略」であり，これは，環境から要請される情報量を削減することにより環境不確実性の程度を軽減するための戦略である。ガルブレイスによる「環境デザイン戦略」は，「他組織とのネットワーク戦略」とみることができよう。その意味では，組織デザイン論であると同時に，組織間関係論と呼ぶこともできるのである。

　さて，ガルブレイスによれば，他組織とのネットワーク戦略，すなわち，環境デザイン戦略には，具体的に下記のようなパターンがみられるということである。①暗黙的協同（同一産業他組織からの重役導入），②コオプティング（Coopting）（他産業他組織からの重役導入），③コアリッション（Coalition）（カルテル，ジョイント・ベンチャー等），④戦略的策略（合併等）および，契約（長期売買契約，あるいは O・E・M〔Original Equipment Manufacturing〕契約等）があり，これらを総称して「協同戦略」と呼んでいる。

　このガルブレイスの分析は，今日，わが国，アジア，米国，ヨーロッパを含む産業界全体，世界規模レベルにおいて一層顕著になっていることは改めていうまでもないことであろう。ドイツ，ダイムラー・ベンツと米国，クライスラーの合併，フランス，ルノーと日産自動車の資本提携，JR 系日本テレコムと，英国，ブリティッシュ・テレコムおよび，米国，AT&T の資本提携，富士，第一勧銀，日本興業銀行の合併（現，みずほ銀行），さくら銀行と住友銀行の合併（現，三井住友銀行），東京銀行と三菱銀行の合併（現，東京三菱銀行），NEC と日立の半導体提携，トヨタと中国第一汽車との生産・販売提携等々，環境不確実性対応を目的とする「環境デザイン戦略」は，ビッグ・ビジネスにおいても，中堅，スモール・ビジネスにおいても顕在化する一方である。

ところでガルブレイスは「環境デザイン戦略」として，上記の「協同戦略」と同時に，他組織とのルースな連携を目的とする「独立戦略」の存在することを指摘している。具体的には，①競争戦略の充実，②PR対応（イメージ戦略)，および，③社会問題へのコミットメントである。

　次に，第二の「内部組織デザイン戦略」についてみてみよう。この戦略は，環境デザイン戦略が，他組織とのネットワーク戦略であるのに対し，自らの組織内部において採用される環境不確実性対応戦略である。そして，この内部組織デザイン戦略は，環境から要請される情報量を削減するための戦略と，環境から要請される情報処理量に対し，自らの情報処理能力を高める戦略の両者に細分化され捉えられている。前者の具体的戦略としては，①製品別・地域別事業部制組織の採用による自己充足的職務の創造（これは，事業部制組織が，事業部長を中心とする独立採算体制であることを考えれば，理解できるであろう)，および，②プロセス在庫の増加，ユーザー待ち時間の延長等，スラック資源の確保が代表的な方法としてあげられている。なお，①についてみてみるなら，第2章において考察する純粋持株会社制組織，あるいは，カンパニー制組織は，事業部制組織以上に，自己充足的組織形態であるということになる。

　後者，すなわち，組織自らの情報処理能力を高めるための具体的戦略としては，①組織内の垂直的・水平的情報経路を充実させるという意味において，事業部制組織および，集権的職能別部門制組織の長所を同時に採用する目的でデザインされたマトリックス制組織をあげることができよう。ガルブレイスは，「水平的関係の創造」と表現している。②コンピュータの導入による垂直的情報システムへの投資も提示されている。

　以上，ガルブレイスの研究を中心に，環境不確実性対応戦略を概観したわけであるが，この他にも，J・フェッファー＆　G・R・サランシック等の研究（Pfeffer & Salancik [22]）も貴重な研究として参考となるものである。

4 不確実性環境状況における経営管理・経営組織の特徴

　D・T・キャンベルにはじまる組織進化論，J・チャイルドにはじまる組織デザイン論および，組織間関係論が，コンティンジェンシー組織論までの諸理論が研究対象としてきた安定的環境状況に位置する組織行動とは異なり，不確実性環境状況における組織行動を分析対象とすることにより，改めて，組織の有する自律性・主体性，あるいは，創造性を認知することができたといえよう。この組織の有する自律性・主体性・創造性に着目するという組織観は，過去の諸学説に看過されてきた組織本来の特性を明らかにしたということに他ならないわけであるが，同時に，組織は，自らの意思・能力により，新たな環境を創造しない限り，この不確実性環境下における存続・成長は困難であるということを改めて示したものであるともいえるのである。既述のように，組織内に一定のカオスを発生させ，変異→淘汰→保持の進化プロセスをスパイラルに持続させる機能，他組織とのネットワーク形成により環境不確実性を削減させる機能等，経営者・管理者を含めた全ての組織構成員に新たな資質，新たな行動が求められているのである。

　それではまず，組織内部に視点をおくマネジメントについて組織進化論に立脚しつつみていくこととする。

　効率性・合理性とは性格を異にする創造性原理ないしは，カオス原理を具現化するためのマネジメントとは，いかなるものであるのか。

　組織進化の諸条件の一つとして，個人・集団・組織の関係をルースにすることにより，個人の自律性を尊重するということが提示されていたわけであるが，人間行動→管理→戦略→環境（創造）という体系的関係を機能化せしめる最も基本的な要件は，この種の個々人の自由な発想を受容する組織的構造マネジメントを展開しなければならないということなのである。例えば，プロジェクト・チーム型組織編成，あるいは，社内ベンチャー等が考えられるであろうし，組織構造と同時に，組織・部門内において自由な発想・個の自律性を受容しう

る組織風土の醸成等も必要となるであろう。また，実験主義・行動主義による組織メンバーに対する寛容的マネジメントもその一つである。大過なく，付与された職務を機械的に遂行する状況にはないのである。

　さらに，このことは，人事考課システムにおいても，本質的変更が求められることになる。すなわち，量産量販体制下における合理性・効率性原理に立脚する人事考課は，画一的評価基準に基づく相対主義・減点主義が中心であった。それに対し，創造性原理・カオス原現を前提とする人事考課は，個々の組織メンバーの秀れた点を多面的角度から評価する絶対主義・加点主義でなければならないのである。ゼネラリストとしての資質を有する者，スペシャリストとしての資質を有する者，それぞれの適性・意思を一層重視することにより，個々人の自律性を顕在化していかなければならないのである。絶対主義人事，加点主義人事，あるいは，実験主義・行動主義を前提とするマネジメントが展開されるからこそ，人々は，自由な，種々多様な意見を戦わせ，そのカオティックな状態から，メンバーの総意によるアイデアが淘汰されていくことになるのである。このことは，トップ・マネジメントに対し，分権化と集権化の同時実現という機能が要請されていることを意味しているのである。

　上記のように，組織進化論は，当該組織それ自体を対象とした組織進化条件を考察する理論であり，その視点からのマネジメントを論じてきた。次は，組織間ネットワーク（組織セット）を分析対象とする組織デザイン論および，組織間関係論に立脚しつつ環境不確実性状況における経営管理・経営組織についてみていくこととする。

　既述のガルブレイスあるいは，フェッファー＆サランシック等の研究にみられるように，組織は，環境不確実性対応戦略として，自らの不足資源を補うために，他組織とのネットワーク戦略を採用することになる。とするなら，ここでは，特に，ネットワーク戦略のマネジメントについて整理することが必要となる。さらに，留意すべき点は，ここにいうネットワーク形成ないしは，戦略提携とは，わが国六大企業集団を中心にみられるような「親会社対子会社」といった垂直的組織間関係ではなく，「対等な位置関係にある」組織と組織の関

係としての水平的組織間関係ということなのである。

　では，この水平的組織間関係を形成・維持（組織間コンフリクトの発生防止，あるいは，解消マネジメントを含んで）するということはいかなるマネジメントであるのか代表的研究を参考にみてみよう。

　W・M・エバン（Evan [23]）によれば，組織と組織の関係を形成・維持する担当者を「対境担当者」と呼ぶことができるわけであるが，この機能は，「戦略的選択型トップ・マネジメント」の主要機能の一つであるといえよう。資本提携，技術提携，売買契約，重役派遣・導入，製品開発提携，合併等，様々な戦略提携を企画・実施する機能を担うことになるのである。C・B・マレット（Marret [24]）あるいは，H・オールドリッヒ（Aldrich [25]）によれば，組織間関係の形成・維持を，トップ・マネジメントの主要機能であると認識しつつも，同時に，「組織間構造」の問題として捉えることが必要であるとされている。

　彼らによれば，組織間の構造（恒常的な結びつきのパターン）は，①「公式化」（協定ないしは契約の公式化），②「強度」（投資された資源量や，組織間相互の相互作用の程度），③「互酬性」（資源の相互利用性），④「標準化」（両組織間に関係する特定部門の標準化ないしは，手続きの標準化）の4つの次元で捉えられることになる。とするなら，環境不確実性対応戦略の主たる方法の一つである戦略提携に直接携わる対境担当者は，組織間の構造，ないしは，結びつきのパターン・程度を，常に，この4つの次元から総合的に分析し，ネットワーク提携のマネジメントを実行することが要請されているということになるのである。

　また，グローバル化が一層顕著になるなかで，グローバル・リーダーシップ・コンピテンシー論を展開しているM・E・アルドリッジ＆K・J・ナイラン（Alldredge & Nilan [26]）によれば，米国3M社の調査・分析結果として，グローバル・リーダーシップ・コンピテンシーには，①企業倫理の尊重と組織的活動への統合ないしは，取り込み，②経営の健全性と組織パフォーマンスの達成，③知的能力の高さ，④グローバルな視点，⑤人格的マチュリティと状況判断力，⑥ビジョンと戦略の統合・融合，⑦顧客志向，⑧革新的行動の醸成，

⑨部下・人材育成,⑩パートナーシップの構築,⑪フォロワーのモティベイション・マネジメント,および,⑫鋭敏な組織力の醸成の12要素が要請されることになるわけであるが,組織環境の不確実性,グローバル化のなかで,トップ・マネジメント,ミドル・マネジメントを中心とする経営管理の展開,適切な組織構造のデザイン等,一層,その重要性を増すことは明らかである。

　＊　本章は『高千穂論叢』第28巻第4号,1994年,拙稿「環境・戦略・管理・人間行動の体系的関係に関する環境決定論的視点と戦略的選択論」を加筆・修正したものである。

[参考文献]
［1］　Taylor, F.W., *A piece-rate system*, A.S.M.E, vol. 16, 1895.
［2］　Mayo, E., *The human problems of an industrial civilization*, The Macmillan Company, 1933.（村本英一訳『産業文明における人間問題』日本能率協会,1967年）
［3］　Ansoff, H.I., *Corporate Strategy*, McGraw-Hill, 1965.（広田寿亮訳『企業戦略論』産能短大出版部,1969年）
［4］　Burns T. & G.M. Stalker, *The Management of Innovation*, London, Tavistock, 1961.
［5］　Chandler, A.D. Jr., *Strategy and Structure*, M.I.T. Press, 1962.（三菱経済研究所訳『経営戦略と組織』実業の日本社,1981年）
［6］　Woodward, J., *Industrial Organization*, Theory and Practice, 1965.（矢島釣次・中村壽雄訳『新しい企業組織』日本能率協会,1970年）
［7］　Lawrence P.R. & J.W. Lorsh, *Organization and Environment*, Harvard University Press, 1967.（吉田博訳『組織の条件適応理論』産業能率短大,1977年）
［8］　野中郁次郎『経営管理』日経文庫,1962年。
［9］　Roethlisberger F.J. & W.J. Dickson, *Management and the Worker*, Harvard University Press, 1939.
［10］　Maslow, A.H., *Motivation and Personality*, Harper & Row, Publishers Inc, 1954.（小口忠彦訳『人間性の心理学』産能短大出版部,1971年）
［11］　Herzberg, F., *Work and the Nature of Man*, World Publishing Company, 1966.（北野利信訳『仕事と人間性』東洋経済新報社,1968年）
［12］　Vroom, V.H., *Work and Motivation*, Wiley, 1964.
［13］　Lawler, E.E. III, & L. Porter, " Properties of organization structure in relation to job attitudes and job behavior ", *Psychological Bulletin*, vol. 64, pp. 23-51, 1965.
　　　また,Lawler, E.E. III, *Motivation in Work Organizations*, San Francisco, Jossey-Bass Publishers, 1994. は,より新しい文献として参考になるものである。
［14］　House, R.J., " A path-goal theory of leadership effectiveness " A.S.Q, vol. 16, pp.

321-339, 1971.
［15］ Osborn R.N. & J.G. Hunt, "Environment and organizational effectiveness", A. S.Q, vol. 19, pp. 231-246, 1974.
［16］ Galbraith, J.R., *Organization Design*, Addison Wesley Publishing Company, 1977.
［17］ Cambell, D.T., "Econocentric and other altruistic motives" In D. Levine (Ed), Nebraska symposium on motivation, Lincoln : University of Nebraska Press, pp. 283-311, 1965.
［18］ Weick, K.E., *The Social Psychorogy of Organizing*, Addison Wesley Publishing Company, 1969. (金児暁嗣訳『組織化の心理学』誠信書房, 1980年, 124ページ)
［19］ Child, J., "Organization structure, environment and performance : The role of strategic choice", In Salaman, G. & K. Thompson, (Ed), People and Organization, 1973, rpt, London Longman, pp. 91-107, 1975.
［20］ Jantsch, E., "Unifying principles of evolution" In E. Jantsch (Ed), *Evolution Vision*, Westview Press, 1981.
［21］ 野中郁次郎『企業進化論』日本経済新聞社, 1985年。
［22］ Pfeffer J. & G.R. Salancik, *The External control of organizations : A Resoure dependence perspective*, New York, Harper & Row, pp. 45-51, 1978.
［23］ Evan, W. M., *Organization Theory*, Wiley, 1976.
［24］ Marret, C.B., "On the specification of interorg anizational dimensions", *Sociology & Social Research*, 56, 1971, pp. 83-99.
［25］ Aldrich, H., *Organization and Environment*, Prentice-Hall, 1979.
［26］ Alldredge, M.E. & K.J. Nilan, "3M's leadership Competency model : An Internally developed Solution" *Human Resource Management*, Vol. 39, No. 2 & 3, 2000, pp. 133-145.

［基本文献紹介］
　①P・R・ローレンス／J・W・ローシュ『組織の条件適応理論』(吉田　博訳) 1977年。
　　　コンティンジェンシー理論の集大成ともいえる書物である。本書により，組織の環境適応の重要性を理解することが望まれる。
　②野中郁次郎『経営管理』日経文庫，1980年。
　　　経営管理機能の本質を理解するためには，本書は最適な書物である。
　③A・H・マズロー『人間性の心理学』(小口忠彦訳) 産能短大出版部，1971年。
　　　人間の欲求構造を理解するためには，最適な書物の一つである。階層制を成す五種類の欲求の本質を理解できよう。
　④F・ハーズバーグ『仕事と人間性』(北野利信訳) 東洋経済新報社，1968年。

マズローの欲求理論と類似する点および相違する点を整理しながら理解することが望まれる。欲求の二次元構造という本学説の特徴を把握することが大切である。
⑤野中郁次郎『企業進化論』日本経済新聞社，1985年。
　組織の自律性・主体性の本質はどこにあるのか。それは，個（人）の自律性を尊重することにある。組織進化のための諸条件の本質を本書により理解するとよい。

［設　問］
①コスミック・パースペクティブおよび，カオティック・パースペクティブの意味・考え方をそれぞれ200字程度で説明しなさい。
②欲求・動機づけ理論における規範理論および，状況理論の代表的学説の内容を整理しなさい。
③組織進化の諸条件を整理し，それぞれの内容を要約すると同時に，組織進化の諸条件を推進するための経営者・管理者の機能についても考察しなさい。

（藤井　耐）

第2章 経営管理論・経営組織論における新たな研究課題

> **▶ポイント**
>
> 本章では，経営管理機能，経営組織形態，および，企業統治に関する新たな理論・動向を概観する。経営管理機能については，組織的知識創造マネジメントを，経営組織形態については純粋持株会社制組織を，そして，企業統治については，コーポレイト・ガバナンスの本質はどこにあるのかを考察する。

【キーワード】 組織的知識創造，形式知と暗黙知，知識変換モード，ミドル・アップダウン・マネジメント，ハイパーテキスト型組織，純粋持株会社制組織，カンパニー制組織，事業部制組織，ガバナンス主権者

1 組織的知識創造マネジメント

　戦略的選択論的組織行動ないしは，環境不確実性対応行動に関する代表的学説として，当該単一組織における進化プロセス・進化要件を論じた「組織進化論」，および，対等な位置関係にある組織と組織のネットワーク戦略を論じた「組織デザイン論」・「組織間関係論」について第1章第3節・第4節において概観してきた。

　ところで，組織デザイン論・組織間関係論についてみてみれば，既述したように今日に到るまで，多くの組織において他組織との戦略提携が展開され，この種の学説が立証されると同時に，理論的精緻化も進められてきた。しかし，組織進化論についてみてみるなら，「セルフ・オーガナイジング」，あるいは，「組織進化要件」等については，貴重なフィールド・サーベイ等による検証もなされてきたもののその理論的発展については十分であったとはいえないであろう。そこに，組織進化論の発展的理論として登場したのが，野中郁次郎・竹内弘高あるいは，T・H・ダベンポート等を代表とする「組織的知識創造マ

ネジメント論」である。

　環境不確実性状況，市場の成熟化といった場面においても，発展・成長を遂げている企業は，果たして低業績企業と比較して何が異なるのであろうか。その主たる要件として，トップ・リーダーシップ，組織形態・組織構造のデザインの適切さ，あるいは，他組織とのネットワーク戦略等をあげることはできる。

　しかし，特に注目しなければならない要件は，組織内の構成メンバーが，それぞれの担当職務における知識・技術を連続的・普遍的に創造し続けることなのである。この組織的知識創造のメカニズム，あるいは，マネジメント，組織形態等についての体系的学説が，上述の研究者等を中心に構築されたのである。

　1991年（『企業進化論』は，1985年）野中郁次郎は，『*The Knowledge-Creating Company*』（Nonaka [1]）において，「不確実性の存在のみが確実にわかっている経済状況下において，永続的な競争優位の源泉の一つとして企業が信じられ得るものが「知識」である。大きく変化する市場，多様化する技術，重層化する競争，そして急速に陳腐化する製品，この種の状況下で成功する企業とは，新たな知識をたえまなく創造し，それを組織に広く浸透させることにより新技術や新製品をスピーディーに具現化できる企業である」と論述している。企業進化論が発表されて以来4～5年間の研究を経て，「組織進化論」の発展的理論としてこの「組織的知識創造マネジメント論」が構築されていくのである。そして，1995年，野中郁次郎と竹内弘高による『*The Knowledge Creating Company: How Japanese Companies Create the Dynamics of Innovation*』が出版され，組織的知識創造マネジメント論の全体像が明らかにされるのである（Nonaka & Takeuchi [2]）。また，T・H・ダベンポート，J・E・ミカエル等は，特に，「Chief Knowledge Officer——知識担当役員（C.K.O.）——」の重要性に視点をあてた分析を進めている（Davenport, Delong & Beers [3]；Earl & Scott [4]）。

　それでは，以下では，野中・竹内による「組織的知識創造マネジメント論」について概観する。

　まず，組織的知識創造のメカニズムについてみてみよう。

野中等によれば，組織的知識創造は，①ⅰ個人からグループへ，ⅱグループから組織へ，ⅲ組織から組織間へと個人のレベルから組織のレベルにダイナミックにかつスパイラルに上昇していく「存在論的次元」と，②ⅰ暗黙知とⅱ形式知の相互作用の次元である「認識論的次元」の2次元で展開されていくものであり，それはさらに，①「共同化」，②「表出化」，③「連結化」，および，④「内面化」の4つの知識変換モードによるスパイラル的循環過程を経て具現化されるものであるとしている（なお，「暗黙知」とは，個人の行動・経験・価値等により形成されてきた主観的・直観的知識であり他者への形式的伝達が困難であるという性格を有し，また，「形式知」とは，形式的・論理的言語により他者への伝達が可能な知識であり，コンピュータ処理，データベース化がなされうるという性格を有する）。

　これらの概念は，いずれも，M・ポランニーにより明示化されたものである（Polanyi［5］）。

　組織的知識創造は，この暗黙知と形式知の相互作用が上記4つの知識変換モードを通じて実行されることになる。①の「共同化」では，個人の有する暗黙知が，共体験を通して集団の暗黙知として創造され，②の「表出化」では，集団において共有化された暗黙知が，アナロジー，コンセプト，仮説等の形をとりながら徐々に個別の形式知としてグループ内の個人に明示化され，③の「連結化」では，②において個人に明示化された個別の形式知がグループ内一人一人のメンバーにより新たな知識体系として組み換えられていくことになる。そして，このステージにおいて淘汰され組織内に共有化されるに到った「組織知」が組織全体に普及・浸透することにより，さらに，その組織知が，④の「内面化」を通して，新たな個人的暗黙知として蓄積されていくことになるのである。この4つの知識変換モードのスパイラル的循環過程こそ，組織成長の中核的要件なのである。

　それでは次に，この4つの知識変換モードのスパイラル的循環過程により具現化される組織的知識創造の促進要件についてみてみよう。この促進要件のなかの多くに，組織進化論により得られた貴重な知識が参考となっていることが

理解できるであろう。

　まず第一は「意図」である。これは，「目標への思い」であり，この目標への思いが，組織内の多くのメンバーの意識として内包されていることにより，情報や知識の価値あるいは，真実性を判断することができるのである。このことは組織目標に対する組織メンバーのコミットメントを通して実現されうるものである。第二は，「自律性」である。組織進化の諸条件においてもみたように，個人・集団・組織の関係をルースなものとし，個の自律性を尊重することは，個人の自由な発想，ないしは，知識創造を引き出すための重要な条件である。さらに，個の自律性に立脚した組織レベルの方法の一つとして，職能横断的な異種混合人事システムによるプロジェクト・チームが考えられよう。この自律的チームは，自他共に尊重しつつより高いレベルに個人の知識・集団の知識を増幅していくことになるのである。第三は，「ゆらぎと創造的カオス」である。ここでは，「ゆらぎ」とは，組織と外部環境との相互作用を刺激する要件のことであり，「創造的カオス」とは，トップ・マネジメントによる意図的なカオス（危機意識の醸成）を意味する要件である。外部環境とのゆらぎに直面し，あるいは意図的なカオスが創り出されることにより，真に自己実現人である組織メンバーは，このゆらぎ・カオス状況下において新たな知識創造を主体的・自律的に試行していくのである。第四は，「冗長性」である。これは，単的に表現するなら，特定の個人やグループが創り出した新たな知識を，直接かかわりのないと思われる他者，部門，ないしは，組織全体のメンバーに意図的に重複共有させるというものである。この知識の重複共有としての冗長性を推し進めることにより，人々は自らの担当職務と新たな知識との接点を探索し，現行担当職務に要請される知識・技術を角度を変えて問い直すという行為を展開することにもなるのである。あるいは，それが，他者へのアドバイスとして顕在化することも起こりうるであろう。互いの知覚領域に「侵入することによる学習」と呼ばれている。そして，第五は，「最小有効多様性」である。これは，組織構成メンバー間に，情報格差が生ずることのないように，コンピュータ情報システム等の開発・利用により，組織メンバーおよび，部門が同程度の

情報を常に共有することにより環境不確実性・環境からの挑戦に対応していくことを意味しているものと思われる。

　それでは，次に，組織的知識創造のマネジメントおよび，組織形態についてみてみよう。

　組織的知識創造のマネジメント（プロセス）において，特に注目しなければならない点が，ミドル・マネジメントの機能についてである。知識変換の４つのモードに関連して捉えるなら，トップダウン・マネジメントにおいては，第三ステージの「連結化」と第四ステージの「内面化」が，ボトムアップ・マネジメントにおいては，第一ステージの「共同化」と第二ステージの「表出化」がそれぞれ可能となるが，知識変換に関する４つのモード全てがスパイラル的循環過程を経るためには，「ミドル・アップダウン・マネジメント」が最も有効となるというものである。かつて，C・I・バーナードにおいては，「管理行為の同時貢献性」として，H・A・サイモンにおいては，「コミュニケーション・センター」として，そして，R・リカートにおいては，「連結ピン」として，それぞれミドル・ロワー・マネジメント，いわゆる管理者機能の特性が論じられたわけであるが，このナレッジ・マネジメント論では，知識変換の４つのモードを機能化せしめる「ミドル・アップダウン・マネジメント」として位置づけられるのである。

　また，ナレッジ・マネジメント論において指摘される有効な組織形態は，「ハイパーテキスト型組織」である。この組織形態は，①新たな知識を獲得，蓄積，活用（ルーティン・ワーク）するために最も効率的である「階層型組織」と，②新たな知識を創造（製品開発等のノン・ルーティン・ワーク）するために最も効果的な「タスク・フォースないしは，プロジェクト・チーム」の２つの構造・レイヤー（層）のもとに，これら２つの組織構造を相互補完的に連動させうる第三のレイヤー（層）を構造化・デザインするというものである。そして，この第三のレイヤーは，組織的実体としては存在せず，２つのレイヤーで創られる知識を再分類・再構成する「知識ベース・レイヤー」なのである。

　このように，ハイパーテキスト型組織形態の特徴は，全く異なる内容・機能

を有する3つのレイヤーが同じ組織のなかに共存しているということなのである。

そして，野中は，さらに，1999年の論文において，組織的知識創造理論の新たな展開として，①「場」，②「知識資産」，および，③「知のリーダーシップ」の3つのコンセプトを提示しているのである（野中［6］）。

①の「場」とは，物理的な場所のみを指すのではなく，特定の時間と空間，あるいは「関係の空間」を意味するものであり，個人と個人の関係，個人と環境との関係すなわち，文脈・状況としての「場」のことであり，知識変換の4つのモードが，全て，「場」なのである。⒤「共同化」は，個々人が，自らの思いや情報を自由に語れる場，気心の知れた人の集まりやファミリーのようなもので「創出場」と呼ばれている。⒤⒤「表出化」は，明確な使命を有する人々が適切に配置され，イノーベーションを引き起こすことにつながる概念創造の場であり，プロジェクト・チーム等に代表される場であり，「対話場」と呼ばれている。⒤⒤⒤「連結化」は，「システム場」と呼ばれ，コンセプトを組み合わせて一つの知識体系を創り出す場であり，仮想的な空間での相互作用が行われる。そして，ⅳ「内面化」は，新製品の使用，ルーティン化，生産工程の立ち上げ，経営方針の実施等，実際の行動を通して形式知を暗黙知として自らの内に取り込み，両者を統合しようとする場であり，「実践場」と呼ばれている。

次は，②「知識資産」についてである。

上記の4つの場において，すなわち，⒤「共同化」では，「共感知」ないしは，「経験的知識資産」が生みだされる。これは，個人のスキル，ノウハウ，愛，信頼，安心感といったものである。⒤⒤「表出化」では，「概念知」ないしは，「コンセプト知識資産」が生みだされる。

これは，製品コンセプト，デザイン，ブランドといった資産である。⒤⒤⒤「連結化」では，「体系知」ないしは，「システム知識資産」が生みだされる。これは，特許，ドキュメント，マニュアルといった資産を意味している。そして，ⅳ「内面化」では，「操作知」ないしは，「ルーティン知識資産」が生み出される。これは，日常業務でのノウハウ・組織文化といった資産である。そして，

これら，上記の「場」のデザインおよび，「知識資産」の開発と再検討を実現化するカギこそ③「知のリーダーシップ」なのである。さらに，この「知のリーダーシップ」は，ハイパーテキスト型組織形態においても論じられたように，「効率性」の追求と「創造性」の追求を同期化するマネジメントを展開することにもなるのである。

2 純粋持株会社制組織

　組織における主要な組織形態としては，①集権的職能別部門制組織，②分権的事業部制組織，および，マトリックス制組織であることはすでに周知の通りである。集権的職能別部門制組織は，単一事業戦略ないしは，単一製品戦略を展開している組織において採用され，分権的事業部制組織および，マトリックス制組織は，多角的事業戦略を展開している組織において採用されている。ところで，分権的事業部制組織の主たる短所の一つとしては，この組織形態が，独立採算体制を原則としているため，不採算事業等が発生した場合，組織スラックが顕在化しやすく，未使用資源が多く存在してしまうということがあげられる。そこで，集権的職能別部門制組織の長所の一つである同一部門内に同一の専門的能力を有するメンバーをグルーピングすることによる知識・技術の伝承可能性の高さ，および，分権的事業部制組織の長所の一つである本社による各事業部の業績評価と資源配分のコントロールが可能であるという両者を同時に取り込むことができる組織形態としてマトリックス制組織がデザインされたのである。しかし，このマトリック制組織は，管理原則として，最も基本的かつ重要なものの一つである命令一元化の原則と全く相反し，本社および，事業部（本社職能部門の責任者および，各事業部の責任者）の2次元命令系統をもつ組織構造であるという大きなデメリットを内包しているのである。トップ・マネジメント，本社職能部門の責任者（部長），および，各事業部責任者（事業部長）が，担当部門・担当事業に関する専門的能力と同時に，部門間・事業部間調整能力（部門間・事業部間コンフリクトマネジメント能力）を十分に有する

人々であるなら，かなりの程度において機能する組織形態であるが，そうでなければ，権力闘争，無責任体制等，様々なデメリットが発生することになるのである。

　第1章第3節・第4節でふれたように，環境不確実性状況，市場の成熟化等，今日の企業組織は一層の自律性・主体性・創造性が求められているのである。換言すれば，この自律性・主体性・創造性を具現化するための新たな組織構造および，新たな人事制度をデザインしなければならないということなのである。本節では，この新たな組織形態の一つとして実践の場において，および，理論研究の場において注目されている「純粋持株会社制組織」について，上述の主要組織形態および，「カンパニー制組織」と連動させつつ検討する。

　米国，デュポン社は，1902年（創業は1802年）アルフレッド・デュポン，コールマン・デュポン，ピエール・デュポン（3人は従兄弟）を中心に，群小の企業のゆるい連合体である当社を合同して統合化し，集権化戦略を採用（Chandler［7］）し，1903年デュポン社傘下のレパーノ化学会社のダイナマイト工場の責任者であったH・M・バークスディール，およびJ・E・ハスケルとともに，レパーノ社の管理組織でもあった集権的職能別部門制組織を編成した。さらに，その後，第一次世界大戦の終結以後，多角化戦略の方向に移行し，1921年，8月31日，この多角化戦略に対応させるべく「製品別事業部制組織」[8]を採用していくことになるのである。このデュポン社においてはじめて採用[9]された事業部制組織を取り入れたわが国企業の顕著な例が松下電器であり，1918年松下幸之助により創設された松下電気器具製作所が1935年松下電器産業として設立される2年前，1933年にはすでに事業部制組織を実施しているのである。ただし，1921年にデュポン社により初めて採用された製品別事業部制組織の実施は，1956年であった。その後，1984年，事業本部制を導入し，1997年の「社内分社制」に到るのである。この社内分社制がいわゆる「カンパニー制組織」なのである。一方，ソニーも，1983年に事業本部制を導入するわけであるが，1994年には3つのグループ・カンパニー（一定の成果をあげて同時に事業基盤がしっかりしている事業）と5つのディビジョン・カンパニー（将来の成長可能性

の認められる事業)を日本において最初に新設するに到っている。

　この他にも，1994年に三菱化学（1994年，三菱化成と三菱油化の合併により新設された），1996年には，ダイエー，武田薬品，TOTO等が1997年には，パイオニアが，1999年には，第一勧銀（現，みずほ銀行），神戸製鋼等が，カンパニー制組織を導入しているのである。

　事業部制組織のデメリットを克服し，環境不確実性対応戦略の一貫として個の自律性，全体としての組織の自律性，換言するなら，「分権化」を一層推進しつつ，同時に，本社・トップによる「集権化」を実現化するための組織構造戦略が展開されているのである。神戸製鋼による社内カンパニー制への移行の主旨，ネライについてみてみると，次のように記されている。「経営（全社）と執行（カンパニー）の分離，責任と権限の明確化，意思決定の迅速化を図るため，各カンパニーに執行役員制を導入し，既存の8事業部をそれぞれカンパニーとし，事業本部長を執行社長に名称変更する。また，全社の意思決定機関としては，現行通り，取締役会（取締役＋監査役〔ただし定数は削減〕）と，経営会議（メンバーは社長が指名）をもってこれにあたる。さらに加えて，カンパニーごとに執行社長とカンパニー幹部からなる意思決定機関を新設する。カンパニー固有の事項について，ここで扱い，即断即決による迅速化を図る。特に，権限委譲については，投融資，設備投資，人事労務等，カンパニー固有の事項の決定は，カンパニーに委譲する。人事諸制度については，原則として，カンパニーの独自性を反映できるシステムとする。採用・昇格・異動・評価等については，カンパニーが独自決定する（ただし，採用の実務については，効率を維持するため，本社が各カンパニーの要望を聞いたうえで，一括してこれを行う）。報酬の成果・業績主義を一層徹底させるため，カンパニーの業績を一時金に反映させる。具体的には，全従業員の一時金の10％部分をカンパニーの業績に応じて再配分する。また，カンパニーの組織は，カンパニーに任せる」等である[10]（図2-1参照）。

　このカンパニー制組織の主旨，ネライは，ほぼ，その他の企業においても同様であるといえよう。

図 2-1 神戸製鋼にみる社内カンパニー制組織図とグループ会社

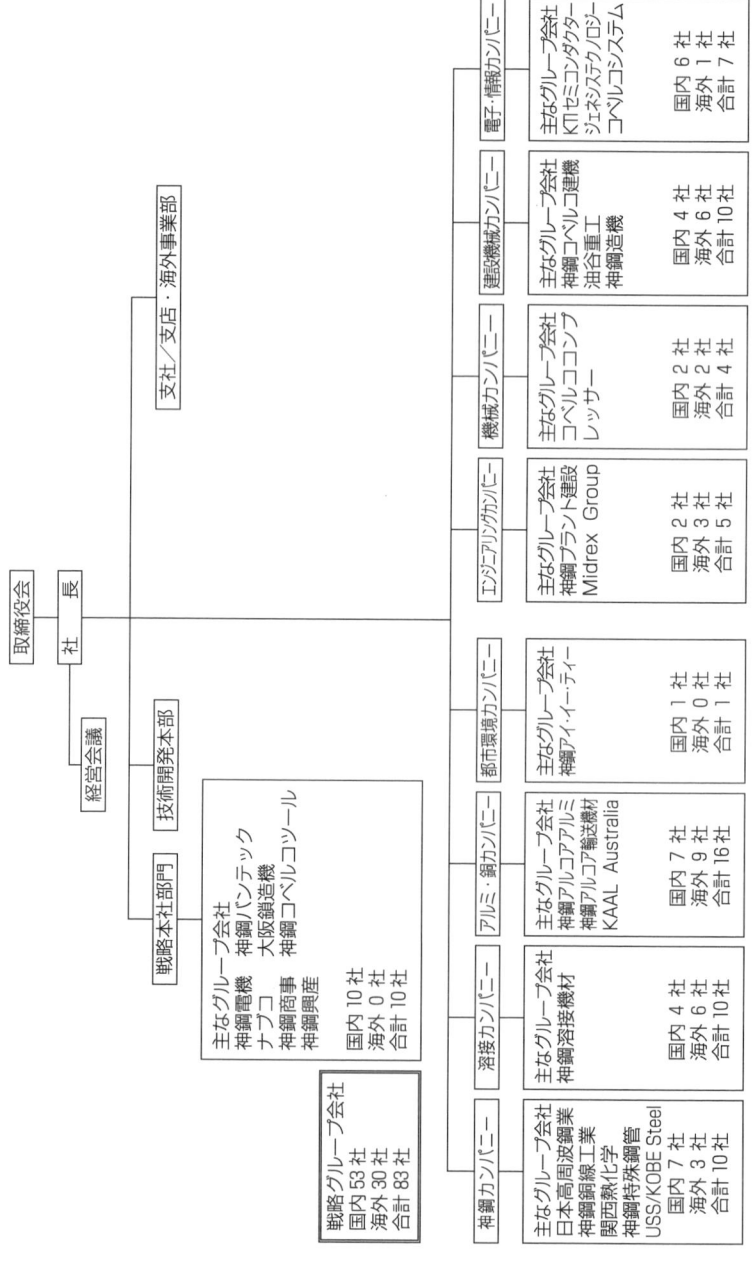

```
                         取締役会
                          │
                         社 長
                          │
                        経営会議
                          │
        ┌─────────────────┼─────────────────┐
     戦略本社部門      技術開発本部      支社／支店・海外事業部
```

戦略本社部門
主なグループ会社
神鋼電機
神鋼パンテック
ナプコ
大阪鋼造機
神鋼商事
神鋼コベルコツール
神鋼興産
国内 10 社
海外 0 社
合計 10 社

戦略グループ会社
国内 53 社
海外 30 社
合計 83 社

神鋼カンパニー
主なグループ会社
日本高周波鋼業
神鋼鋼線工業
関西熱化学
神鋼特殊鋼管
USS/KOBE Steel
国内 7 社
海外 3 社
合計 10 社

溶接カンパニー
主なグループ会社
神鋼溶接機材
国内 4 社
海外 6 社
合計 10 社

アルミ・銅カンパニー
主なグループ会社
神鋼アルコアアルミ
神鋼アルコア輸送機材
KAAL Australia
国内 7 社
海外 9 社
合計 16 社

都市環境カンパニー
主なグループ会社
神鋼アイ・イー・ティー
国内 1 社
海外 0 社
合計 1 社

エンジニアリングカンパニー
主なグループ会社
神鋼プラント建設
Midrex Group
国内 2 社
海外 3 社
合計 5 社

機械カンパニー
主なグループ会社
コベルコンプレッサー
国内 2 社
海外 2 社
合計 4 社

建設機械カンパニー
主なグループ会社
神鋼コベルコ建機
油谷重工
神鋼造機
国内 4 社
海外 6 社
合計 10 社

電子・情報カンパニー
主なグループ会社
KTIセミコンダクター
ジェネシステクノロジー
コベルコシステム
国内 6 社
海外 1 社
合計 7 社

さて，このカンパニー制組織以上に，「分離化」と「集権化」を一層，徹底化させ，その同時実現を意図する組織形態が，1997年6月の「独占禁止法改正法」の施行の下，注目されるに到っているのである。それが，「純粋持株会社制組織」である。わが国における持株会社制組織は，1947年の独占禁止法，第9条の制定により純粋持株会社が禁止されて以来，他社の株式を所有するが，同時に，自らも事業を展開する「事業持株会社」しか認められていなかったのである。ところが，1997年の同法改正により，株式の保有のみを唯一の事業目的とする純粋持株会社が解禁されたのである。ところで，独占禁止法では，持株会社を「会社の総資産に対する子会社の株式の価額の50％を越える会社」として定義しているが，実際上は，事業持株会社制における親会社は，議決権（株）の全てを所有している「全額出資子会社」の場合であれ，過半数を所有している「子会社」の場合であれ，「子会社の子会社としての『孫会社』の場合であれ」，さらには，議決権（株）の20％以上50％以下を所有し，同時に，人事，賃金，技術，取引等を通して財務・営業に重要な影響を与える場合として「財務諸表等規則」において定義されている「関連会社」の場合であれ，この種の子会社・孫会社・関連会社を「持株基準」および，「支配力基準」において所有している場合には，自らも事業を行っているとみてよいであろう。すなわち，既存の事業部を子会社化・社外分社化する場合であっても，（社内）カンパニー制を，子会社化・社外分社化する場合であっても，親会社自らも何らかの事業を展開しているのである。

しかし，純粋持株会社は，株式の所有のみを唯一の事業目的とすることが許されるものであることから，純粋親持株式会社は，自らが支配する事業子会社に対し，人事権・財務権を除く，多くの経営権限を委譲することができると同時に，人事権・財務権を中心とする集権化を一層強化させることも可能となるのである。

NTTによれば，純粋持株会社が形成される過程には，3つのパターンが考えられるとしている。第一は，事業会社が会社を設立し，同子会社に全ての営業を現物出資するか，もしくは，営業譲渡するかにより，自らは，純粋持株会

社となる「抜け殻方式」，第二は，将来，純粋持株会社となる会社を新設し，この会社が他の会社の株式の公開買い付けにより同会社を子会社化する「設立方式」，および，第三は，従来の事業持株会社が，自ら株式を所有していた子会社群を統合するために中間に子会社としての純粋持株会社を新設し，これに同子会社群の株式を現物出資もしくは，事後設立の形で移転する「中間持株会社設立方式」である。NTT本社では，1996年12月の会議において第一の「抜け殻方式」の採用が決定されている（[11]）。

また，西澤脩によれば，純粋持株会社の基本的類型ないしは，移行形態としては，下記の3類型が考えられることになる。

第一は，親会社である事業（兼営）持株会社を純粋持株会社に改組し，親会社の事業部または，（社内）カンパニーを子会社に分社化させる「分社型純粋持株会社」，第二は，複数の事業会社のうえに純粋持株会社を新設し，事実上合併したのと同一の機能をもたせることを目的とする「合併型純粋持株会社」および，第三は，純粋親持株会社のなかに，純粋子持株会社を設け，この親子純粋持株会社が，それぞれ事業会社を所有する「中二階型純粋持株式会社」である。[12]

事業活動と経営管理を制度的に分離し，「分離化と集権化の同時実現」を一層強化せしめることを目的とする純粋持株式会社制組織は，今後，その動向がさらに注目されることになるであろう。なかでも，純粋持株会社の組織構造および，マネジメントの問題は特に検討されなければならない課題であろう。例えば，傘下の事業子会社の収益とリスクを判断しつつ企業グループの最適構成を適格にデザインする事業ミックス戦略および，事業子会社，事業子会社内の事業部の最適規模の決定等は，なかでも主たる課題の一つである。[13]

さらには，事業部制組織，（社内）カンパニー制組織あるいは，事業持株会社制組織においては，本社取締役会，ないしは，代表取締役社長がコーポレイト・ガバナンスの主たる対象として論じられてきたわけであるが，純粋持株会社制組織においては，純粋親持株会社の取締役会，代表取締役社長のみならず，多くの経営権限を委譲され実際の経営に携わる事業子会社のトップ・マネジメ

ントも議論の対象として考えられなければならないことになるのである。また，純粋親持株会社と事業子会社間の組織間コンフリクト・マネジメントの問題も重要なテーマであろう。これら，純粋持株会社の有する課題，メリット，デメリット等について，今後，さらに検討を加えていかなければならないものと思われる。

3 コーポレイト・ガバナンス

　「組織の経営者を任免・牽制する主権者（本節では，以下これを『ガバナンス主権者』と呼ぶ）は誰か」，この課題を中心に論及する研究領域が，「コーポレイト・ガバナンス論」である。ところで，この課題についての考察は，商法上の規程を別にすれば，今日まで，経営学的には，一部制度論研究を別にすれば十分な分析がなされてきたとはいえないであろう。特に，組織論的・管理論的考察は，未だ体系的に進められてきたとはいえないのが現状である。そこで，本節では，経営組織論および，経営管理論の視点を中心としつつ，コーポレイト・ガバナンス論研究の全体的フレームワークを整理していくこととする。

　さて，商法第239条によれば，株式会社における「株主」の地位・権限（議決権）を以下のように規程している。すなわち，「総会の決議は，本法または，定款に別段の定ある場合を除くの外，発行済株式総数の過半数に当る株式を有する株主が出席し，その議決権の過半数を以て之を為す」と。また，「取締役（会）」については，商法183条において，「取締役及び監査役は，創立総会に於て選任し」，第257条において，「取締役は何時にても株主総会の決議を以て之を解任することを得」。この商法規程をみる限りにおいては，「ガバナンス主権者」として，「株主」を第一義的に規程していることが明らかであろう。果たして，それで良いのであろうか。この筆者自らの疑問を解決するためにも，「コーポレイト・ガバナンス論研究に関する体系的フレーム・ワークの構築」がどうしても求められるのである。この作業が進められることにより，はじめて，「ガバナンス主権者の理想型モデル」が明らかとなるのである。

そこで，筆者は，コーポレイト・ガバナンス論研究のフレーム・ワークないしは，具体的研究領域として，下記の10領域を提示する（加護野［14］）。第一は，「コーポレイト・ガバナンスの目的と機能」，第二は，「ガバナンス主権者の責任と資格要件」第三は，「ガバナンス・コストの経済学的・経営学的適正モデルの構築」，第四は，「コーポレイト・ガバナンス観・制度の国際比較」，第五は，「ガバナンス制度・主権者に関する商法的視点と，経営学的視点の比較研究および，整合性」，第六は，「所有と経営の分離とガバナンス主権者」，第七は，「グローバル戦略とガバナンス主権者」，第八は，「組織形態の相違（集権的職能別部門制組織，分権的事業部制組織，マトリックス制組織，社内カンパニー制組織，および，純粋持株会社制組織）とガバナンス主権者」，第九は，第八研究領域同様に組織論的・管理論的ガバナンス研究の中心的課題である「コスミック・マネジメントおよび，カオティック・マネジメントにおけるガバナンス主権者の比較研究」である。そして，第十研究領域こそが，上記，第一研究領域から第九研究領域を総合的に把えることによってのみ明らかにされうるコーポレイト・ガバナンス研究の最終課題である「ガバナンス主権者の理想型モデルの構築」ということである。

それでは，さらに，上記研究諸領域の内容を概観していくこととする。

第一の「コーポレイト・ガバナンスの目的と機能」からみてみよう。

ガバナンスの目的と機能を正確に把えるためには，マネジメントの目的と機能との比較考察が必要である。

マネジメントの目的は，「組織構成員の貢献意欲を確保し，組織及び，部門を効果的に運用すること」である。そして，この目的を達成するために，マネジメントの個別具体的機能として，一つに，組織構造マネジメント，二つに，欲求・動機づけマネジメントをあげることができる。

それに対し，ガバナンスの目的は，ガバナンス（論）の中心的課題が，「ガバナンス主権者の決定」にあるということからも理解できるように，「適切なマネジメントを展開できうる経営者を任免・牽制する能力を有する個人・集団・組織及び，制度を検討・決定し，そのことによる有効な組織統治」という

ことに他ならない。とすれば，この目的を達成するためのガバナンスの具体的機能は，大別して，次の二点に整理されうるものと考えられる。第一の機能は，適切なマネジメントないしは，有効な組織統治を実現するための主要な要件の一つである「利害関係諸集団間の調整機能」である。経営者・管理者，従業員，労組，取引先，また，企業集団を形成する場合には，同一企業集団内の他企業，系列親会社・子会社，対等な位置関係にある戦略提携企業，銀行，行政監督機関，顧客，そして，株主との調整機能ということなのである。この当該組織に掛かわる利害関係諸集団との調整機能が不十分であることにより，彼らの組織へのコミットメントが得らないなら，組織は，重大な危機的状況に陥ることにもなりかねないのである。第二の機能は，「有効な組織統治を実現しうる経営者の任免・牽制に関する継続的コミットメント」である。第一の機能が，ガバナンスの目的である有効な組織統治を実現するために経営者の独善的組織運営を防止し，多様な利害関係諸集団間の調整機能であるのに対し，第二の機能は，まさに，有効な組織統治を実現しうる経営者を長期的・持続的に選任・罷免・牽制するというガバナンスの中核的機能なのである。

　第二の研究領域である「ガバナンス主権者の責任と資格要件」は，ガバナンス論研究の最終課題ともいえる第十研究領域の「ガバナンス主権者の理想型モデルの構築」に最も関連する研究領域である。

　有効な組織統治を目的とし，当該組織にかかわる多様な利害関係諸集団間の調整を計り，同時に，長期的に経営者を任免・牽制するという機能を任うガバナンス主権者の条件・資質および，責任は，大別して，次の全点に整理できるものと思われる（加護野［15］）。

　まず，第一は，「当該組織に関する知識・情報を十分に有し，さらに，ガバナンスに対する意思と能力および，倫理感を有する個人・集団・組織」であること。第二は，「当該組織に対して自らも密接な利害関係集団の一員である」ということである。組織に対して自らが密接な利害関係者であるからこそ，経営者の任免・牽制に対して責任ある選択を行使することになるのである。第三は，「組織との密接な関係が短期的・一時的ではなく，長期的なかかわりをす

る個人・集団・組織である」ということである。その意味において，例えば，株式の売買による短期的な投資利益のみを目的とする株主を，果たしてガバナンス主権者として認知してよいものであるか否かということになるのである。既述のように，ガバナンス機能の一つとして当該組織に関係する多様な利害関係者集団間の調整機能が考えられるわけであるが，短期的投資利益にしか興味を示さない株主に，この種のガバナンス機能を期待できるのであろうか。疑問である。ガバナンス主権者の第三資格要件として組織への長期的コミットメントをあげる根拠が，まさにここに見出されるのである。第四は，「自らが誤った組織統治（経営者の任免・牽制）を行った場合，そのことにより生じた損失を自らも負担する責任と能力を有する」ということである。組織統治に関する自らの意思決定に責任を有するからこそあいまいかつ恣意的な統治行為を避けることになるのである。「過度の民主主義」という表現が意味する民主主義の行き過ぎに伴う危険性について，あらためて考えなければならない課題でもある。

　最後に，第五の資格要件・条件として，「経営者を任免・牽制する手続き・決定権限等を明確に制度化・規定化する」ということが考えられよう。ガバナンス主権者の選任方法，経営者の任免・牽制の手続き，あるいは，決定権限の範囲・内容等が制度化・規程化されているからこそ，ガバナンス主権者も，また，経営者として任用・罷免されるガバナンス被任免者も一斉の決定に客観的に対応できるのである。

　次は，第三研究領域である「ガバナンス・コストの経済学的・経営学的適正モデルの構築」についてである。ガバナンス主権者を認定する過程で，また，認定されたガバナンス主権者が，有効なガバナンス機能を実行する過程で，多くの時間的・経済的・経営的コストを増やすことは，それ自体ガバナンス機能を無機能化させることに等しいといえるであろう。ガバナンス主権者の資格要件・条件の第五に掲げたように，ガバナンス主権者の認定方法，ガバナンス主権者による経営者の任免・牽制手続き等，可能な限り制度化・規程化することも，ガバナンス・コストの適正化を計る重要な方法である。ガバナンスに関す

る個人間・部門間・組織間コンフリクトの発生は可能な限り防止することが求められよう。

　次に，第四研究領域としての「コーポレイト・ガバナンス観・制度の国際比較」についてみていくことにする。コーポレイト・ガバナンス論の国際比較のみならず，経営の国際比較研究には，次のような研究上の障壁が存在する。「①個別具体的経営制度・経営現象が，特定の国の企業にのみみられる現象であり，他の国の企業にはみられないということを立証することの困難性，②特定の国においてさえもほとんど全ての企業に共通してみられる制度・現象であるか否かを立証する困難性，そして，③歴史上，特定の一時期においてのみ顕在化した現象・制度であるのか，それとも，超歴史的・恒久的制度・現象であるのかを立証する困難性等」である（中川［16］；飯野・髙柳［17］）。

　この種の，国際比較研究の障壁は，コーポレイト・ガバナンスの国際比較についても当然いえることであり，十分な検証なしに，日本的特性であるとか，米国的特性であるとか，あるいは，普遍的・一般的特性であるとかを断定することは避けなければならないのである。このことを前提としたうえで，今日，一般的に論じられているガバナンス観・ガバナンス制度に関する国際比較研究の代表的見解を概観する。

　日本におけるガバナンス制度は，既述の通り，商法239条，183条，257条等にみられるように，法制度上は，「株主主権」を原則としている。しかし，実態は，株主が経営者を選任するという直接民主主義方式ではなく，株主は，取締役を選任し，この取締役が経営者を選ぶという間接民主主義なのである（加護野［18］）。さらに，取締役会構成メンバーのほとんどが社内重役（会長，社長，副社長，専務，常務等）であると同時に，経営担当役員を兼務しているのである（奥村［19］）。

　また，六大企業集団にみられる大規模上場企業においては，企業集団を構成するグループ企業間による株式の相互所有・相互支配に基づく「経営者支配」が慣行化・制度化されているのである。ガバナンス被任免者が，ガバナンス主権者となっているということなのである。その意味において，「株主主権」と

は言い難いことが理解できるであろう。一方，米国においては，いかなるガバナンス制度が施行されているのであろうか。まず，「株主主権」については，当然ながら米国においても同様である。ところが，トップ・マネジメント組織構造に日本企業とは大きな違いが認められるのである。上述の通り，日本企業においては，取締役会構成メンバーと経営担当役員が兼務ないし未分離であることが多くの企業においてみられるわけであるが，（最近，この傾向が徐々にではあるが，崩れつつある。それが，社内カンパニー制・純粋持株会社制といった新たな組織形態の採用に伴うものである）米国企業においては，①経営担当役員のうち，取締役会構成メンバーとして兼務する者は，会長，社長および，一部副社長の少数にしかすぎないのである。また，②取締役会メンバーは，社内取締役とほぼ同様，ないしは，それ以上の社外重役によって構成されているのである（奥村 [20]）。この多くの社外重役が取締役会メンバーとして参画することにより，社内重役に対するカウンターパワーとしての機能を果たし，その結果として，「株主主権」の実現化により近づけることが可能となるのである。ただし，株主，あるいは，外部重役によるガバナンス強制力が強すぎることにより，経営の長期的展望を見失い，短期的利益の追求のみに腐心するという弊害が顕在化していることも看過できないのである。次に，ドイツであるが，ドイツにおいては，経営参加制度における労使協同決定法同様，経営者の任免についても，株主と従業員（労組）に対等な権限を付与するという法制度が設けられている。日本企業に類似した点としては，メインバンクによる発言力・牽制力が強いということである。

　次は，第五研究領域である「ガバナンス制度・主権者に関する商法的視点と経営学的視点の比較研究及び，整合性」についてである。コーポレイト・ガバナンスは，ガバナンス被任免者である経営者および，ガバナンス主権者両者の倫理・社会的責任の問題でもある。法制度としての商法は，現実の経営者行動・組織行動を直視することにより，より適切なガバナンス主権者を制度化しなければならないであろうし，一方，ガバナンス被任免者である経営者も，現実の間接民主主義下において自らは，ガバナンス被任免者であるにもかかわら

ず，ガバナンス主権者としての機能を担うことによる責任の重大さを改めて認識し，「法と経営」との溝を可能な限り狭める努力が求められているのである。

次に，第六研究領域の「所有と経営の分離とガバナンス主権者」についてみてみよう。

かつて，制度論経営学の代表的研究であるA・A・バーリ＆G・C・ミーンズは，株式会社における株式の高度分散化現象を契機とする「所有と経営の分離」を，五段階・五類型にパターン化した（Berle & Means [21]）。すなわち，①「完全所有」（一個人・一同族による株式の全面的所有と経営権の支配），②「過半数支配」（一個人・一同族による株式の51％以上の所有とそれに伴う経営権の掌握），③「法的支配」（無議決権株式の発行により株式の発行件数は増加させるもののあくまでも，議決権株式の51％以上を一個人・一同族が所有し，同時に経営権も有する），④「少数支配」（一個人・一同族による最大株主の株式所有比率が20～30％程度ではあるが，これ等最大株主による経営権の支配が可能な段階），そして，⑤今日の大規模上場企業にみられるような株式の高度分散により，最大株主である一個人・一同族の株式所有比率が10％未満となり，彼らの手から完全に経営権が離れ，いわゆる「専門経営者」による経営が展開される「経営者支配」の五段階・五類型である。

なお，今日のわが国における六大企業集団等においては，各企業集団を構成する個別ビッグ・ビジネス間による株式の相互所有に伴う相互支配を前提とした「経営者支配」であり，バーリ＆ミーンズの分析したそれとは大きく異なるのである。

さて，バーリ＆ミーンズ研究に従って論ずるなら，上記のように所有と経営の分離の状況は，5段階に把えることができるわけであるが，ガバナンス制度，特にガバナンス主権者を考えるにあたり，当然のことながら，その中身は，所有と経営の分離における各段階において大きく相違するものであると考えられる。経営者の倫理・社会的責任は，いずれの段階においても普遍ではあるが，ガバナンス主権者の議論は，所有と経営の分離が顕著になるに従いその重要性を増すことになるのである。

次は，第七研究領域の「グローバル戦略とガバナンス主権者」についてみよう。

企業組織における海外進出戦略は，①国際化，②多国籍化，そして，③グローバル化の3段階の発展過程をたどるものとさいる（根本［22］；Chakravarthy & Perlmuter［23］）。

そして，この海外進出戦略に関する発展段階説は，ⅰ経営理念・経営志向，ⅱ最重要資源，ⅲ経営資源の移転，ⅳ海外拠点・海外子会社数を意味する活動の分散度，および，ⅴ海外拠点・海外子会社間の調整・統合を意味する活動の統合度という5つの基準に従い3類型の発展過程をパターン化するものである。

さらに，M・ポーターは，グローバル戦略の重要な側面を「活動の分散度」（上記ⅳ）および，「活動の調整度」（上記ⅴと同一概念）に求め，この2つの視点に立脚し，その組み合わせにより，グローバル戦略を，さらに，四類型に分類している（Porter［24］）。第一は，分散度も調整度も低い「ドメスティック戦略」，第二は，分散度は低いが調整度の高い「シンプル・グローバル戦略」，第三は，分散度は高いが，調整度の低い「マルチ・ドメスティック戦略」そして，第四は，活動の分散度，活動の調整度もともに高い「グローバル戦略」である。

第一の「ドメスティック戦略」の特徴は，海外輸出戦略が中心に展開されているということ，第二の「シンプル・グローバル戦略」は，数少ない海外拠点に対して，強い調整・統合機能を展開しているということ，第三の「マルチ・ドメスティック戦略」は，海外拠点・海外現地子会社の数が多く，一方，それらに対する本国親会社による調整度・統合化は比較的低く，現地化志向のマネジメントを中心に展開しているものである。また，第四の「グローバル戦略」は，世界規模レベルにおける海外拠点・海外子会社を有し，同時に，本国親会社によるそれらに対する調整度が高いという典型的な「グローバル企業」なのである。

さて，このように，海外進出戦略にもいくつかの発展過程があり，同時に，グローバル戦略それ自体にもいくつかの類型が存在することが明らかにされて

いる。そこには，ガバナンス制度・ガバナンス主権者に関する普遍的制度・要件と同時に，個別・特殊な制度・要件も当然考えられなければならないものと思われる。例えば，海外進出戦略の発展過程それぞれの段階における知識を有するガバナンス主権者，および，彼らによる海外進出担当能力を有するトップの選任，あるいは，グローバル化は，ローカル化との同時実現が要請されることを考えるなら，ガバナンス主権者も，海外進出戦略を担当するトップも，いずれも現地文化を十分に習得し，現地子会社と本国親会社間の組織間コンフリクトを防止・解消可能な人材が求められることになるのである。生産・販売の現地化のみならず，人材の現地化も当然必要となるであろう。

　さて，以上，コーポレイト・ガバナンス論を体系的に考察するという意味において，十種類の研究領域をあげ，7領域の内容を概観してきた。次の第八研究領域である「組織形態の相違（集権的職能別部門制組織，分権的事業部制組織，マトリックス制組織，社内カンパニー制，および，純粋持株会社制組織）とガバナンス主権者」および，第九研究領域である「コスミック・マネジメントおよび，カオティック・マネジメントにおけるガバナンス主権者の比較研究」こそ，まさに，経営組織論的・経営管理論的コーポレイト・ガバナンス論の中心的課題である。

　特に第八研究領域においては，事業部制・社内カンパニー制等におけるガバナンス制度・ガバナンス主権者と，社外分社化された事業子会社および純粋親持株会社との関係も視野に入れたガバナンス制度・ガバナンス主権者の相違はいかなる点に求められるのか等の研究課題が考えられる。また，第九研究領域においては，環境決定論的視点に立脚した経営行動が可能な時代と，戦略的選択論的視点に立脚した経営行動が求められる時代における経営者・管理者（ガバナンス被任免者）能力が大きく異なるように，そこにおけるガバナンス制度・ガバナンス主権者の資格要件にいかなる相違があるのか等の研究課題が考えられるのである。

　この点については，第1章，および，第2章第2節（第1節も参考となる）を参考にしつつ改めて検討していくことにする。

それでは、最後に、第十研究領域、すなわち、第一研究領域から第九研究領域の考察を通して得られるコーポレイト・ガバナンス論の結論的領域である「ガバナンス主権者の理想型モデルの構築」について論述する。

　なお、「ガバナンス主権者の理想型モデルの構築」に、特に関係する研究領域は、第一領域「コーポレイト・ガバナンスの目的と機能」、第二領域「ガバナンス主権者の責任と資格要件」、第六領域「所有と経営の分離とガバナンス主権者」、第七領域「グローバル戦略とガバナンス主権者」、および、コーポレイト・ガバナンスに関する経営組織論的・経営管理論的アプローチとしての、第八・第九研究領域である。

　そこで、第1章（第九研究領域に関連）、第2章第2節（第八研究領域に関連）、および、第2章本節において論じられてきたコーポレイト・ガバナンスに関する個別具体的研究領域としての第一・第二・第六・第七研究領域の内容に立脚しつつ理想的ガバナンス主権者として、特に列挙しなければならないと思われるものについて、試論的に提示していくこととする。

　①環境決定論的組織行動を採用する企業においては、ⅰ成果配分の公平性、ⅱ効率性・能率制および、環境適応原理に立脚する環境・戦略・管理の体系的関係に関する認識能力および、ⅲ証券市場・経営財務に関する知識・能力を有する個人・組織。②戦略的選択論的組織行動を採用する企業においては、ⅰ調和のマネジメントから混沌のマネジメントへのシフトに関する認識能力、およびⅱネットワーク対象組織の識別能力を有する個人・組織。③グローバル戦略企業においては、ⅰ海外進出戦略に関する理論的・実践的能力、および、グローバル戦略、現地親会社・海外子会社間における組織間コンフリクト・マネジメントに関する知識・実務経験を有する現地ガバナンス主権者をも視野に入れた個人・組織。④株式の高度分散化による所有と経営の分離が、経営者支配の段階に位置する企業においては、株主利益を保護する受託経営層としての取締役会と経営の執行にあたる総括経営層の明確な機能分化と同時に協調体制を促進する知識・行動を有する個人・組織。⑤純粋持株会社制を採用する企業においては、ⅰ純粋親持株会社と事業子会社間に発生する組織間コンフリクト・マ

ネジメントに関する知識，ⅱ両者間の連結財務諸表，連結納税制度等に関する会計的・税法的知識を有する個人・組織等が考えられるのである。

　すなわち，ガバナンス主権者には，経営者を任免・牽制するに足る経営に関する様々な知識・能力が要請されているのである。そして，同時に，組織に短期的にかかわるのみではなく，長期的にコミットメントしている，および，していくことが強く求められているのである。

[参考文献]
［1］Ikujiro Nonaka, "The Knowledge-Creating Company" *Harvard Business Review*, November-December, pp. 96-104, 1991.
［2］Ikujiro Nonaka & Hirotaka Takeuchi, *The Knowledge Creating Company : How Japanese Companies Create the Dynamics of Innovation*, Oxford University Press, Inc. 1995. （梅本勝博訳『知識創造企業』東洋経済新報社，1996年，83〜124，184〜194，250〜257，334〜368ページ）
［3］Davenport, T., Delong D.W. & M.C. Beers, "Successful Knowledge Management Project," *Sloan Management Review*, Volume 39, pp. 43-57, Winter, 1998.
［4］Earl M.J. & I.A. Scott, "Opinion : What is a Chief Knowledge Officer?", *Sloan Management Review*, Volume 40, pp. 29-38, 1999.
［5］Polanyi, M., *Personal Knowledge*, Chicago : The University of Chicago Press, 1958. （長尾史郎訳『個人的知識』ハーベスト社，1985年）
［6］野中郁次郎「組織的知識創造の新展開」『ダイヤモンド・ハーバード・ビジネス』August-Septemner, 1999年，38〜48ページ。
［7］Chandler, A.D. Jr., 前掲訳書，pp. 67-68.
［8］Chandler, A.D. Jr., 前掲訳書，p. 85.
［9］Chandler, A.D. Jr., 前掲訳書，pp. 101-121.
［10］http://www.dkb.co.jp/release/199903/990316-1.html, 2000年7月12日および，http://www.kobelco.co.jp/columm/Columm-j/messages/15.html 2000年7月12日。
［11］http://village.infoweb,ne.jpmytoy/ver4/folder/3.htm. 2000年6月7日。
［12］西澤　脩『分社経営の管理会計──カンパニー等と持株会社の経営指針──』中央経済社，1997年，236〜238ページ。
［13］武藤泰明「持株会社組織のメリットと課題」『ダイヤモンド・ハーバード・ビジネス』April-May, 1996年，6〜16ページ。
［14］加護野忠男「企業のガバナンス」『組織科学』第28巻・第4号，1995年。
［15］加護野忠男，前掲稿，58〜59ページ。

[16] 中川敬一郎『日本的経営』(日本経営史講座5),日本経済新聞社,1977年,11ページ。
[17] 飯野春樹・高柳 暁編著『経営学』岩田龍子「日本的経営の特質」有斐閣,1979年。
[18] 加護野忠男,前掲稿,59～60ページ。
[19] 奥村昭博『日本のトップ・マネジメント――変貌する戦略・組織・リーダーシップ――』ダイヤモンド社,1982年,24ページ。
[20] 奥村昭博,前掲書,25ページ。
[21] Berle A.A. & G.C. Means, *The Modern Corporation and Private Property*, 1932・1950. (北野忠男訳『株式会社と私有財産』文雅堂出版,1960年)
[22] 根本 孝「日本企業とグローバル経営」藤芳誠一編著『新経営学教科書』学文社,1995年,234～243ページ。
[23] Chakravarthy B.S. & H.V. Perlmuter, "Strategic Planning for a Grobal Business," *Journal of World Business*, Summer, 1985.
[24] Porter, M., *Competition in Global Industries*, Harvard Business School Press, 1986. (土岐 坤ほか訳『競争の国際優位』ダイヤモンド社,1988年)

[基本文献紹介]

①野中郁次郎・竹内弘高『知識創造企業』(梅本勝博訳)東洋経済新報社,1996年。
　　組織的知識創造に関する本質的理解を本書において深めていただきたい。組織的知識創造にみる4種類変換モード,組織的知識創造の促進要件・マネジメント,さらには組織的知識創造論にみる組織形態等を中心に学ぶことが望まれる。

②西澤 脩『分社経営の管理会計――カンパニー等と持株会社の経営指針――』中央経済社,1997年。
　　事業部制組織,カンパニー制組織および,持株会社制組織を比較しつつ論じている書物としては,最も参考となる文献の一つである。

③岩田龍子「日本的経営の特質」飯野春樹・高柳 暁編著『経営学』有斐閣,1979年。
　　経営の国際比較を論ずるうえで本書は多くのヒントを提供してくれるものと思われる。特に,岩田論文は,文化論的比較考察という点で参考となる。

④根本 孝「日本企業とグローバル経営」藤芳誠一編著『新経営学教科書』学文社,1995年。
　　本書は,経営学の導入教育という目的で発行されたものであり,経営の基本的・全体的知識を得ることができる。特に,根本論文は,海外進出戦略に関する理解を深めるうえで参考となる。

⑤M・E・ポーター『競争の国際優位』(土岐 坤ほか訳)ダイヤモンド社,1988年。
　　M・ポーターの国際競争戦略については,本書が特に参考となる文献である。

第 2 章　経営管理論・経営組織論における新たな研究課題

［設問］
① 組織的知識創造の促進要件と，第 1 章において考察した組織進化の諸条件をそれぞれ比較しつつ，その関連性を述べなさい。
② 事業部制組織・カンパニー制組織・純粋持株会社制組織を比較し，本社（親会社）における集権化と，事業部・子会社における分権化のあり方が，どのように相違するのかを述べなさい。
③ ガバナンス主権者の責任と資格要件についての内容を整理し，それらについての自らの考えも述べなさい。

（藤井　耐）

第3章　経営戦略論

> **▷ポイント●**
>
> 　経営戦略に関する研究は，1960年代から展開されている。その核となるところは企業とそれを取り巻く経営環境との関わりを将来志向的に示すことである。そして現在では環境適合のみならず，環境創造をもその領域といえよう。そのため，競争優位の構築に向けた全経営資源の調整のみならず戦略提携の重要性も高まっている。本章では，経営戦略の意義と次元を確認してから，戦略提携の領域とパターンそしてその可能性を中心において，経営戦略のこれからを論じている。

【キーワード】　全社的戦略，事業別戦略と機能別戦略，成長ベクトル，水平的提携と垂直的提携，戦略提携，中間組織

1　経営環境の変化と経営戦略の意義

1　経営環境の変化

　今日，わが国経済は大きな転換期を迎えている。多くの企業はバブル経済が終焉を迎えるまでの間，右肩上がりの成長志向を当然の与件として受け入れていたことは周知の事実であろう。そして，その後しばらく続いた景気低迷下においても，いずれ間もなくあの輝かしき成長神話が復活してくれるであろうことを確信していたのかもしれない。しかしながら，日本の国際競争力は下降の一途をたどり，加えて未曾有の世界同時不況などを目の当たりにした現在においては，永遠の右肩上がりなど幻想以外の何ものでもないという事実を真摯に受け止めざる得ない状況になったといえよう。

　企業を取り巻く経営環境も著しく変化しており，不確実な環境変化の下，一光の出口すらみえない試行錯誤を繰り返しているような錯覚さえ覚えてしまう。国際化・情報化の加速度的進展，規制緩和と競争の多元化，リストラ，リエンジニアリングなど種々の経営システムの抜本的変革事例の出現などは，数年前

表 3-1　アンソフの成長ベクトル

市場＼製品	既存	新規
既存	市場浸透	市場開拓
新規	製品開発	多角化

（出所）　Ansoff, H. I., "Coporate Strategy", McGraw-Hill, 1965, p. 109.

までは予想だにしなかったことを現実のものにしてしまった。例えば，B to B の普及は，永きにわたり強固に立ちはだかっていたケイレツという企業集団の壁を侵食しはじめ，あるいは成長の原動力として諸外国に紹介されてきた日本的経営という伝説的な経営システムは，欧米から招聘された若手CEOたちによって完膚なきまで否定されてしまった。

2　経営戦略の意義

しかしながら，企業経営にとって経営戦略の構築は不可欠であり，それに基づいた戦略的経営を実践することはきわめて重要なことといえる。経営戦略に関する研究は1960年代に入ってから本格的に展開され，その概念整理も進められてきた。この経営戦略の大きな目的は，不確実な経営環境を展望し，中長期的な企業活動のビジョンを描くところにあり，従って，企業と経営環境との関わり方を将来志向的に示すものである。また，経営戦略そのものは，環境変化を考慮した上に構築されるものの，単に環境変化に適応するというだけのものではなく，時として新たな経営環境を創造していくこともある。

例えば，事業戦略策定プロセスにおいてしばしば用いられるアンソフ（H. I. Ansoff, *Corprate strategy,* 1965）の成長ベクトルに基づけば，事業活動の多角化という方向性は，全く未知の領域での事業活動を意味しており，新たな事業領域の確立や新しい経営環境の創造へつながる可能性をも秘めている（表3-1）。

2 経営戦略の次元と企業間提携のタイプ

1 経営戦略の次元

　経営戦略には，全社的戦略，事業別戦略，機能別戦略の3つの次元がある。当然ながら個々の企業の組織形態によって各戦略は異なるが，全社的戦略においては，事業領域（business domain）を定義づけることが重要な課題におかれておかれている。そして，それに基づいて各事業にどのように資源配分し，競争優位の源泉を見出だしていくかを検討していく。さらに事業別戦略においては市場で行われている競争を意識し，それを具体的に展開できるよう機能別戦略を統合していく。すなわち，全社的戦略・事業別戦略・機能別戦略は相互補完関係にあるとともにそれぞれの整合性が保たれていなければならない。

　経営戦略の主目的は，前述したとおり不確実な経営環境を展望し，中長期的な企業活動のビジョンを描くところにあり，時として新たな経営環境を創造していくこともある。しかしながら，昨今の需要，市場，技術の変革はきわめて著しく，どのような競争優位を形成している企業であっても，環境適合や成長の限界がしばしば押し寄せている。

　そこで昨今，戦略提携（strategic alliance, strategic partnership）が注目されるようになってきた。ここでは，企業が結びつきを強化することによって競争力や成長力を高める経営戦略の一手法としての戦略提携について確認してみたい。企業が取り組んできた戦略・戦術は数多く存在しているが，市場における競争優位を確立するための一手法として導入された企業間提携が，1980年代後半以降脚光を浴びてきた。この企業間提携は，いくつものタイプないしはパターンを有しているが，ここ数年間，提携のもつ戦略性の高さや，加えて昨今の提携がより戦略色を強めてきているため戦略提携と呼ばれる提携が目立ってきている。

　そこでここでは，まずはじめに伝統的な提携と昨今の戦略提携の抜本的差異を確認し，これから2つのカテゴリー内の提携タイプの種類と特質に関する若

干の考察を行ってみることにする。

2 企業間提携のタイプ

　これまで多くの企業間において様々なタイプの提携が行われてきた。この提携の実現プロセスにおいては，両者の目的やメリットは異なっていようと，少なくとも提携の実現をつうじて両者とも各々の目的の達成やメリットの追求の可能であるという認識をもっていることは明確である。そこでまずはじめに，企業間提携の基本的なタイプとそれによってもたらされるメリットを確認してみたい。

　企業間提携のタイプは，とりわけタイトなものからルーズなものまでといったそのコミットメントの度合いによる分類をはじめ，提携する事業領域の広狭からの分類，資本関係の有無やその強弱からの分類，水平的提携と垂直的提携というような流通構造上の領域からの分類などいくつかのカテゴリー設定が可能である。

　そこで，ここではヨシノ＆ランガン（M. Y. Yoshino & U. S. Rangan, *Strategic Alliance,* 1995）のアプローチをもとに若干の考察を加えてみたい。ヨシノ＆ランガンは，企業間結合という用語を用いていくつかのカテゴリーを設定し，提携のタイプを分類している。このフレームによれば，結合タイプを大別する最も大きなカテゴリーは結びつきの度合いの強弱，すなわち契約という比較的ルーズな結合形態と，資本という強固な結合形態の両極をもってあらわしている。また，企業活動の一部の結合契約に基づいた関係というカテゴリーにあてはめ，企業のあらゆる部門における事業領域の選定や活動方針等に関する指針を資本に基づいた関係として示していると考えられる。そのような解釈のもとでは，後者の方が後述する戦略提携により近いカテゴリーにとらえられがちであるが，ヨシノらは，**図 3-1**で示される波線で囲まれた領域を戦略提携に位置づけている。

　この図で示されている戦略提携の領域は，現在の産業界でしばしば議論されている中間組織をあらわしているかのようにも思える。すなわち，中間組織が

第3章　経営戦略論

図 3-1　戦略提携の領域

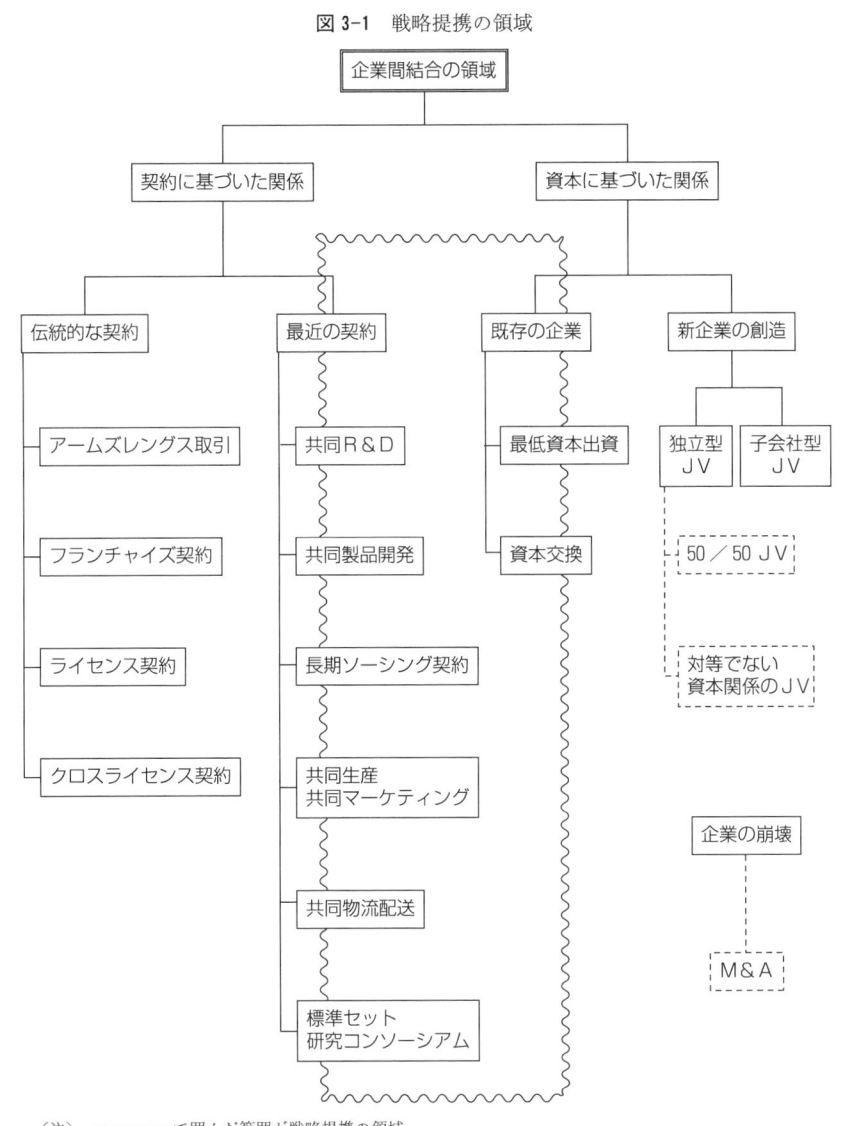

```
                    ┌─────────────────┐
                    │ 企業間結合の領域 │
                    └─────────────────┘
                    ┌────────┴────────┐
            契約に基づいた関係      資本に基づいた関係
            ┌───────┴───────┐      ┌───────┴───────┐
       伝統的な契約    最近の契約   既存の企業   新企業の創造
                                              ┌────┴────┐
                                           独立型    子会社型
                                            JV        JV
```

伝統的な契約:
- アームズレングス取引
- フランチャイズ契約
- ライセンス契約
- クロスライセンス契約

最近の契約:
- 共同R&D
- 共同製品開発
- 長期ソーシング契約
- 共同生産 共同マーケティング
- 共同物流配送
- 標準セット 研究コンソーシアム

既存の企業:
- 最低資本出資
- 資本交換

新企業の創造:
- 50／50 JV
- 対等でない資本関係のJV

企業の崩壊:
- M&A

（注）〜〜〜〜〜で囲んだ範囲が戦略提携の領域。
（出所）Yoshino M. Y. & U. S. Rangan, "Strategic Alliance: An Enternerial Aproach to Globalization", Harvard Business School Press, 1995, p. 7. 一部加筆修正。

市場組織と企業統合（JVや合併等）との間に存在するものとした解釈に基づけば，ランガンらが位置づけた戦略提携はまさに中間組織そのものということができる。さらに興味深い点をあげるならば，戦略提携によって起こり得る結合のタイプとして，ライバル企業間での結合や垂直的な結合をしており，この延長線上にはECR（Effcent Consumer Respons）や製販（あるいは製配販）同盟，SCM（Supply Chain Management）といった方向性を示唆していると考えることができる。

次にヨシノらの認識を基礎において，従来の提携が戦略性に乏しいと判断可能な特徴的エッセンスを考察し提携を定義づけていく方法も考えられる。例えば，一般的な提携の特徴を列挙すること以下の点があげられる。

①提携企業は各々個別の経営体であるがゆえ，提携は個別の経営目標を補完する一手段に位置づけることが可能である。従って提携企業間同士で共通の目的をもつ必要はない。

②多くの提携は種々の機能や活動領域，または製品やサービスといった一側面を通じて行われている。従ってオペレーション・レベルにとどまることが多いので，事業全般の戦略レベルまで関わることはない。

③総じて提携を通じて実現されるはずの結果が得られない場合においても企業全体としては莫大な被害を被ることは少ない。

これらの観点は，提携に求める期待と効果をやや悲観的にとらえている感も否めないが過去における提携の失敗事例を鑑みると，その多くは企業本体の屋台骨を崩壊させるに至らぬことから，これまでの提携の一般的な特徴をとらえているといえよう。

さらにここから派生して，ヨシノらが取り上げた企業間結合の諸要素を，経営体におよぼす影響度合いの大きさという視点に基づいて階層化を図ってみたい。ここでは，影響度合いの大小は経営資源の投入量との相関関係にあるとした前提の下で階層化を図っているため，おおまかなフレームワークになっているが，コミットメントの度合いから提携を分類した場合と類似したアプローチになる（図3-2）。

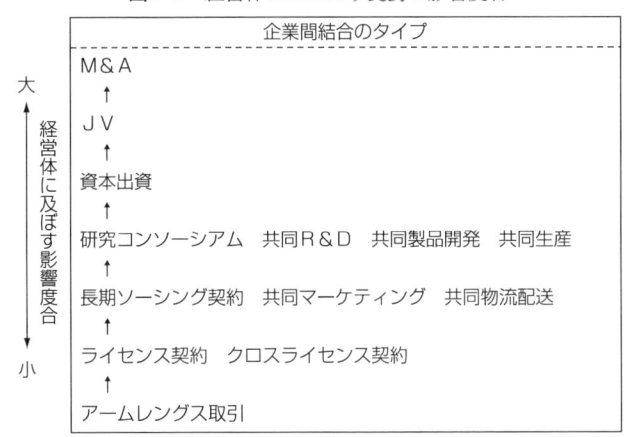

図 3-2　経営体におよぼす提携の影響度合

```
経営体に及ぼす影響度合
大 ↑
│  ┌─────────────────────────────────────────┐
│  │          企業間結合のタイプ              │
│  │ M＆A                                    │
│  │  ↑                                       │
│  │ JV                                      │
│  │  ↑                                       │
│  │ 資本出資                                │
│  │  ↑                                       │
│  │ 研究コンソーシアム　共同R＆D　共同製品開発　共同生産 │
│  │                                          │
│  │ 長期ソーシング契約　共同マーケティング　共同物流配送 │
│  │                                          │
│  │ ライセンス契約　クロスライセンス契約     │
│  │                                          │
│  │ アームレングス取引                       │
│  └─────────────────────────────────────────┘
↓ 小
```

（出所）　竹内慶司「企業間提携のタイポロジー」『市邨学園短期大学開学30周年記念論集』1996年，580ページ。

　一方，提携は技術開発の長期化や製品ライフサイクルの短縮，あるいはニーズの急激な変化といった種々の競争スピードに企業開発が追いつかないといった背景から導入されるという解釈がある。すなわち，急激な環境条件変化に対応するための内部資源の育成には時間的な余裕がないため，一時的に同等の資源を外部から導入するために提携が行われるというものである。この視点からみると提携は，長期間にせよ短期間にせよいずれ解消されるものであり，提携とその解消後の企業方向性に着目したアプローチもみられる。

　例えば，提携とその後進む企業の方向性を中心に提携をパターンしたものとして次のようなものがある。

①クロスワード提携……短期では獲得不可能な経営資源に対し，その入手が急務であった場合，両者はその資源の交換（例えば技術を購入するというような行為）を行うことによる提携が行われるが，このような場合は単に資源を交換したに過ぎず提携は短期間で終了し，両者はまったく異なった方向で発展するようになる。

②競争戦略型提携……競争関係にある企業間で行われる提携であり，特定製品分野や特殊な技術分野では提携を結び，また，別の分野では訴訟関係に

図 3-3　提携の5つのパターン

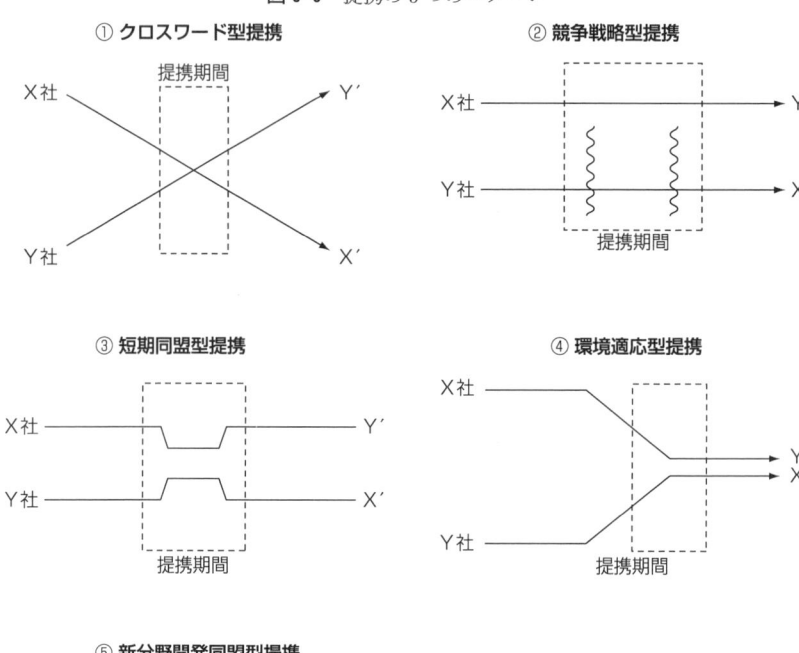

① クロスワード型提携

② 競争戦略型提携

③ 短期同盟型提携

④ 環境適応型提携

⑤ 新分野開発同盟型提携

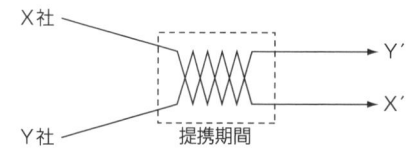

（出所）　首藤信彦「国際戦略提携を超えて」江夏健一編著『国際戦略提携』晃洋書房，1995年，22～24ページ，一部修正。

あり，提携と競争が割り切ってなされている形態を指す。コンピュータ産業のようなハイテク分野に多くみられる。

③短期同盟型提携……海外における特定市場へ参入する際，その市場でブランド・ロイヤルティを形成している現地企業に対して，最新技術の提供をつうじた提携を行うような場合を指す。この提携は現地における法的規制の変化（例えば，外国企業の現地法人が国内企業として認可されるようになる

等）や技術環境変化（提供している技術が陳腐化した場合など）によって，提携の意味が消滅した場合は両者は競争関係へ復帰する。
④環境適応型提携……価格の見直しが求められた場合など，系列関係にある企業との生産提携や部品の共有化を図ったり，自社がプロセスや製品の競争優位が弱い場合に比較優位にある競争企業に生産を依存する場合の提携を指す。提携期間に両者は接近し，その後も近い位置関係にいる。
⑤新分野開発同盟型提携……エレクトロニクスの先端分野マルチメディア分野などにおいて行われる提携で，競争企業同士が互いにもてる技術や経営資源を交流しながら新分野での能力を高めていく形態の提携を指す。

これらのパターンを示したものが図3-3である。

3 戦略提携のパターン

1 戦略提携の規定要因

ここまで企業間提携に関する基本的な理解を進めてきたが，本節においては，これまでのその領域が不明確であった戦略提携についての確認を進めてみたい。

ポーター（Porter, M. E., *What is Strategy ?*, HBR, 1996, 1986）によれば，提携のもつ戦略的なメリットとして「提携は，それが内部開発，合併，対等取引のいずれによっても取得できない利益の扉を開けることができる場合に採用される」と指摘し，企業間提携がきわめて戦略性の高い次元に位置していることを示している。また，現在において戦略提携は，企業のもつ競争上の優位さの強化・拡大，一方では企業の弱点補完をめざすパートナー相互の力を一体化するための経営資源の活用を動機として成立すると考えられる。

戦略提携は従来の伝統的な提携より戦略性の度合い高いということが戦略の由来のひとつであろうと点については前述したとおりであるが，戦略提携（strategic alliance）と提携戦略（alliance strategy）は混同し得ぬ概念であるとした指摘がみられる。

例えば，提携戦略とは「日本企業のお家芸で，多国籍企業のパッケージを分

解して技術だけを手に入れ極度に高い貯蓄率から民族資本と優秀で安価な労働力を極限までつかって，技術的に高度な製品を技術の生みの親よりもはるかに安価に生産して世界市場を席巻し，驚異的な企業成長を達成したやり方」というような見解である。

　これらの視点を踏まえ，戦略提携を定義づけるならば，少なくとも以下の3つの要素が満たされなくては戦略提携と規定することができないのではないかと考えられる。
　①提携企業が明確な戦略的意図をもち，それを共有していること
　②協調関係を形成する意識を提携企業双方が有していること
　③提携企業が対等の立場であること
　これはすなわち，当該双方が提携を全社的あるいは高い事業レベルに位置づけこの提携によって創造された利益は双方が互恵的に入手できるとした認識をもってることが必要であり，ここに協調関係の実現意識が生まれる。
　また，協調関係の実現を通じて利益の対等性が満たされる形になる。一方，この裏面ではリスクも共有することを意味しており，双方がこの提携を維持していく過程においては，固定的な協調関係ではなくそこには柔軟性のある協調関係が求められ，さらにこの実現のためには長期的な提携である必要性が高まっている。
　従って，従来型の提携をいくつか考えてみると，大手メーカーと協力工場という名の下で行われている親企業―下請け企業的な提携関係や，ライセンス契約，OEM取引等の製品を媒体とした提携関係は，上記の要素を必ずしも満たしてないため戦略提携とは言い難い。
　続いて，従来型の提携と戦略提携の相違を他面的に取り上げたものとして山下（「競争戦略としての国際提携戦略」『富士論叢』富士短期大学，第39巻第2号，1994年）のアプローチを取り上げてみたい。山下は，従来型の提携と戦略提携の相違点に関し，戦略的意図，対象（領域），パートナー，知識の流れ，競争，リスクの5つのポイントから分類し，さらに戦略提携のタイプを，技術融合型，コンソーシアム型，単独経営補完型，中核事業共同型の4つに細分化したアプ

表 3-2 従来型提携と戦略提携

	従来の提携	戦略提携			
		タイプ1 技術融合型	タイプ2 コンソーシアム型	タイプ3 単独経営補完型	タイプ4 中核事業共同型
戦略的意図	・外部経営資源による弱みの補完 ・海外市場アクセス	・新知識の創造（技術，製品）	・新知識の創造（新事業）	・規模の経済性 ・海外市場へのアクセス	・規模の経済性による生き残り ・M&Aへのステップ
対象	・オペレーショナル ・特定の機能・製品	・事業・製品戦略 ・特定の製品系列	・事業・会社戦略 ・多くの機能・製品系列	・事業・会社戦略 ・多くの機能・製品系列	・事業・会社戦略 ・多くの機能・製品系列
パートナー	・1社 ・競争企業を含む場合がある	・1社または少数 ・競争企業	・多数のパートナーのコンソーシアム ・競争企業，異業種企業	・少数または多数 ・競争企業	・少数または多数 ・競争企業
知識の流れ	・一方的な流れが多い	・双方向／多方向	・双方向／多方向	・双方向	・双方向
競争	・個別企業間 ・パートナー間は少ない	・パートナーを含む個別企業間	・コンソーシアム間 ・パートナーを含む個別企業間	・パートナーを含む個別企業間	・パートナーを含む個別企業間 ・グループ間競争に進む可能性
リスク	・個々の機能，製品レベル	・個々の機能，製品レベル	・事業の成否にかかわる	・自社の依存度に応じた製品，事業のリスク	・失敗すると，事業に大きな影響

（出所）山下達哉「競争戦略としての国際提携戦略——その要件，タイプおよび形態——」『富士論叢』富士短期大学学術研究会，第39巻第2号，1994年，88ページ。

ローチを行っている。

　ここで示されている特徴を述べると，従来型の提携は自社の弱点を外部経営資源によって補完する戦術レベルに留まる点を指摘し，それに対して戦略提携は，タイプごとに異なるが競争優位構築のために行われるとしている。そのため，事業レベルや全社レベルの戦略となり，複数の製品ラインや機能におよぶので，同一産業に属する競争企業がパートナーとなることも多い点を指摘している（表3-2）。

図 3-4　事業活動領域別の戦略提携の可能性

	活動領域の分割		
	研究開発段階	生産段階	流通段階
主な提携	共同研究開発 技術者の派遣 技術の交換 技術者の人的交流 技術獲得目的の投資 ライセンシング クロス・ライセンシング	部品の共通化 セカンド・ソーシング OEM	購買契約 購買代理契約 サービス契約
	全事業活動領域に関わる提携		
	JV，合併		

（出所）菅原秀幸「国際戦略提携と政府政策」江夏健一編著『国際戦略提携』101ページに基づいて作成。

図 3-5　市場・中間組織・組織化段階にみられる戦略提携

市場 ──── 中間組織 ──────────── 組織化

市場取引 ─ 反復取引 ─ 継続取引 ─ パートナーシップ ─ 戦略提携 ─ 統合

2　戦略提携の可能性

　戦略提携の方向性を考えるに当たり，その提携が事業活動領域のいずれの部分に深く関わるものなのか，または事業活動領域のいくつの部分にクロスして関わるものなのか，といった視点から戦略提携を考慮しなければならない。

　例えば，R＆Dおよび製品化から流通までのプロセスにおいて提携が行われる領域を分化してみると，①研究開発段階，②生産段階，③流通段階，④これらを包括した全段階の4つのカテゴリーに分けることが可能である。さらに，このカテゴリー内で提携が組まれる可能性のある領域を列挙してみると**図 3-4**のようになる。あわせて，この事業領域別の提携を前述した中間組織の概念と併せて考えてみよう。戦略提携を考慮した中間組織の方向性をみると，中間組織が市場サイドから組織取引サイドにシフトしていくプロセスをもって説明することができる。すなわち，スポット取引から反復取引へ，そしてさらに継続

取引へと進み，より強固な取引関係が構築するプロセス上に認識し得るとした解釈である（図 3-5）。

4 経営戦略のこれから

ポーター（Porter, M. E., 前掲論文，1996）は，日本企業の最近の業績悪化の原因である共倒れの戦いから逃れるためには戦略を学ばなければならないと指摘している。ポーターによれば，多くの日本企業にみられるあやまちは，業務改善活動と戦略の区別がつけられない点にあるとしている。すなわち，ここ数年間で多くの日本企業が取り入れてきた独自性のみられない業務改善運動──TQC，ベンチマーキング，アウトソーシング，リエンジニアリングなど──は，結果としてゼロサム競争に行き着くであろう点を指摘している。例えば，ライバルがベンチマーキングに励めば励むほど，また同様に，業務遂行能力の高い第三者にアウトソーシングすればするほど，それらの競争手段は類似化し，勝者なきレースの連続を意味することになってしまう。そしてその結果，コスト削減圧力が高まり，価格は下落し，長期投資能力も弱まり，共倒れへ向かうというものである。

たしかに多くの日本企業の現状をみると，そのように感じることもしばしばある。しかしながら，逆境を乗り越え，競争をクリアしていく不屈のビジネス・スタイルは一朝一夕につくられるものではないうえ，そのスタイルが普遍性をもつということもあり得ない。従って，経営戦略の根源になるところは，具体的な業務改善の組み合せと，その連携やそれらの組み換え，種々のタイプの戦略提携の模索など地道な試行錯誤のなかから生まれてくる最適な価値連鎖のなかにあるのではないかと考えられる。

最適な経営戦略を構築するということは，とてつもない困難と忍耐を伴う作業である。経営環境や市場ダイナミズムは常に変化し続けており，戦略の策定には的確な洞察力と大胆な先見性が求められよう。そして，これらの変化への主体的適応を試みる経営戦略の構築は，経営マクロ環境のみならず個別企業の

動向などのミクロ環境をも絶えず把握し続ける緻密で忍耐強い観察力が必要不可欠であろう。

[参考文献]
[1] Yoshino M. Y. & U. S. Rangan, *StrategicAlliance ; An Enternerial Aproach to Globalization*, Harvard Business School Press, 1995.
[2] 江夏健一編著『国際戦略提携』晃洋書房，1995年。
[3] 山下達哉「競争戦略としての国際提携戦略——その要件，タイプおよび形態——」『論叢』富士短期大学学術研究会，第39巻第2号，1994年。
[4] Porter, M. E., " What is Strategy ?", *Harvard Business Review*, 1996.（中辻 萬訳「戦略の本質」『ダイヤモンド・ハーバード・ビジネス』1997年2‐3月号）。
[5] M・E・ポーター編著『グローバル企業の競争戦略』（土岐　坤ほか訳）ダイヤモンド社，1989。
[6] 竹田志郎・山崎　清編著『国際経営』有斐閣，1982年。
[7] 高井　眞編著『グローバリゼーション——日本企業の挑戦——』清文社，1991年。
[8] 市川　彰「戦略経営と企業間ネットワーク」『フジビジネスレビュー』富士短期大学，1993年。
[9] 矢田勝俊「中間組織とネットワーク」『星陵論集』第27巻第1号，神戸商科大学大学院研究会，1994年。
[10] 鈴木智弘「戦略的提携と経営戦略論としての組織間関係」『香川大学経済論叢』第67巻第1号，1994年。
[11] 徳永喜昭「経営戦略論の三段階発展説（Ⅴ）」『経営論集』第30巻第1・2号合併号，亜細亜大学経営学会，1994年。
[12] 竹内弘高「グローバル製品開発における競争優位の戦略」『商学研究』第27巻，一橋大学研究年報，1987年。
[13] 土屋守章『現代の企業戦略』有斐閣，1982年。
[14] 藤芳誠一『蛻変の経営（改訂増補）』泉文堂，1978年。

[基本文献紹介]
①土屋守章『企業と戦略』メディアファクトリー，1984年。
　　差別化，垂直統合，多角化とシナジーなど経営戦略論で触れられる重要事項がわかりやすく解説されている。
②M・E・ポーター『競争の戦略（新訂）』（土岐坤ほか訳）ダイヤモンド社，1995年。
　　競争戦略のための分析技法，業界環境の異なる競争戦略のあり方などについて詳細に論じられている。
③藤芳誠一監修『新経営基本管理』泉文堂，2000年。

経営戦略のみならず，戦略と組織に関する基本事項を中心に理論と事例で展開されており理解しやすい。
④根本　孝・諸上茂登編著『国際経営の進化（改訂版）』学文社，1992年。
　グローバル・スタンダードが定着化するなかで，国際競争力をもった経営戦略のあり方についての示唆を与えてくれる。
⑤Ｍ・Ｃ・ボーグⅢ／Ｅ・Ｓ・バッファ『企業戦略分析』（土岐　坤訳），ダイヤモンド社，1987年。
　戦略の必要性，経営戦略の構造などの重要事項についてケースを用い詳細に解説されている。

[設　問]
①企業経営において，経営戦略が必要不可欠といわれる理由は何か。
②従来型の提携と戦略提携の相違を述べなさい。
③今後のわが国企業にとっての経営戦略の方向性について論じなさい。

（竹内慶司）

第4章 管理会計論

> ▶ポイント
>
> 本章では，経営学や経営管理論と密接に関連している会計，なかでも管理会計の基本を理解することを目的とする。まず，企業会計とはなにか，そしてそれを構成する管理会計と財務会計とはどのような目的をもち，いかなる相違があるかを理解する。そして，管理会計の体系，くわえて会計情報システムとの関係を学ぶことによって，管理会計の適用領域とその機能についての基本的理解を深める。

【キーワード】 企業会計，財務会計，経営管理機能，意思決定会計，業績管理会計，統合会計情報システム，総勘定元帳システム

1 企業会計

　会計とは，情報の利用者が適切な判断と意思決定を行うことができるように，特定の経済主体の活動を貨幣的に測定し，伝達する行為である。この場合，会計は図4-1に示すように，経済主体の種類によって大きくミクロ会計とマクロ会計に分類することができる。

　ミクロ会計とは，企業，家庭，地方自治体といった経済社会を構成する個々の主体を対象として行われる会計であり，企業の会計である企業会計，家庭の会計としての家計，官庁や地方自治体といった行政機関の会計である官庁会計，学校法人や公益法人の会計である非営利法人会計などに分類される。ミクロ会計は，その経済主体が営利を目的とするか否かによって，営利経済会計たる企業会計とそれ以外の非営利経済会計に大別される。

　一方，マクロ会計とは国全体を一つの経済主体として国民経済全体の活動を対象とする会計であり，社会会計あるいは国民経済計算などとも呼ばれ，一般的には経済学の領域に属するとされている。

図 4-1　会計の分類

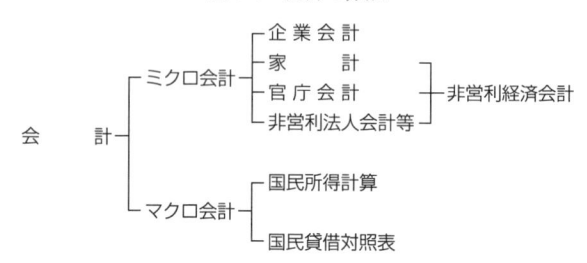

```
              ┌ 企 業 会 計
              │ 家       計
     ┌ ミクロ会計 ┤ 官 庁 会 計  ┐
     │        └ 非営利法人会計等 ┘── 非営利経済会計
会　計 ┤
     │        ┌ 国民所得計算
     └ マクロ会計 ┤
              └ 国民貸借対照表
```

　以上のように，会計といっても経済主体の相違によってその対象領域は広範であるが，一般的に会計といった場合には，企業を経済主体とする活動を対象とした企業会計のことを想定している。企業会計を対象として会計を定義するならば，情報の利用者である企業の利害関係者が適切な判断と意思決定ができるように，企業活動を貨幣的に測定し，伝達する行為であると表現することができる。ここに利害関係者とは，企業の活動に伴って利益または損害を受ける可能性のある関係者のことであり，株主，投資家，債権者，取引先，経営管理者，従業員，政府機関，地方自治体などがある。

　会計，すなわち企業会計とは，企業の経済活動のなかで会計の対象となるものを会計事実として識別し，それを一定のルールに従って分類・測定・記録し，それらを集計した結果を会計情報として各種の利害関係者に伝達する行為から構成されるものであり，これらの測定および伝達行為を科学的な認識対象とする学問領域が会計学と称されている。また，測定・伝達行為は，それ自体が会計の目的というわけではなく，財産保全，会計責任の解除，利害調整，経営管理といった目的を達成するために行われるものである。これらそれぞれの目的に対応した会計システムが構築されてきており，そのなかで伝統的かつ主要なものとして簿記や原価計算がある（図 4-2）。

図 4-2　会計行為

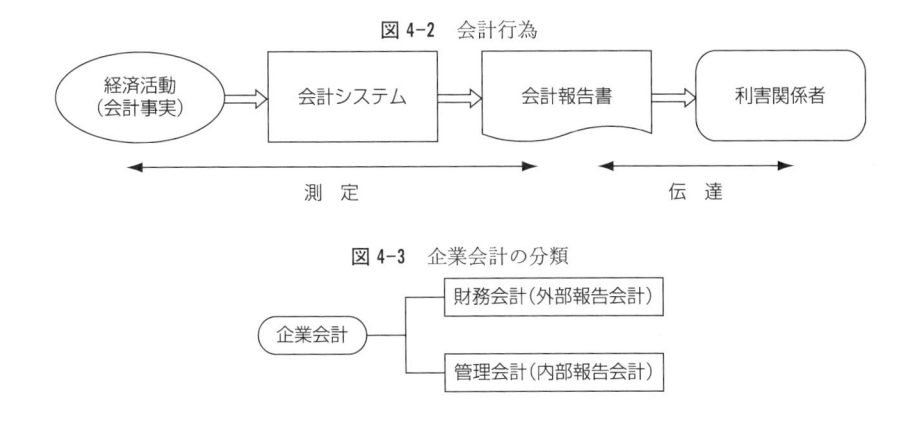

経済活動(会計事実) → 会計システム → 会計報告書 → 利害関係者

測定　　　　　　　　　　伝達

図 4-3　企業会計の分類

企業会計 ─┬─ 財務会計(外部報告会計)
　　　　　└─ 管理会計(内部報告会計)

2 財務会計と管理会計

1 財務会計

　企業会計は，その報告対象たる利害関係者の相違によって，財務会計と管理会計とに分類される。企業外部の利害関係者に対して測定結果を報告するための領域が財務会計であり，企業内部の利害関係者，すなわち，経営管理者に報告するための領域が管理会計である。報告対象の相違に着目して，財務会計は外部報告会計，管理会計は内部報告会計とも称されることがある（図 4-3）。

　財務会計の対象とする外部利害関係者とは，株主，債権者，取引先，金融機関，政府機関，消費者等であり，企業はそれらに対して貸借対照表や損益計算書等により構成される財務諸表によって測定結果を伝達するのである。

　企業は，必要な設備，材料，労働力といった資本を調達し，製品を製造・販売することによって利益を獲得し，それを利害関係者に配分することを本来的な任務として社会のなかに存立する組織体である。企業は，多様な利害関係集団を持続的に調整することによって存立し，これら集団の企業存立に対する好意を得ることによってはじめて存続が可能となるのである。すなわち，企業は共同経済の一環としての社会的存在だといえるのである。この社会的存在とし

ての企業は，各利害関係者にその行動や行動結果を報告する責任（会計責任）を有しており，この責任を果たすための手段は，多くの利害関係者を対象とするものであるから，公共的，制度的な性格を有することとなる。財務会計は企業のこのような社会性を支える，あるいは社会的責任を果たす役割を担っているものといえる。

　一般に財務会計の成立は，株式会社制度の成立により，経営と分離された多数の株主や債権者の財産や権利を会計制度を通じて保護することから始まったとされている。その後の企業規模の拡大は，株主，債権者の増加をもたらし，また社会的に大きな存在となった企業には，政府関係機関をはじめとする他の利害関係者が増大するに至った。これらの利害関係者の企業に対する関心の度合いは多様である。株主や投資家は企業の財務状況や収益力，債権者は企業の元本や利子の返済能力，従業員は給与支払能力や安定性，税収を担当する政府機関や地方自治体は適正な課税所得，といったようにその利害関係が一様ではない。企業はそれぞれの利害関係者に対して共通の情報として財務諸表を提出し，利害関係者はこれに基づいて意思決定を行う。どの利害関係者に対しても，偏ることなく会計諸原則や基準によって財務諸表が作成されるために，その会計情報が多様な利害を有する関係者間の調整能力を有することとなる。

2　管理会計

　企業内部の利害関係者である経営管理者を報告対象とし，経営管理あるいは経営管理者の意思決定に有用な会計情報を提供する領域が管理会計である。この場合の経営管理者とは，企業の最高経営責任者を含むトップ・マネジメント，部長・支店長といったミドル・マネジメント，現場の係長・主任といったロワー・マネジメントであり，各経営管理者の階層や担当している職務内容に対応した多様な情報を必要としている。

　企業は社会的存在であるとともに，一方で独立した一つの存在として維持存続しなければならない独立体でもある。企業は独自に生産・販売活動を実施し，これらをより効率的とするための経営管理活動によって全体として統合された

自主的全体としての性格も有している。企業は，一つのシステムとして統合されているのであり，そこでの共通の目的として各活動を統合している原理が，利益を最大にするという利潤性である。すなわち利潤性が自主的全体としての企業の存続を可能とする基本原理であり，各経営管理者に対して有用な情報を提供することによってこの基本原理に貢献する役割を担うのが管理会計といえるのである。

　管理会計がいつ成立したかについては必ずしも明確ではなく，会計の生成当初や初期の発展過程においては，会計の基本目的は，経営管理者が資産・負債および事業の成果を勘定処理しようとする必要性を満たそうとするものであり，会計が当初においては主として経営管理者に志向した管理会計的要請から生成されたとの見解もある。しかし，会計の経営管理目的を明確に示したのは，企業規模の拡大や企業間競争が激化しはじめた19世紀以降，アメリカでの科学的管理法の出現を契機とするものであり，その後の標準原価計算や予算統制などの確立によって，経営管理に有用な情報を提供するものとして，管理会計の役割がより一層注目を浴びることとなったのである。

　管理会計は，経営管理あるいは経営管理者の意思決定に有用な会計情報を提供することによって，企業間，国際間の激しい競争のなかで，一つの独立した経済主体としての企業が維持・存続，発展するための重要な役割を担っているのである。

3　財務会計と管理会計の相違

　財務会計と管理会計は，その目的の違いから基本概念等にも相違がみられる。会計上の慣行ないし基本的仮定としての会計実体，会計期間，貨幣的評価の3つの会計公準を含め，特徴的なものを以下に示す。

　①会計実体

　財務会計では，各企業または企業集団としての企業実体を対象として会計的測定・伝達行為が行われるのに対し，管理会計では，企業実体だけではなく，次のような区分された実体をも対象とする。

1) 製品実体……製品別，製品系列別に原価や利益が集計・分析される。
2) プロジェクト実体……企業は同時にいくつものプロジェクトを遂行しており，プロジェクトごとの採算性が検討される。
3) 責任実体……事業部，部門，課といった職制上の責任別に予算設定や実績報告がなされる。

②会計期間

　財務会計では，企業が永遠に存続することを前提として，報告目的との関係から原則として半年または1年という会計期間を設けて会計処理しているのに対し，管理会計では会計実体との関係から日次，月次，3年，10年など多様な期間が設定される。従って，管理会計におけるそれぞれの目的に応じて作成される各種報告書の頻度も多様なものとなる。

③貨幣的評価

　財務会計では，財務諸表が原則として全て貨幣的表示によって作成されるのに対して，管理会計では，貨幣的表示とともに，個数や重量といった物量表示も利用，重視される。

④原価概念

　財務会計では，原則として取得原価を基礎とするのに対し，管理会計では取得原価以外の多様な原価概念も利用される。

⑤実現概念と対応概念

　財務会計では，確定的な証拠に基づいて取引が認識されるのに対し，管理会計では過去の事象だけではなく将来のことも含めて弾力的な取引の認識がなされる。また，財務会計では，収益と費用の会計期間との対応が重視されるのに対して，管理会計では，期間対応よりも対象となる実体との対応が重視される。

⑥客観性概念と重要性概念等

　財務会計では，情報の客観性および正確性が重視されるのに対して，管理会計では客観性・正確性よりも，提供される情報が役立つものか，目的に合致したものであるかという重要性および適時性に重点がおかれる。

⑦法的規制

財務会計では，商法，企業会計原則といった法的規制を受けるのに対して，管理会計は個別の企業内部の会計であることから法的な規制を受けることはない。

3 管理会計の体系

これまで多くの研究者によって管理会計の体系化が試みられてきており，主要なものとして次の3つの体系がある。

- 計算技法による体系……①
- 経営管理階層による体系……②
- 経営管理機能による体系……③

①計算技法による体系

この体系は，管理会計を具体的な計算技法・会計システムの側面から体系化しようとするものである。計算技法・会計システムの歴史的発展に対応させ，また実務における管理会計担当部門が会計システム別に組織されたことなどに基づいた，より実践的な体系化であったといえる。しかし，簿記や原価計算などのように，財務会計・管理会計共通の会計システムもあることから，管理会計の体系化の視点として不十分だとの主張もある。

②経営管理階層による体系

管理会計は，経営管理あるいは経営管理者の意思決定に有用な会計情報を提供することを目的としており，経営管理者が実際に担当する経営管理活動あるいは経営管理プロセスを研究対象とする経営管理論の発展と密接に関わってきた。この経営管理階層による体系と次の経営管理機能による体系は，ともに経営管理論に関する研究に関連した体系である。

アンソニー（Robert N. Anthony）は，経営管理プロセスを戦略計画，マネジメント・コントロール，オペレーショナル・コントロールの3つに区分した。ここに，戦略計画とは，組織の目標を設定し，資源の取得や使用のための基本

的方針ないし枠組みを決定するプロセスであり，マネジメント・コントロールとは，戦略計画で定められた枠組みのなかで資源の効率的使用を確保する総合的な計画と統制のプロセスであり，オペレーショナル・コントロールとは，特定の作業の能率的な実施を統制するプロセスである。

アンソニーの主張した3つの経営管理プロセスは，組織構造あるいは経営管理者の階層からみた場合，主として戦略計画はトップ・マネジメントが，マネジメント・コントロールはミドル・マネジメントが，オペレーショナル・コントロールはロワー・マネジメントが担当する経営管理プロセスに対応している。管理会計は経営管理者に有用な会計情報を提供することを目的としており，経営管理者の階層が異なれば当然必要とされる情報も異なる。経営管理階層による体系とは，アンソニーの主張を基礎として，戦略計画，マネジメント・コントロール，オペレーショナル・コントロールの3つの区分に対応して，すなわち経営管理者の各階層に対応して管理会計を体系化しようとするものである。

③経営管理機能による体系

前項でも示したとおり，管理会計は経営管理論の発展と密接に関わっており，この経営管理機能による体系とは，管理会計情報を利用する経営管理者が担う経営管理機能に着目した体系である。

(1)計画会計と統制会計

企業は，一般に購買，製造，販売活動を基幹業務として利益を獲得することを目的として営まれており，その基幹業務を効率的・能率的に遂行するための役割が経営管理機能である。企業活動は，計画を立案し，実施し，それを評価する活動，くわえて，企業活動が計画どおりに実施されるように，また評価結果にもとづいて実施活動を調整・修正するために実施活動を監視する統制活動から構成されている。計画会計と統制会計による体系は，このような企業活動のうち，特に計画機能と統制機能を経営管理の主要機能であると捉え，その機能に対応させて管理会計を体系化しようとするものである。

計画会計とは，計画活動に有用な会計情報を提供することを目的とする会計であり，長期利益計画，短期利益計画，予算編成等のための情報提供をその領

域とするものである。

　一方，統制会計とは，統制活動に有用な会計情報を提供すること目的とする会計であり，実施活動を調整・修正することを目的として主として予算や標準原価など，計画値と実績値との差異情報の提供を領域とするものである。

(2)業績管理会計と意思決定会計

　経営管理機能を計画と統制に区分する見解に対して，計画にも期間を限定した期間計画と特定の目標を有する個別計画との相違があり，また期間計画と統制は不可分の関係にあることなどを理由として，管理会計を業績管理会計と意思決定会計に区分する見解がある。

　業績管理会計は，業績評価会計とも呼ばれるものであり，主として期間計画立案と統制活動のために有用な会計情報を提供するものとして，予算管理，原価管理など，実績に基づく情報も含めて継続的に実施される情報提供を領域とするものである。

　一方，意思決定会計とは，主として個別計画を立案，あるいは何らかの個別問題を解決するために有用な会計情報を提供するものであり，経営意思決定または意思決定を支援するための情報提供を領域とすることからこのように称されている。一般に，経営意思決定は，業務的意思決定と戦略的意思決定に区分される。業務的意思決定とは，一定の経営構造，組織，環境を前提とした日常的な業務活動に関わる意思決定である。部品の自社製作か外注かの意思決定，注文の引き受けをすべきか否かの意思決定などが業務的意思決定の例である。これに対し戦略的意思決定とは，それらの前提自体を変更することを対象とする意思決定であり，例としては新工場設置についての意思決定や新規事業への参入に関する意思決定などがある。戦略的意思決定とは，前述のアンソニーの主張した戦略計画に相当する意思決定であるといえる（図 4-4）。

　以上，管理会計の体系に関するいくつかの見解を示してきた。アンソニーの3つの区分も実質的には経営管理機能と理解できるものであり，現在においては，管理会計を経営管理機能の視点から体系化することが一般的である。しかし，その体系の内容は流動的である。このことは学問領域としての発展性を示

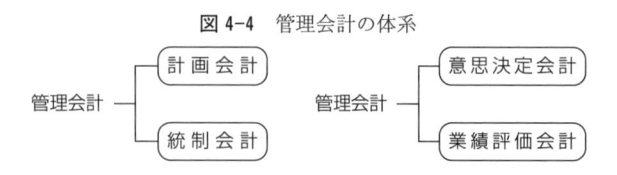

図 4-4　管理会計の体系

管理会計 ─┬─ 計画会計
　　　　　└─ 統制会計

管理会計 ─┬─ 意思決定会計
　　　　　└─ 業績評価会計

しているとも考えられるのであり，経営環境の変化とともに経営管理機能の内容は常に変化・拡張していること，情報技術の発展を基礎として経営管理者の情報要求が高度化し，それに対応すべく新たな管理会計研究が展開されていること，また，管理会計が本来的に情報技術や行動科学といった多くの隣接諸科学の成果を積極的に取り入れていることなどが理由として考えられる。

4　管理会計と会計情報システム

　企業で実際に運用されているコンピュータによる会計システムは，取引処理システムによってデータが処理され，従来の手作業による複式簿記と同様，損益計算書や貸借対照表という財務諸表を産出することを主目的とする総勘定元帳システム（general ledger：G/L システム）がその中核に位置づけられている。このコンピュータによる会計システムが，購買・生産・販売に関する基幹業務システムと原価計算，資金管理，固定資産管理といった複数のアプリケーションと統合された総合的な情報システムとして形成され，経営情報システムの中核として常時継続的に運用される場合，一般にそれを会計情報システム（accounting information systems）あるいは統合会計情報システム（integrated accounting information systems）と称する。会計情報システムは，取引処理システムに展開される勘定機構によって有機的に結合され，実績情報，計画情報，統制情報を提供することによって財務会計・管理会計の諸要請にこたえるものである。

　図 4-5 は，基幹業務たる購買，製造，販売の各サイクルを中心に展開される会計情報システムの体系を示したものである。業務システムは購買，製造，販

第4章　管理会計論

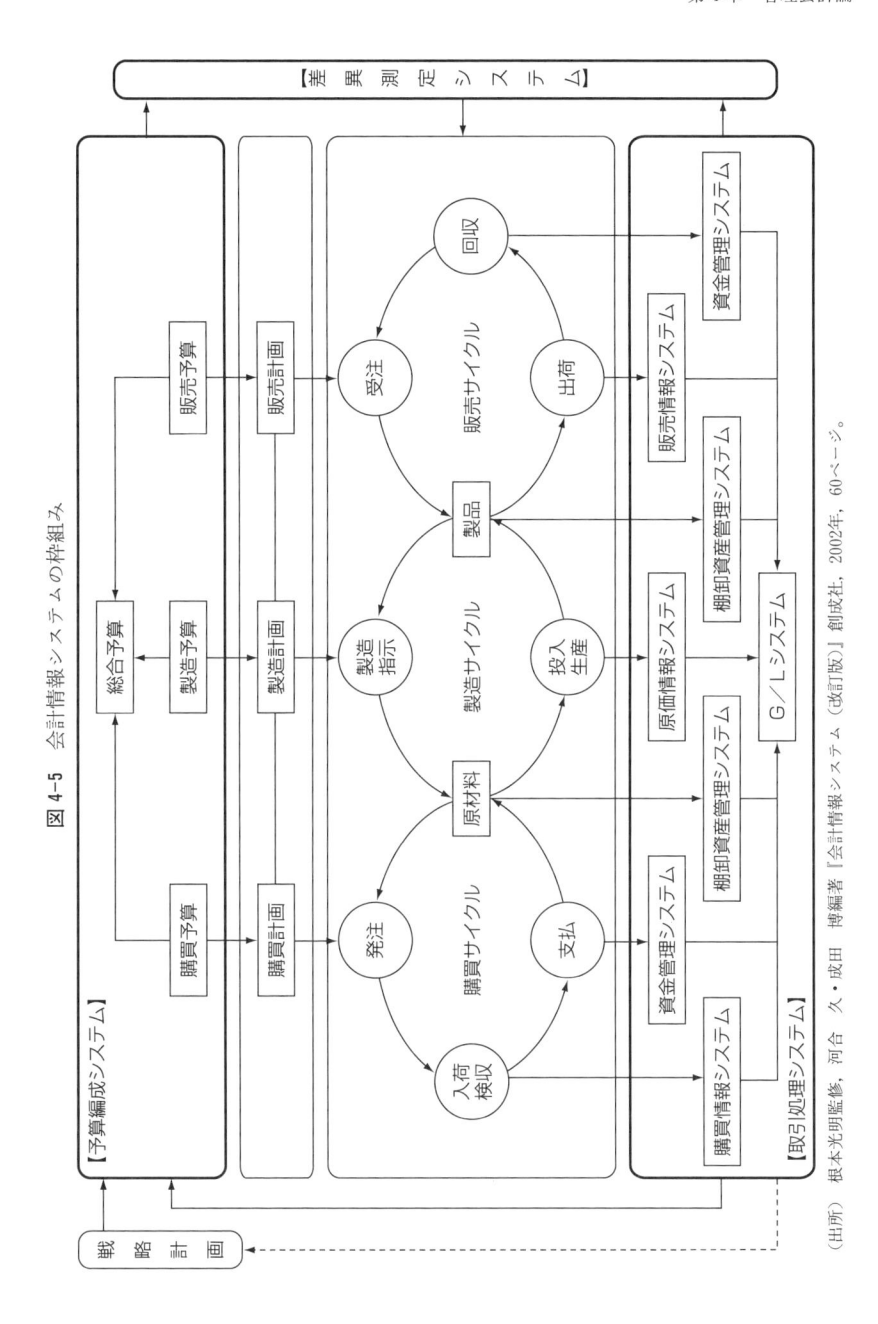

図4-5　会計情報システムの枠組み

(出所) 根本光明監修, 河合 久・成田 博編著『会計情報システム (改訂版)』創成社, 2002年, 60ページ。

売の各サイクルの諸活動に対応して構築されるものであり，そこで収集されるデータは，原材料の購買による費用，支出の確定，原材料から製品への価値の内部変換と原価配分，製品の販売による収益および収入の確定という，実績としての会計取引の源泉を反映している。これらのデータは取引処理システムを介して総勘定元帳システムへと投入されることによって，実績情報としての会計情報へと変換されることとなる。

　企業活動を効率的に実施するためには，計画あるいは目標を設定し，その目標を達成できるように諸活動を統制する必要がある。企業の将来を決定づける戦略計画に基づき利益計画が設定され，それが具体的な諸活動に対して期間配分された予算として展開されることになる。この各業務予算を設定し，それらを総合して見積貸借対照表と見積損益計算書からなる全社予算を編成するのが予算編成システムである。勘定機構に基づいて貨幣的に表示される各予算は，業務活動の目標値あるいは指針として機能することによって，全社目標と各業務活動との間の整合性を維持することとなる。予算編成システムは，経営管理に資する計画情報たる管理会計情報を産出するものである。

　予算が目標値あるいは指針として機能する一方で，その目標達成のためには予算期間の一定時点において，実績と予算とを比較し，経営管理者に注意を喚起するための差異情報としての予算実績報告書が提供される。予算実績報告書のように計画情報と取引処理システムによる実績情報とを利用して，統制情報たる差異情報を産出するのが差異測定システムであり，会計情報システムにおける管理会計情報を提供する主要なサブ・システムを構成している。

　このような差異測定システムでは，全社レベルの集計が行われるだけではなく，支店別，部課別など，多様な視点による報告書が作成される。また，差異報告ではなく，実績値のみを対象としても，組織内の各責任単位の権限と責任に応じて原価，収益，利益などが計算・集計・報告される場合もある。このように計画値との差異，実績を責任単位の経営管理者に報告する制度を責任会計制度といい，管理会計の主要な報告システムとして確立されている。また，総勘定元帳システムによって産出される財務諸表を対象として，企業の収益性，

生産性，財務安全性等に関する情報を経営管理者に提供する経営分析（財務諸表分析）や，総勘定元帳システム以外の各アプリケーションにおいても各種の管理情報を提供できる仕組みが用意されている。近年では，このような会計情報システムの各種機能を実現するものとして，ERP（enterprise resource planning）パッケージ・ソフトが提供されている。

　ここでは，予算管理システムを中心として，会計情報システムと管理会計との関係の基本を概観したが，会計情報システムの提供する管理会計情報は，主として前項の体系における業績評価会計および意思決定会計のうち業務的意思決定に有用なものであり，戦略的意思決定に関しては，会計情報システムが提供する情報とともに個別の概念や技法を利用した情報提供が試みられている。また，会計情報システムも，例えば，活動基準原価計算（activity based costing: ABC）といった新しい会計システムや概念・技法を取り入れることによって管理会計情報の提供能力を高めている。

▶▶ *Column* ◀◀

会計ソフトと関連ソフト　ビジネスの世界で最初にコンピュータが適用されたのが会計領域であったといわれるように，会計は，コンピュータのハードウェア，ソフトウェアそして通信技術等を含めたいわゆる情報技術の発展によって多大な影響を受けてきた。現在では，小規模企業の一部を除くすべての企業で，コンピュータによる会計処理が実施されている。パソコンの高性能化と低価格化により，個人事業者でもコンピュータによる会計処理を実施しているケースが多くなっている。「弥生会計」「会計王」といった個人あるいは小規模企業向けのいわゆる財務会計ソフトは，家電量販店のビジネスソフトのコーナーで販売されており，どのメーカーのものも5万円以内で手に入る。これらのソフトは，貸借対照表，損益計算書等の財務諸表および関連帳票を算出可能であるだけでなく，部門別の損益計算書，予算実績対比表，財務諸表分析といった管理会計情報の算出にも対応したものとなっている。また，シリーズで販売されている販売管理ソフトや仕入管理ソフトといった業務ソフトとのデータの連動性があり，例えば，販売管理ソフトで商品の出荷処理を行うと，売上に関する仕訳が自動的に会計ソフトへと投入されるようにプログラムされているものもある。情報技術の発展により，四半世紀前までは大企業にしか導入できなかったシステムの一部が，現在では単体のパソコンで実現できるようになっている。

5 | 管理会計各論

　本節は，管理会計の概要を理解することを目的としているため，ここでは管理会計の論点のみを列挙するにとどめておく。一般的に財務会計目的と考えられている複式簿記，原価計算の提供する情報も経営管理者にとって有用なものであり，管理会計・財務会計共通の会計システムであることを理解しておくことが重要である。

①伝統的管理会計の主要論点

　　責任会計／利益計画／予算／標準原価計算／直接原価計算／特殊原価調査／損益分岐点分析／資金管理／経営分析／投資計画

②発展的管理会計の論点

　　活動基準原価計算／原価企画／ライフサイクル・コスティング／品質原価計算／戦略的原価管理／経済的付加価値／バランスト・スコアカード (balanced scorecard)／企業集団／海外事業展開／サプライ・チェーン・マネジメント (supply chain management：SCM)

　情報技術の進展は，企業活動自体の変化をもたらしており，また，海外進出や国際競争など企業のグローバル化も進んでいる。企業活動の変化とともに，管理会計の研究対象も常に変化・拡張している。企業間の競争が激しさを増している今日，経営管理者による経営管理に有用な情報に対する要求は高まっており，管理会計に対する期待は一層大きなものとなっている。

[参考文献]
- [1] 中西寅雄・鍋島達編著『現代における経営の理念と本質』日本生産性本部，1982年。
- [2] 神戸大学会計学研究室編『会計学基礎論[第3版]』同文舘，2002年。
- [3] 飯野利夫『財務会計論』同文舘，1998年。
- [4] 若杉　明『会計学原理』税務経理協会，2000年。
- [5] 武田隆二『会計』税務経理協会，1994年。
- [6] 谷　武幸・岩淵吉秀編著『競争優位の管理会計』中央経済社，2000年。

［7］　櫻井道晴『管理会計［第2版］』同文舘，2001年。
［8］　清水　孝『経済競争力を強化する戦略管理会計』中央経済社，2001年。
［9］　橋本義一・根本光明編著『図解会計情報システム』中央経済社，1996年。
［10］　根本光明監修，河合　久・成田　博編著『会計情報システム（改訂版）』創成社，2002年。

[基本文献紹介]
①日本管理会計学会編『管理会計学大辞典』中央経済社，2000年。
　　学会の会員によって執筆・編集された辞典であり，管理会計と周辺領域に関するテーマ別の基本用語を解説している。
②山口　操編著『エッセンス管理会計』中央経済社，2001年。
　　具体的な事例を用いて基本概念をわかりやすく解説している管理会計の入門書。
③門田安弘編著『管理会計学テキスト［第2版］』税務経理協会，2002年。
　　管理会計について，最近の動向を含めた伝統的技法および新しいテーマ，技法について解説している。
④根本光明監修，河合　久・成田　博編著『会計情報システム（改訂版）』創成社，2002年。
　　コンピュータによる会計処理の概念や構造および統合会計情報システムの基本を解説している。

[設　問]
①管理会計と財務会計のそれぞれについて簡単な定義を述べなさい。
②管理会計と財務会計における会計諸概念の相違を説明しなさい。
③経営管理機能による管理会計の体系について説明しなさい。

（成田　博）

第5章 マーケティング論

> **▷ポイント**
>
> 企業にとってその製品が顧客に受け入れられるかどうかは非常に重要な問題である。しかしそのためには，よりよい製品を作り出すだけでは不十分であり，様々な「仕組み」が必要となる。対象とする顧客を決め，それから顧客に対して働きかけるための手段，すなわち顧客とのコミュニケーションを高め，手ごろな価格に設定し，さらに製品やサービスの流れる道筋まで考える必要がある。本章ではこれらマーケティングの基本的な考え方について説明する。

【キーワード】 マーケティング・コンセプト，市場細分化と標的市場の選定，マーケティング・ミックス，製品，価格設定，プロモーション，チャネル

1 マーケティングとは

1 マーケティングの必要性とその歴史

　企業が提供する製品やサービスを顧客に受け入れてもらうためには様々な活動が必要である。顧客が欲しがっているものは何か，どの程度の金額であれば支払えるのか，あるいは製品やサービスの情報源はどこかといったことを知り，実行するための中心的な役割をになうのがマーケティングである。顧客にとって価値のあるものを競争相手よりも適切に提供することで顧客の満足を得ようとすることがマーケティングの目的となる。

　マーケティングは19世紀後半から20世紀初めにアメリカにおける経済構造の変化のなかで登場してきたものである（Bartels［2］）。当時のアメリカにおいては，生産技術の大幅な進歩に伴い，生産活動のみならず販売活動が注目されるようになってきた。19世紀後半においては，広告や販売員管理といった個別の販売に関わる活動の研究が行われた。20世紀になると，これら個別活動に加えて，製品が生産されてから消費されるまでのプロセスやそのプロセスに関す

る企業の活動に対する研究が行われるようになってきた。

1940年代後半から1950年代にかけて個別企業の視点からマーケティングの様々な活動の統合化の視点が強調されるようになった。マーケティング・マネジメント論あるいはマネジリアル・マーケティング論といわれるこれら一連の研究ではマーケティング論の体系の基本となる様々な概念やフレームワークが提示された。アメリカ・マーケティング協会は1960年にマーケティングを「生産者から消費者もしくは使用者に至る商品およびサービスの流れを指揮する事業活動の遂行である」と定義した。

企業活動を対象としてきたマーケティングは1970年代に入ると、対象とするものを企業活動から政府や非営利組織、さらには個人に拡張するようになった。そのためアメリカ・マーケティング協会は1985年にマーケティングの定義を「個人目標および組織目標を満たす交換を創造するためにアイディア、商品およびサービスのコンセプト、価格設定、プロモーション、および流通の計画と執行のプロセスである」と改訂したのである。

このようにマーケティングは企業の販売活動だけでなく、製品やサービスの生産から消費に至るまでのプロセスに関する事業活動、さらにはそれらが企業だけでなく、組織や個人にも適用されるように拡大してきたのである。

この章では、企業のマーケティング活動に焦点を当て、マーケティング論の基本的なフレームワークについて説明していく。

2 マーケティング・コンセプト

企業が市場に対してもつべき考え方のこと示す概念としてマーケティング・コンセプトというものがある。マーケティング・コンセプトは顧客志向、利益志向、企業内の様々な活動の統合という3つの要素によって構成される。つまり、マーケティング・コンセプトとは企業や組織がその顧客のニーズを満たすことによって利益を得ようとする考え方のことをいい、マーケティングにおける中心的な概念である。

企業の市場に対する姿勢には、生産志向、販売志向、そして顧客志向がある。

これら志向は生産量や製品の供給量と需要量との関係，および企業と顧客との関係によって特徴づけられる。

　生産志向とは企業を運営する上で生産を第一に考えるというものである。生産志向に適当な状況としては，2つ存在する。一つは，ある製品の需要が供給を上回る場合である。もう一つは，製品の製造コストが高い場合である。しかし生産志向は市場や顧客のことを考慮しないという内部志向に陥りがちになってしまう。生産の問題や企業内の能力にのみ焦点を合わせてしまうため，市場が求めているものとは全く異なるものを提供してしまうことになり，全く売れなくなってしまうという結果になりがちである。

　販売志向とは，生産された製品を顧客に積極的に働きかけ販売しようとする志向である。この志向をもつ企業では強力な販売部門の存在が不可欠である。販売部門が見込み顧客を探し出し，彼らに対して製品の良さをアピールし，製品を購入してもらう。そのため，プロモーション技術が重視される。しかし，販売志向は顧客のことをまったく考慮しないという欠点をもっており，顧客からの思わぬ反発を招いてしまう恐れがある。

　企業活動の出発点を顧客におくのが顧客志向である。製品を生産してから顧客を探すのではなく，標的市場にどんなニーズがあるかを明らかにし，それに基づいて企業の諸活動を行う。顧客志向の特徴は，作ったものを売る姿勢ではなく，売れるものを作る姿勢に立つことにある。販売志向のマーケティング活動と比べると，販売志向がプロモーションや販売員活動のみに集中する傾向にあるのに対して，顧客志向ではマーケティング調査といったニーズを調査する活動と，製品政策や価格政策，チャネル政策，そしてプロモーション政策が統合的に行われる。

2 　標的市場の選定とマーケティング情報

1　市場細分化と標的市場の選定

　マーケティング活動の直接の対象は顧客である。企業は顧客に対して様々な

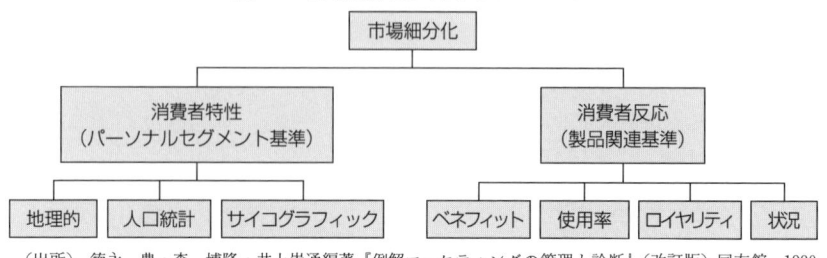

図 5-1 市場細分化に対するアプローチ

```
                    市場細分化
          ┌────────────┴────────────┐
      消費者特性                  消費者反応
  (パーソナルセグメント基準)       (製品関連基準)
   ┌─────┼─────┐          ┌─────┬─────┬─────┐
 地理的 人口統計 サイコグラフィック  ベネフィット 使用率 ロイヤリティ 状況
```

(出所) 徳永 豊・森 博隆・井上崇通編著『例解マーケティングの管理と診断』(改訂版)同友館, 1990年, 74ページ.

活動を行うことになる。しかし、すべての顧客が同じニーズを有しているわけではない。例えば、年齢によって購入する製品が異なることがある。小学生と高校生では、欲しい製品や常に購入している製品が異なっている。また、同じ年齢層でも、購入する製品が異なることがよくみられる。マンションを購入しようとしている30〜40代であっても、独身なのか、あるいは家族がいるのかによって、広さや間取りで異なるものを購入するであろう。このように市場は異なるニーズを有する顧客によって構成されており、このことを市場の異質性という。そこで、企業はこのような異質な市場を特定の基準で同質の(あるいは類似の)市場に区分する必要がある。これを市場細分化といい、細分化された市場のそれぞれを市場セグメントという。

市場細分化の方法は大きく消費者の特性によるものと消費者の反応によるものに分けられる(徳永ほか編著[8]74〜76ページ)。消費者特性に含められる基準としては、大きく地理的変数、人口統計的変数、サイコグラフィック変数に分けられる。一方、消費者反応による細分化は、消費者がもつ製品に対する知識や態度、使用状況そして反応によって消費者をグループ化するものである。これには、ベネフィットによる細分化、使用率による細分化、ブランド・ロイヤルティによる細分化がある(図5-1)。

次にマーケティング担当者は市場セグメントのなかから標的とするものを選択しなければならない。各市場セグメントが十分な売上や利益を確保できるだけの規模を有しているか、あるいは今後成長性が見込まれるかといった点で検

討し，そのなかから自社に適切な市場セグメントを選択することになる。

　さらに，市場カバレッジの視点から検討する必要がある。どの程度の市場セグメントを対象にするのかによって，自社のマーケティング戦略が大きく変わってくる。市場カバレッジ戦略は2つに大別できる（井上［6］183～185ページ）。すべての市場を対象とするのか（全市場浸透型戦略），それとも特定の市場に限定するのか（集中・専門型戦略）というものである。全市場市場浸透型戦略はさらに，市場すべてに同じマーケティング・ミックスを提供するか（無差別型戦略），それとも市場セグメントごとに異なるマーケティング・ミックスを提供するか（差別型戦略）に細分できる。

　無差別型戦略は市場にいる消費者のニーズの相違性よりも共通性を重視したものである。この戦略は，プロモーション・コストや生産・在庫・輸送に関わるコストなどが削減できる。しかし，この戦略は，競争に対して脆弱になり，特に，標的となる市場をはっきりと定めた企業に対しては，十分な対策をとることが難しい。

　差別型戦略はいくつかの市場セグメントに対して個別の製品およびサービスを提供し，他のマーケティング・ミックス要素を市場セグメントごとに修正するものである。この戦略は全てのセグメントを対象とし，かつセグメントごとに個別の戦略を展開することから，市場に深く浸透する可能性をもつ戦略である。この戦略は，無差別型戦略よりも売上高が大きくなるがコストが増大するというデメリットも存在する。

　集中・専門型戦略は市場セグメントのなかの一つもしくは少数を対象としているもので，その市場セグメントにマーケティング活動を集中させることによって，単位当たりのマーケティング活動の成果を高めることができる。企業の経営資源が限られている場合に特に重視されたり，新興企業が大企業を相手に競争する場合にとられたりする手法でもある。この戦略はより強固なポジションを獲得することができ，また，効率的な活動が行うことが可能である。しかし，この戦略には選択した市場セグメントが適切でない可能性があることや特定の市場セグメントの状況が悪化したり，あるいは競争相手の参入を引き起こ

したりする可能性もある。

2　マーケティング情報

　顧客や競争相手などの企業を取り巻く外部の利害関係者の動向を把握しておくことはマーケティング担当者にとって重要である。マーケティング担当者がその情報を収集しなければならない主要な関係者としては顧客，流通業者や納入業者およびマーケティング専門会社といった自社への協力企業，そして競争相手がある（Kotler［5］）。

　これらは様々な要因により変化するので，マーケティング担当者は常にその変化を監視しておく必要がある。また，近年，情報技術の大幅な進歩に伴い，企業や個々の管理者の用いることができる情報量は格段に増大してきている。マーケティング担当者はマーケティング情報を適切に管理し，意思決定に役立てなければならない。

▶▶ *Column* ◀◀

マーケティング情報とデータマイニング　　近年，情報技術の大幅な進歩により，膨大な量のデータを入手することが可能になってきている。POS（販売時点情報）システムや顧客管理システムからは毎日，大量のデータが生み出されるようになっている。

　この大量のデータなかから何らかの規則性や法則性を見つけ出し，それをもとにマーケティングの意思決定に役立てようとするためのものがデータマイニングである。データマイニングは「顧客データ，POSデータなど膨大なデータをマイニング（採掘）して，宝物（情報，知見，知識，仮説，課題など）を見つけるプロセス・手法」（上田，2ページ）のことをいう。

　流通業者，特に小売業者はPOSデータから天候や地域行事による売上の変化を予測したり，陳列に役立てたりしている。また，顧客を個別に管理している企業は顧客の購買履歴をもとにしてダイレクト・メールによる反応状況を把握したり，優良顧客の選別を行ったりしている。このような手法を利用することで，より効率的にマーケティング活動を実施する企業が増えてきているのである。

【参考文献】
上田太一郎ほか『Excelでできるデータマイニング入門』（新版）同友館，2001年
佐藤雅春『顧客行動を予測するデータマイニング』日刊工業新聞社，2001年

マーケティング情報はその情報の源泉が内部であるか外部であるか，直接収集されたものか間接的なものかによって分類することが可能である。まず，マーケティング情報はその収集が直接的なのか間接的なのかによって，一次データと二次データに分けられる。一次データは特定の調査目的のために収集されるデータであり，一定のデータ収集手順により収集される。一方，二次データはすでに他の目的のために収集・分析されているデータである。

　また，マーケティング情報はその情報源から内部データと外部データに分けることができる。内部データは会社内で収集された情報をさし，社内の様々な部門で収集されている。外部データは企業の外部がその情報源であるデータのことであり，主に二次データとして扱われる。外部データの源泉には，官公庁や特定企業もしくは業界団体，出版物，データバンクなどがある。

　さらに，マーケティング担当者は探索的調査，記述的調査，因果的調査というマーケティング調査の3つの種類を理解しておく必要がある（Aaker *et al.*［1］pp. 72-77）。探索的調査はマーケティング担当者の抱える問題点の性質を明確にしたり，代替案を検討したりする場合に用いられるものである。記述的調査は特定のマーケティング現象に関して正確な記述や説明を目的とした調査である。この調査では特定製品の購入者の年齢分布や傾向，特定製品の購入者の人口統計的特徴，特定製品に関する意見や態度などを記述するために行われる。因果的調査はある特定のマーケティング現象がなぜ起こったのかといった原因と結果について調査を行うものである。

3 マーケティング戦略

1 マーケティング戦略プロセス

　マーケティング戦略では，顧客のニーズをどのように満たすのかが中心的な課題となる。一般的にマーケティング戦略はマーケティング目標を設定することからはじまる。マーケティング目標は通常，企業の目標から導き出されるものであり，売上高や利益，マーケット・シェアなどを目標に設定することが多

い．次に，マーケティング状況の分析が行われる．ここではSWOT分析というものが用いられる．SWOT分析とは，強み（Strength），弱み（Weakness），機会（Opportunity），脅威（Threat）の頭文字を取ったもので，自社のもっている強みと弱みを分析し，マーケティング環境から企業にとって魅力ある機会を見つけ出し，脅威を回避するために行われる分析のことである．それから対象とする顧客を決め，さらにマーケティング・ミックスを開発する．

マーケティング・ミックスとは，標的市場を満足させるために，マーケティング担当者が行う手段の組み合わせのことである．この組み合わせには様々なものが考えられるが，一般的には製品（Product），価格設定（Pricing），プロモーション（Promotion），チャネル（Place）をマーケティング・ミックス要素として用いることが多く，これら4つの領域の頭文字を取って，マーケティング・ミックスは4Pともいわれる．

2 製品

製品を顧客に提供される物質そのものあるいはサービスと捉えることは，製品の本質を捉えるうえで非常の狭い考え方である．例えば，鉄道は，鉄の物質的な塊としての列車に価値があるのではない．時間どおりに人や物を運んだり，あるいは快適な旅行を提供したりするものである．そこでマーケティング担当者は顧客に提供している本質的なベネフィットを理解しておかねばならない．

マーケティング担当者は製品の特性を活かしてマーケティング活動を行う必要がある．製品は大きく消費財と産業財に分けることができる．企業や組織が購入する場合産業財と呼び，消費者が購入する場合消費財と呼ぶ．さらに，消費財は消費者の購買慣習によって，最寄品，買回品，専門品に分けることができる．最寄品とは，消費者が頻繁に購入し，購入にほとんど努力を払わない製品である．買回品はいくつかの製品を比較し，検討した上で買う製品で，購入に大幅な努力を費やす．専門品は独自の特徴やブランドなどをもっている製品で，購買するのに特別の努力を消費者が進んで払う．

企業にとって，新製品開発は非常に大きな意味をもっている（Urban [10]）．

市場に導入された新製品の成功が企業に大きな影響を与えることが多い。他方で，新製品の開発に要するコストや時間が膨大になっている。新製品開発は非常にリスクが高いものであるため，体系的な方法を考慮しなければならない。新製品開発はアイディアの創出，アイディア・スクリーニング，製品コンセプトの開発と検証，製品化，テスト・マーケティング，市場導入というプロセスを経て行われる。

▶▶ *Column* ◀◀

市場の変化と製品開発　各自動車メーカーはセダン系の自動車を中心として小型車から大型の高級車までを生産し，消費者の収入やライフスタイルに合わせた製品を揃えていた。しかし，消費者ニーズが多様化し，さらにそれらが時とともに変化するようになってきた。RV（レクリエーション・ビーグル）やワゴン，さらにはミニバンなど消費者の目的や価値観によって売れる製品が変化してきている。

　近年では，排気量が1000cc～1300ccクラスの小型車（コンパクトカー）に人気が集まるようになっており，他のクラスの自動車が前年比減のなかで，小型車が前年以上の台数が販売されている。コンパクトカー市場活性化の最初のきっかけとなったのは，トヨタ自動車が1999年1月に発売した「ヴィッツ」である。「ヴィッツ」は従来のコンパクトカーのものとは異なるイメージを作り出し50万台以上が販売された。さらに2001年6月にはホンダが「フィット」を発売し，爆発的にヒットした。これらの車種は走行中の排気ガスに含まれる有害物質が少なくすむため，環境配慮という点でも評価が高く，日本市場だけでなく，欧米市場においても有力な製品となる。

　人気のある自動車に力を注いで開発・発売したかによって業績が大きく異なってくるようになってきた。顧客にとって魅力のある製品を提供できるかどうかによって市場での競争に打ち勝つことができるようになっているのである。

3　**価格設定**

　一般的な価格設定方法としては，コスト基準型価格設定，価値基準型価格設定法，競争基準型価格設定法に分けられる（Nagle & Holden［7］）。

　コスト基準型価格設定は，価格設定の基準をコストに求めるものである。この価格設定法の代表的なものとしてコストプラス価格設定法があげられる。コストプラス価格設定とは，製品の製造コストもしくは仕入れコストにある一定

図 5-2　コスト基準型価格設定と価値基準型価格設定プロセスの相違

コスト基準価格設定
製 品→コスト→価 格→価 値→顧 客

価値基準価格設定
顧 客→価 値→価 格→コスト→製 品

（出所）　Nagle T. & R. Holden, *The Strategy and Tactics of Pricing,* 3rd ed., Prentice-Hall, 2002, p. 4.

の利益を加えてそれを価格とするものである。例えば，ある小売業者が製品を500円でメーカーから購入したとする。この500円（これがコストになる）に利益を200円加えると，販売価格は700円となる。この方法は確実に利益を得ることができるとともに確実に予想が立てやすいため，価格設定が単純になるという長所があるが，競争や需要の状態を無視しているという問題がある。

　価値基準型価格設定法はコスト基準型価格設定法と全く逆の価格設定プロセスをとる（図 5-2）。コスト基準型価格設定の場合，製品の価値を売り手が決定し，それを顧客に提示するが，必ずしも顧客の知覚する価値に合致するとは限らず，価格の修正を求められることがある。一方，価値基準型価格設定の場合は，顧客の知覚価値に基づいて価格を決め，それから目標とする利益とコストを決定し製品を製造するので，顧客が知覚した価値と価格との差があまり開かないということになる。この方法では，そのため，顧客のニーズと製品に対する知覚価値の分析を行うことが必要となる。

　競争基準型価格設定法の代表的なものとして，模倣的価格設定法がある。顧客は製品を購入する際に，類似製品の価格と比較してその製品の価値を判断することが多い。そこで，企業のマーケティング担当者は競争相手や業界で用いられている価格を参照（あるいは模倣）して自社製品の価格を設定することがある。

4　プロモーション

　企業から顧客に対して製品に関する情報やその企業に関する情報などを提供

することがプロモーションに含まれる。プロモーションの手段としては，広告，人的販売によるプロモーション活動，販売促進そしてパブリシティがある。

　広告とは広告主によって，製品やサービス，アイデアあるいは企業そのものについて，情報を伝達するための手段である。広告には，広範囲に分散した多数の買い手にメッセージを届けることができる，メッセージを繰り返して用いることができる，広告は広告主である企業がその内容をコントロールすることができる，広告では様々な表現を行うことが可能であるという特徴がある（Kotler［5］）。

　しかし，広告には，広告は売り手から買い手に対する一方的な情報伝達であるため，買い手が売り手からの情報を無視したり（テレビCMになるとチャンネルを変えてしまうという行為はこれに当たる），見逃してしまったりするため，広告は他のプロモーション・ミックス，特に人的販売と比べると説得力が弱いという欠点がある。また，媒体にもよるが，多額の予算を必要としてしまうこと欠点の一つである。

　パブリシティは，新聞や雑誌，ラジオなどのマス・メディアに向けて，そのニュースで取り上げられることを期待して行われる活動である。パブリシティには，信頼性が高いニュースとして多くの見込み顧客に到達することができる等といった特長がある。

　しかし，パブリシティには，その内容をコントロールできない，パブリシティには継続性がないという欠点がある。従って，パブリシティは企業の広報担当者と媒体編集者との関係を日頃から確立し，頻繁に情報を提供するような活動を行っておく必要がある。

　人的販売によるプロモーション活動とは，販売員の口頭によって顧客に情報を提供する活動あるいは説得する活動のことである。販売員と顧客の間での一対一もしくは一対複数で行われる。他のプロモーション活動とは異なり，相手の反応をみながら伝えるべき内容を変化させることができるのが特徴である。また，販売員を通じて長期的な関係を構築することも可能となる。しかし人的販売によるプロモーション活動はコストがかかるという欠点がある。顧客との

表 5-1 プロモーション・ミックス要素の特徴

プロモーション・ミックス要素	広告	人的販売	販売促進	パブリシティ
情報量	メディアの性質によって多様	多い	ほとんどない	多い
信頼性	低い	企業や販売員の技術に依存	不適切	高い
メッセージに対する統制	高い	低い	高い	低い
顧客1人へ到達するためのコスト	低い	高い	低い	非常に低い

(出所) Boyd, H., et al., *Marketing Management*, 4th ed., McGraw-Hill, 2002, p. 353 をもとに修正・加筆。

長期的な関係を構築するのは、時間が必要であり、また優秀な販売員が必要となる。また広い範囲の消費者に影響を与えることができないという欠点もある。そのため、人的販売は広告の役割を補う活動であり、高価な製品や技術的に複雑な製品に最も適しているといえよう。

販売促進は人的販売と広告の両者を補完する働きをもつ。つまり、消費者の購買意欲や販売店の販売意欲を刺激するために用いられるものである。販売促進には、クーポンやコンテスト、割引、景品など幅広いツールがあり、それぞれに様々な特徴がある。販売促進ツールは消費者の注意をひきつけ、購入につながる情報を提供する。また、購買意欲を刺激し、消費者に付加価値を提供することによって強力な購入の動機づけを行う。

企業はより強くて早い反応を作り出すために販売促進ツールを使う。販売促進は、製品を演出したり、落ち込んでいる売上を引き上げたりするのに用いられる。しかし販売促進の効果は短期的なものであり、消費者のブランドに対する長期的な嗜好を確立するには効果がない。

マーケティング担当者はこれらプロモーションの諸手段を組み合わせて顧客に情報を提供する。この組み合わせのことをプロモーション・ミックスという（表5-1）。近年ではプロモーション手段を統合し、顧客とのコミュニケーションを高める動きがみられる。これは統合的マーケティング・コミュニケーショ

ン（IMC）といわれ，企業が製品や企業そのものを明確で一貫したメッセージを伝えるために，プロモーション諸手段のコミュニケーションの役割を考慮し，それら諸手段を統合するというものである（Schultz et al. [9]）。

5 チャネル

　製品が流通する経路のことをマーケティング・チャネルという。マーケティング・チャネルは「製品またはサービスの使用もしくは消費可能なものとする一連のプロセスに関わる相互依存の組織の集合」（Coughlan et al. [4] p.3）と定義される。

　マーケティング・チャネルは一般に，製造業者，流通業者（卸売業者および小売業者）によって構成される。製造業者とは販売される製品やサービスの製作者である。一方，流通業者とは製造業者や消費者もしくは使用者以外のチャネル構成員のことをいい，卸売業者と小売業者に分けられる。卸売業者には，所有権卸売業者，製造業者の販売代理店，代理商，ブローカーが含まれる。卸売業者は他のチャネル流通業者に販売するが個別の消費者には販売しない。このうち，所有権卸売業者は自らの責任のもとで商品を仕入れ，販売する業者であり，その商品の所有権をもち，商品そのものも保有する。一方，製造業者の販売代理店や代理商，ブローカーは彼らが売る商品の所有権をもたないかあるいは商品を保有しない。小売業者は個々の消費者に直接販売する企業であり，例えば百貨店やスーパーマーケットなどの様々な形態が存在している。

　製造業者が流通業者を利用したチャネルを構築する場合，小売カバレッジと製品の特性によってマーケティング・チャネル政策は開放的チャネル，選択的チャネル，そして排他的チャネルの3つに分類される（表5-2）。

　開放的チャネル政策とは，取引先を限定せずに取引を求めてくる流通業者に対して，信用ある限り製品を販売することである。この政策は，消費財，特に最寄品において多くみられるものである。最寄品は消費者が頻繁に購買し，類似品との比較や購買に対して最小の努力しか払わない製品であるためできる限り多くの小売店で販売されていなければならないものである。そのため，チャ

表5-2 流通業者を利用したチャネル政策の比較

	開放的チャネル	排他的チャネル	選択的チャネル
小売カバレッジ	最大	単一	限定的
主たる長所	製品入手可能性の最大化	・標的市場と小売業者の顧客の適合 ・小売業者との緊密な協力関係の促進	小売カバレッジとコントロールの程度が適当
主たる短所	小売業者のサポートの欠如	単一(少数)の小売業者に依存することの危険性	店舗間競争,特に値引きが発生することがある
最も適当な製品	低関与型である最寄品	高関与型である専門品や買回品	頻繁に購入される買回品

(出所) Boyd, H., et al., *Marketing Management,* 4th ed., McGraw-Hill, 2002, p. 322 をもとに修正・加筆。

ネル政策においても，可能な限り多数の販売先を対象とし，製品の露出を最大限高める必要がある。

排他的チャネル政策は，特定販売地域で販売業者を1社もしくは2社選定し，それらの業者にのみ販売していくという政策である。この政策は，例えば自動車やブランド品といった専門品や買回品のような消費者の関与が高い製品においてよくみられる。

選択的チャネル政策は，開放的チャネル政策と排他的チャネル政策の中間に位置するものであり，自社製品の販売を促進するために，特定販売地域で一定数の販売業者を選定し，それらに優先的に販売していくという政策である。開放的チャネル政策と比べて小売カバレッジが広範囲ではないので，チャネルのコントロールがしやすいという特徴がある。また，製品の露出もあまり高くならないので製品イメージが維持しやすくなる。さらに，流通業者との良好な協力関係も構築しやすい。

[参考文献]
[1] Aaker, David A., V. Kumar & George S. Day, *Marketing Research*, 7th ed., John Wiley & Sons., 2001.

［2］ Bartels, R., *The History of Marketing Thought,* Publishing Horizons, Inc., 1988. (山中豊国訳『マーケティング学説の発展』ミネルヴァ書房，1993年)
［3］ Boyd, Harper W., Orville C. Walker, John Mullins & Jean-Claude Larreche, *Marketing Management,* 4th ed., McGraw-Hill, 2002.
［4］ Coughlan, Anne T., Erin Anderson, Louis W. Stern & Adel I. El-Ansary, *Marketing Channels,* 6th ed., Prentice-Hall, 2001.
［5］ Kotler, Philip, *Marketing Management,* 10th ed., Prentice-Hall, 2000.
［6］ 井上崇通『マーケティング戦略と診断』(新版)，同友館，2001年。
［7］ Nagle, T. & R. Holden, *The Strategy and Tactics of Pricing,* 3rd ed., Prentice-Hall, 2002.
［8］ 徳永 豊・森 博隆・井上崇通編著『マーケティングの管理と診断』(改訂版) 同友館，1990年。
［9］ Schultz, Don E., Stanley I. Tannenbaum & Robert F. Lauterborn, *Integrated Marketing Communication,* NTC Publishing, 1992. (有賀 勝訳『広告革命・米国に吹き荒れるIMC旋風』電通，1994年)
［10］ Urban, Glen L., John R. Hauser & Nikhilesh Dholakia, *Essentials of New Product Management,* Prentice-Hall, Inc., 1987. (林 茂・中島 望・小川孔輔・山中正彦訳『プロダクトマネジメント——新製品開発のための戦略的マーケティング』プレジデント社，1989年)

［基本文献紹介］
①井上崇通『マーケティング戦略と診断』(新版) 同友館，2001年。
　　歴史や背景を踏まえながら，マーケティングの柱の部分を解説し，かつ最新の内容にまで触れている基本書。
②ドーン・イアコブッチ編著『マーケティング戦略論』(奥村昭博・岸本義之監訳) ダイヤモンド社，2001年。
　　インターネット等の情報技術の進展に伴った新たなマーケティングの潮流を意識してかかれている。
③フィリップ・コトラー『マーケティング・マネジメント』(恩蔵直人監訳) ダイヤモンド社，2002年。
　　マーケティングの標準的なテキストとしてよく引用されている書籍の邦訳として最新版のもの。
④徳永 豊・森 博隆・井上崇通編『例解マーケティングの管理と診断』(改訂版) 同友館，1990年。
　　設問とその解説という形式でかかれている書籍。演習問題が豊富で，マーケティングの知識を深めるのに最適である。
⑤ロバート・バーテルズ『マーケティング学説の発展』(山中豊国訳) ミネルヴァ書房，

1993年。
　マーケティング学説の歴史を詳細に研究した書籍。マーケティング研究の流れを知るのに有効である。

［設　問］
①マーケティング戦略プロセスについて簡単に説明しなさい。
②特定の製品もしくはサービスを取り上げ，そのマーケティング・ミックスの特徴を調べなさい。
③現代企業のマーケティング戦略が抱える問題点を１つあげ，論じなさい。

（庄司真人）

第6章　財務会計論

▷ポイント●

ビジネス上の言語である会計が近年その注目度を増している。それは①国際的な潮流として透明度の高い財務諸表の開示が必要となってきたこと。②商法や税法の影響により会社の実態とかけ離れた数値になっていた日本の財務諸表が会計制度改革で実態を示せるように改善されたこと。――以上のような理由による。企業経営を考えた場合，財務会計の基礎理解とグローバル・スタンダード化による新しい財務会計の動向を理解しておくことが必要である。

【キーワード】　会計ビッグバン，財務諸表，損益計算書，貸借対照表，企業会計原則，キャッシュフロー，DCF法，確定拠出型年金，粉飾決算

1　財務会計とは何か

　財務会計（financial accounting）は，企業が財務諸表（損益計算書，貸借対照表など）を作成し，投資家，金融機関などの企業外部の利害関係者に対して，財務に関する情報を提供することによって，企業の経営成績や財政状態を報告することを主な目的としている。財務諸表は，各利害関係者にとって，その企業に対して投資（株式や社債の購入），貸付（設備投資資金や運転資金の融資）などを行う意思決定の重要な材料となる。

　損益計算書（profit and loss statement 略してP/L）は，一会計期間の収益と費用を勘定科目（収益については売上，受取利息，固定資産売却益など，費用については仕入，給料，租税公課，減価償却費，支払利息，固定資産売却損など）ごとに集計し，その集計した金額を費用と収益の対応関係（売上高と売上原価といった個別的対応，売上高と販売費および一般管理費といった期間的対応）に基づいて表示することによって作成される。損益計算書によって企業の売上高，営業利益などの経営成績が明らかとなる。

表 6-1　貸借対照表・損益計算書の例示

○○株式会社

貸借対照表 平成15年3月31日現在 (単位:百万円)				損益計算書 自 平成14年4月1日 至 平成15年3月31日 (単位:百万円)	
科目	金額	科目	金額	科目	金額
流動資産	41,000	流動負債	20,100	売上高	150,000
現金預金	15,000	支払手形	500	売上原価	96,000
売掛金	20,000	買掛金	12,000	売上総利益	54,000
商品	1,000	未払金	7,600	販売費及び一般管理費	41,000
その他	5,000	固定負債	20,000	営業利益	13,000
		長期借入金	20,000	営業外収益	600
固定資産	39,700	負債の部合計	40,100	受取利息	600
建物	6,500	資本金	30,000	営業外費用	1,000
器具備品	3,200	法定準備金	1,800	支払利息	1,000
土地	30,000	剰余金	8,800	経常利益	12,600
		資本の部合計	40,600	特別利益	800
資産の部合計	80,700	負債・資本の部合計	80,700	固定資産売却益	800
				特別損失	2,800
				投資有価証券売却損	2,800
				税引前当期利益	10,600
				法人税等	4,000
				当期利益	6,600

　貸借対照表（balance sheet 略して B/S）は，決算日の資産，負債，資本を勘定科目（資産については現金預金，受取手形，売掛金，商品，建物，器具備品，土地，投資有価証券など，負債については支払手形，買掛金，未払金，借入金など，資本については資本金，資本準備金，利益準備金など）ごとに集計し，その集計した金額を，資産・負債については流動性（現金化する時期が早いかどうか）の順に配列表示することによって作成される。貸借対照表によって企業の支払能力や資産総額などの財政状態が明らかとなる（表 6-1）。

2 財務会計の前提条件

財務会計では会計が行われるための前提条件がいくつかあり，それを会計公準，原則と呼んでいる。

1 会計公準

会計公準は会計理論のうち最も基礎的な前提条件であり，現代社会においては次の3つの会計公準を無視して企業会計は成立しない。

①企業実体（business entity）の公準

企業会計は，記録・計算を株主や出資者という個人ではなく，企業を会計単位として行う。通常は法律的に独立した一つの企業を会計単位とするが，本支店会計のように一つの企業を本店と支店に分けて別個の会計単位とする場合や，連結会計のように親会社，子会社，関連会社という法律的には別会社である一つの経済的実体を一つの会計単位とする場合がある。

②継続企業（going concern）の公準

企業会計は，企業の利益追求活動は永久に継続して行われると仮定し，その活動期間を人為的に1年や半年などで区切った会計期間で期間損益計算を行う。会計期間の公準とも呼ばれる。継続企業を前提としていない中世の大航海時代においては，1回の航海が終わると香辛料や財宝とともに船も売却しすべての清算が行われたため清算価値計算が重要であった。

③貨幣的評価（monetary valuation）の公準

企業会計は，円やドルといった貨幣を会計尺度として行う。企業会計の対象は，企業の経済活動を貨幣額で測定できるものだけである。

2 原 則

原則は会計理論のうち会計公準の次に基礎的な前提条件である。企業会計原則の7つの一般原則と評価・認識の原則を紹介する。

①真実性の原則

「企業会計は，企業の財政状態及び経営成績に関して，真実な報告を提供するものでなければならない」

企業は主観的な判断により一般に認められる複数の会計処理の方法から一つを選択適用して財務諸表を作成する。その作成される財務諸表は相対的（客観的）に真実なもの，すなわち粉飾のないものでなくてはならない，という原則である。

②正規の簿記の原則

「企業会計は，すべての取引につき，正規の簿記の原則に従って，正確な会計帳簿を作成しなければならない」

企業は会計の対象となるすべての取引を，検証可能な証拠書類に基づき，複式簿記に代表される秩序ある簿記の方法によって会計帳簿を作成しなければならない，という原則である。

③資本取引・損益取引区分の原則

「資本取引と損益取引とを明瞭に区別し，特に資本剰余金と利益剰余金とを混同してはならない」

資本は企業内部に維持すべきものであり，利益は配当や賞与として社外流出可能なものである。資本と利益を混同すると，維持すべき資本まで社外流出してしまうため明瞭に区別しなければならない，という原則である。

④明瞭性の原則

「企業会計は，財務諸表によって，利害関係者に対し必要な会計事実を明瞭に表示し，企業の状況に関する判断を誤らせないようにしなければならない」

企業は，一定の方法に従った区分表示，重要な会計方針などの注記，貸借対照表の期末残高の明細などによって利害関係者が理解しやすい財務諸表を作成しなければならない，という原則である。

⑤継続性の原則

「企業会計は，その処理の原則及び手続を毎期継続して適用し，みだりにこれを変更してはならない」

企業が選択した会計処理の方法を変更すると，利益の額も変わってくる。また前期の財務諸表と比較することも困難となる。正当な理由もなく利益操作のために会計処理の変更をしてはならない，という原則である。

⑥保守主義の原則

「企業の財政に不利な影響を及ぼす可能性がある場合には，これに備えて適当に健全な会計処理をしなければならない」

イギリスの格言「予想の利益は計上してはならない。予想の損失は計上しなければならない」に代表される考え方である。過度に保守的になってはならないが，相対的に認められる範囲で保守的な会計処理をしなければならない，という原則である。

⑦単一性の原則

「株主総会提出のため，信用目的のため，租税目的のため等種々の目的のために異なる形式の財務諸表を作成する必要がある場合，それらの内容は，信頼しうる会計記録に基づいて作成されたものであって，政策の考慮のために事実の真実な表示をゆがめてはならない」

商法の規定による財務諸表と証券取引法の規定による財務諸表は実質的には同じであっても，表示方法など形式的には違ったものである。企業は目的の異なるごとに形式の異なる財務諸表を作成しなくてはならないが，実質的な内容は同一でなくてはならない，という原則である。

⑧取得原価主義の原則

資産の評価は取得原価を基礎として行うという，原則である。取得原価が第三者との取引により決定した金額であるため，取得原価による評価には客観的な信頼性がある。企業会計原則では取得原価主義について次の規定がある。

「貸借対照表に記載する資産の価額は，原則として，当該資産の取得原価を基礎として計上しなければならない。資産の取得原価は，資産の種類に応じた費用配分の原則によって，各事業年度に配分しなければならない。有形固定資産は，当該資産の耐用期間にわたり，定額法，定率法等の一定の減価償却の方法によって，その取得原価を各事業年度に配分し，無形固定資産は，当該資産

の有効期間にわたり，一定の減価償却方法によって，その取得原価を各事業年度に配分しなければならない。繰延資産についても，これに準じて，各事業年度に均等額以上を配分しなければならない」

取得原価主義により評価された資産は貸借対照表により繰り越され，次期以降に費用となる。資産から費用への流れは会計の最も基本的な考え方である。

⑨発生主義の原則

発生主義とは，収益または費用の認識は発生の時点で行う，という原則である。発生とは，経済的な価値の形成・費消をいう。現金の受取りや支払いとは関係なく，収益は経済的な価値の形成によって，費用は経済的な価値の費消によって発生する。ただし，収益については次に述べる実現主義によって規制される。

⑩実現主義の原則

収益の認識は実現の時点で行うという，原則である。実現とは，企業が商品を販売し，サービスを提供することによって，その対価として現金・受取手形・売掛金などの貨幣性資産を獲得することである。収益の発生には，（a）商品の販売や1回限りのサービスの提供，（b）一定の契約に従って継続して行われるサービスの提供，がある。実現主義が採用されるのは，このうち（a）の収益についてである。

3 財務会計に関するルール

財務会計は，企業が自らの都合のいいように数字を操作する粉飾によって，その情報を信じた利害関係者に多大な損害を与えてしまう危険性がある。東京証券取引所では最近3年間に債務超過が続いた場合には上場廃止となる基準がある。大企業においては上場廃止や役員の経営責任追及を回避するため売上の水増しや費用の過少計上など利益が多いように見せかける粉飾が行われることがある。また，中小企業においては脱税目的で売上を隠し，費用を過大に計上するなど利益が少ないように見せかける粉飾が行われることがある。わが国で

は，①企業会計原則が一般に公正妥当と認められる会計基準として，②商法，③証券取引法が成文法として財務諸表の作成ルールなどを規定し，利害関係者に対する粉飾のない健全な会計報告を求めている。

①企業会計原則は，金融庁の企業会計審議会（旧経済安定本部企業会計制度対策調査会）が「企業会計の実務のなかに慣習として発達したもののなかから，一般に公正妥当と認められたところを要約したものであって，必ずしも法令によって強制されないでも，すべての企業がその会計を処理するに当たって従わなければならない」基準として1949（昭和24）年に公表したものである。その後，強行法規である商法との調整などのため4回の改正が行われ現在の規定となっている。

②商法は，債権者保護を目的として，1899（明治32）年に制定された。当初は，財産目録の作成が中心であり「財産目録調整の時における価格を超えることはできない」という時価以下主義を財産評価の原則とするなど企業会計原則と大きな隔たりがあったが，1962（昭和37）年に取得原価主義が採用されるなど大改正があり，1974（昭和49）年には商法第32条第2項に「商業帳簿の作成に関する規定の解釈については公正なる会計慣行を斟酌すべし」という規定が設けられた。「公正なる会計慣行」とは企業会計原則等を指していると解釈されており，その後の度重なる改正により，企業会計原則との隔たりは小さくなっている。

③証券取引法は，投資者の保護を目的として，1948（昭和23）年に制定された。証券取引法の規定を実施するための細目を定めた省令である財務諸表等の用語，様式及び作成方法に関する規則（略して財務諸表等規則）の第1条において「……，この規則において定めのない項については，一般に公正妥当と認められる企業会計の基準に従うものとする」と規定されており，その基準は企業会計原則等を指している。

>> *Column* <<

エンロン・ワールドコムの粉飾決算と会計不信による米経済の失速　世界で最も信頼されていた米国会計に激震が走っている。相次ぎ有力企業の粉飾決算疑惑が表明化し，会計不信が広がっているのである。電力大手エンロンは特別目的会社を使った簿外取引により，通信大手ワールドコムは販売管理費を設備投資と処理することにより利益を嵩上げしていた。さらに，監査を担当していた大手会計事務所アンダーセンが不正に加担したことが明らかになり投資家の米国市場への信頼は失墜し株価は大幅下落を記録した。その結果，米国経済は急減速するに至ったのである。

　これらの事件から学ぶことは過度な株価依存経営・投資家の短期的な業績向上要求が経営者を粉飾に走らせたということである。これに対応するためにコーポレイト・ガバナンスの見直しや，ストック・オプションの費用計上，監査法人と企業との関係の適正化等の対応が検討されている。今後，信頼回復のために会計のさらなる透明性を確保し，監査制度の充実を図らなければならないであろう。経済発展のために会計が担う役割は大きいのである。そして，粉飾決算は犯罪であることを再認識しなければならないであろう。

4 新会計基準の概要

　日本の会計制度は，戦後，米国式会計制度をモデルとした企業会計原則を基本として証券取引法・商法・税法の規制を受けながら今日に至っている。しかし，1990年代に入ってバブル経済が崩壊するとこの会計制度の弱点が一挙に噴出し，企業の実態が充分開示されていない事実が明らかになった。また，海外の投資家からグローバル・スタンダードに基づく情報開示を要求されたことにより新会計基準が導入されるに至ったのである。この新会計基準導入の一連の流れは会計ビッグバンといわれている。その内容は連結会計，キャッシュフロー計算書，退職給付会計，税効果会計，時価会計等である。

　今回は，そのなかでも企業経営に対する影響の大きい連結会計，キャッシュフロー計算書，退職給付会計の概略を紹介する。

1 連結会計

①連結会計導入の背景

　従来，わが国の決算は各会社が単独で行う個別決算が中心であったが，子会社を通じての事業の多角化，効率化のための分社化等により，企業集団の実態を的確に把握するため，また，国際的な比較可能性という観点からも，連結中心のディスクロージャーが必要になってきており，わが国では2000年3月期より本格的に導入されている。

②連結される会社の範囲

　連結決算を行うためには，その対象となる会社の範囲を決定しなければならない。その決定基準には持株基準と支配力基準がある。持株基準は，会社の議決権のある株式の所有割合を重視し，親会社が直接・間接に株主総会の議決権の過半数を所有している会社を連結の範囲とするものである。一方，支配力基準は，単に議決権の過半数を所有しているということでなく持株比率以外の要素，例えば資金提供，役員派遣等により実質的に支配している場合も連結の範囲とするものである。わが国では従来，持株基準が採用されていたが新連結原則では支配力基準が採用されている。

③連結財務諸表の作成

　連結財務諸表は親会社の個別財務諸表と子会社の個別財務諸表を科目ごとに合算し，その合算した財務諸表について，内部取引の除去，未実現利益の消去，投資と資本の消去，当期純利益の按分等の修正をすることによって作成される（図 6-1参照）。

2 キャッシュフロー計算書

①キャッシュフロー計算書の意義

　キャッシュフロー計算書とはキャッシュがどのようにして，どれだけ増減したのかを表にしたものである。わが国では，2000年3月期より連結キャッシュフロー計算書が導入されている。

②キャッシュフロー計算書の構成

図 6-1 連結会計のイメージ図

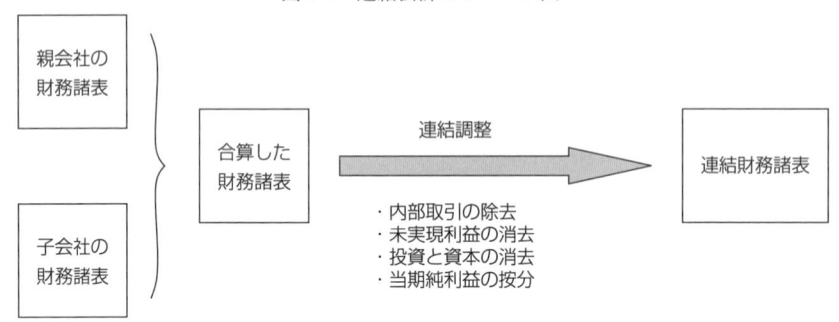

```
親会社の
財務諸表  ┐
          ├→  合算した    連結調整    →  連結財務諸表
子会社の   │   財務諸表
財務諸表  ┘
                      ・内部取引の除去
                      ・未実現利益の消去
                      ・投資と資本の消去
                      ・当期純利益の按分
```

キャッシュフロー計算書では,「Ⅰ. 営業活動によるキャッシュフロー」「Ⅱ. 投資活動によるキャッシュロー」「Ⅲ. 財務活動によるキャッシュフロー」の3つのフローと,期首と期末のキャッシュ(現金および現金等価物)の残高とその増減の欄が設けられている(**表 6-2**参照)。現金等価物とは,価値の変動リスクが少なく容易に換金可能な短期投資をいう。

次に,それぞれのキャッシュフローの内容をみてみよう。

「Ⅰ. 営業活動によるキャッシュフロー」は,本来の営業活動によるキャッシュの増減を示したものである。この数値がプラスにならなくてはこの後の投資や借入返済に資金を使えないことになり,その企業は危険な状態であるといわざるを得ない。

「Ⅱ. 投資活動によるキャッシュロー」は,固定資産や投資有価証券の取得や売却,資金貸付けや回収によるキャッシュの増減を示している。この数値は,その企業の投資活動の内容を示すものなので,その企業の経営戦略,経営方針を判断することができる。

「Ⅲ. 財務活動によるキャッシュフロー」は,借入・社債の発行・増資等の資金調達とその返済によるキャッシュの増減を示している。営業活動によるキャッシュの不足額を補うものであれば問題があるが,将来の投資によるキャッシュの不足を補うものであれば,問題は少ない。

③フリーキャッシュフロー

第6章 財務会計論

表6-2 キャッシュフロー計算書の例示（間接法）

I 営業活動によるキャッシュフロー	
税引前当期純利益	3,000
減価償却費	500
売上債権の増加額	−200
棚卸資産の増加額	−400
仕入債務の増加額	300
小計	3,200
法人税等	−1,200
営業活動によるキャッシュフロー	2,000
II 投資活動によるキャッシュフロー	
固定資産の取得による支出	−1,000
有価証券の取得による支出	−500
換資活動によるキャッシュフロー	−1,500
III 財務活動によるキャッシュフロー	
長期借入金による収入	1,500
長期借入金の返済による支出	−1,000
配当金の支払額	−100
財務活動によるキャッシュフロー	400
現在及び現金等価物の増加額	900
現在及び現金等価物の期首残高	500
現金及び現金等価物の期末残高	1,400

　「I．営業活動によるキャッシュフロー」のうち，企業の自由になるキャッシュを示すものがフリーキャッシュフローである。これは，「営業活動によるキャッシュフロー」から「現事業維持のために使われるキャッシュフロー」を引いて求められる。この数値は将来の企業価値の源泉になることから非常に重要な経営指標であるが，「現事業維持のために使われるキャッシュフロー」の客観的な区分が難しいため，企業間比較をする場合は注意が必要である。

3 退職給付会計

①退職給付会計導入の意義と背景

　退職給付会計とは退職金に関して発生する費用と債務を適切に計上するための会計制度である。これまでわが国では，企業が直接給付を行う退職一時金と厚生年金基金等の企業年金について別々の会計処理が行われていたため企業間比較ができなかった。また，年金資産の運用環境の悪化により年金資産の積立不足がオフバランス（貸借対照表に計上されていない状態）になっていた。このような問題点を解消するため，新基準の導入が必要となっており2001年3月期から退職給付会計が導入されている。

②従来の会計処理と問題点

退職一時金（内部積立）の場合の仕訳

　（借）退職給与引当金繰入＊＊＊（貸）退職給与引当金＊＊＊

企業年金（外部積立）の場合の仕訳

　（借）退職年金掛金＊＊＊（貸）現金・預金＊＊＊

　従来の一般的な会計処理は，退職一時金の場合には税法基準の期末要支給額の40％（法人税法の改正により，平成15年3月期からは繰入は認められていない）が退職給与引当金として貸借対照表へ計上され，その期の増加部分が退職給与引当金繰入として損益計算書へ計上されていた。また，企業年金の場合には，企業が支払った掛金を費用として損益計算書へ計上されていただけであった。しかし，これらの処理では将来の適正な退職金債務や退職金支払のために積み立てた年金資産を財務諸表から読みとることができなかったのである。

③新会計基準による会計処理

　従来の会計処理における問題点を克服するため新基準では，社内積立と社外積立を包括的に次のように処理することになった。退職給付費用の計上方法は下記の通りである。

【退職給付費用の計上】

　（借）退職給付費用　＊＊＊（貸）退職給付引当金　＊＊＊

【退職一時金・年金掛金支払時】

第6章　財務会計論

図6-2　退職給付引当金の算出

ⓐ 退職給付見込額 3000万円 ⇒ ⓑ 当期までの発生分 2000万円 ⇒ ⓒ (割引計算) 退職給付債務 1488万円 ⇒ ⓓ 退職給付引当金 788万円

例　題
　入社20年目のA氏の10年後の退職金見込額は3000万円である。
　割引率を3％，年金資産の期来時価を700として，期末退職給付引当金を計算しなさい。

解　答
　ⓑ3000万円×20年／30年＝2000万円
　ⓒ2000万円×（1／1＋0.03）の10年乗＝約1488万円
　ⓓ1488万円－700万円＝788万円

（借）退職給付引当金　＊＊＊　（貸）現金預金　＊＊＊

　なお，退職給付費用の算出式は，勤務費用＋会計基準変更時差異の当期費用化分＋その他で表される。勤務費用とは，一期間の労働の対価として発生した退職給付であり，会計基準変更時差異の当期費用化分とは，今回の会計制度の変更により生じた退職給付債務の不足額を費用化（15年以内）したものである。
　一方，退職給付引当金の算出方法は，次の通りである（**図6-2参照**）。

ⓐは，将来における退職金の支払予定額である退職給付見込額を従業員の退職率や死亡率，昇給率などを基に算出したものである。

ⓑは，ⓐのうち経過期間に対応する金額を算出したものである。

ⓒは，ⓑの金額を現在価値に割り引いたものである。これを退職給付債務という。

ⓓは，ⓒの金額から年金資産の時価評価額を差し引いて退職給付引当金を算出したものである。

4　新会計基準が経営に与える影響

　新会計基準が導入されることにより，企業経営にはどのような影響があったであろうか。連結会計では持株基準が支配力基準へ変更になったことにより連結の対象が拡大し，子会社等を利用した利益操作が防止される。また，企業集

団を一つの会社と考える連結経営という考え方が重要になってきている。

　キャッシュフロー計算書の導入では，粉飾決算を防止する効果が考えられる。損益計算書では費用や収益の配分方法などに経営者の判断が介入したり，入金以前に売上を計上できたりしたので業績を良くみせかけることができたが，キャッシュフロー計算書では客観性が高い現金等の存在する事実に基づき計算されるので，恣意性が廃除されるからである。また，銀行借入に過度に依存していた日本的経営から脱却し，経営判断をする場合にDCF（discounted cash flow）法等のキャッシュフロー情報を用いた計画的な経営管理手法であるキャッシュフロー経営という考え方が必要になってきている。

　退職給付会計では，不足していた退職給付債務が貸借対照表上に計上されることになり，損益が悪化し純資産も減少することになる。これに対応するため企業は人的リストラ・終身雇用制度からの転換・確定拠出年金の導入などを行い，人的側面からも経営効率を高めようとしている。

　その他，税効果会計では有税処理による財務リストラを行うことができるようになったことにより，企業の不良債権処理が加速し，また，退職給付会計や時価会計の導入もスムーズに行われたのである。時価会計では株式持ち合いの解消や含み益経営からの脱却が図られた。

　以上のように，適正な開示，合理化の促進という意味で新会計基準が経営に与える影響は大きいと言えるであろう。

［参考文献］
［1］　中央経済社編『会計法規集』中央経済社，2002年。
［2］　広瀬義州『財務会計』中央経済社，2000年。
［3］　飯野利夫『財務会計論』同文舘，1983年。
［4］　加藤　厚『新会計基準の完全解説：IOSCOの影響と更なる制度改革の方向』中央経済社，2000年。
［5］　武田隆二『最新財務諸表論』中央経済社，2002年。
［6］　倉澤康一郎監修『口語商法』自由国民社，2002年。
［7］　トーマツ編『退職給付会計の実践：制度別解説と設例退職一時金・適格退職年金・厚生年金基金』清文社，2000年。

[8] 横山和夫『図解財務諸表論』大蔵財務協会，1999年。

[基本文献紹介]
①飯野利夫『財務会計論』同文舘，1983年。
　　独学でも理解できるように図表，例示が豊富であり，会計学を学ぶものにとってのスタンダードといえるだろう。
②広瀬義州『財務会計』中央経済社，2000年。
　　財務会計論のテキストとして意識して執筆されており，章ごとの学習ポイントやキーワード，カラー表示など読みやすい。
③倉澤康一郎監修『口語商法』自由国民社，2002年。
　　財務会計と密接な関係がある商法はビジネス法のうち最も基本的でありかつ重要である。難解な法律を口語により紹介しており，商法の辞書として活用できる。
④武田隆二『最新財務諸表論』中央経済社，2002年。
　　伝統的な制度会計に加え，新会計制度を融合させた理論を詳しく説明している。会計制度改革のスピードに完全フォローしている。
⑤手塚仙夫『新会計制度実務ガイダンス：設例と仕訳でわかる』中央経済社，2001年。
　　会計ビッグバンの内容を網羅し，仕訳・設例等により理解しやすい。新会計制度の概略が簡潔に記載されている。

[設　問]
①財務会計の目的とは何か？
②新会計基準導入前における日本の会計制度の問題点は何であったか？
③新会計基準が経営及び雇用に与えた影響は何か？

（深山秀一　第1，2，3節）
（赤坂慎二　第4節　　　　）

第7章　生産管理論

> **▷ポイント**
>
> 　生産管理の捉え方には多くの視点がある。本章は経営学，商学などの社会科学分野の文化系の学部学生諸君に向いた内容になるように留意した。また生産管理論の基本的な体系や主要項目についての概要を，しっかりつかんでもらいながらも，生産管理の最新の視点を盛り込むことでは，類書にない苦心をしたつもりである。ただし生産管理の各論詳細にはほとんど触れ得なかったので，末尾に紹介した基本文献を利用してほしい。

【キーワード】　生産形態，2～5次産業，付加価値生産，生産要素，製品要素，製造原価，原価低減，品質管理，情報システム，AI（人工頭脳）

1　経営における生産の位置づけ

1　製造原価の経営に占める意味

　まず企業経営における生産の位置づけを確認しておきたい。企業活動は独立採算が原則であるから，終局的には金の動きとして捕捉されねばならない。すなわち商品を扱う企業経営でもっとも基本的なことは，「売上高－原価＝利益」を認識することである。売上高を増やし，原価を下げれば利益は確保できる。売上高，すなわち収入のない経営は存在しない。従って販売，あるいはマーケティングを重視せずに経営に成功することはあり得ないが，そのためには売るものが必要である。事業では売るものを自分でつくる企業（メーカー）と，他者から仕入れて売る企業（販社）に分かれる。その場合，原価は商品の生産者（メーカー）にとっては主に生産費（製造原価）であるが，商品を仕入れて販売する企業では仕入費（購買費）となる。しかし仕入れる先を手繰っていけば結局は生産者にたどり着く。すなわち仕入費は主に生産費＋中間流通マージンであるが，通常流通マージンは生産費よりかなり少ないので，結局原価は近似的

に製造原価とみなされ，企業利益に対して製造原価はマーケティングと並んで重要な位置づけとなる。このように企業収益に直接関係する販売，生産を，企業のライン活動と称する。

その他の人事労務，組織，財務経理，企画管理，研究開発，物流，情報などの様々な活動の経営上の重要性は変わらないが，企業収益に間接的に影響する活動であって，スタッフ活動として前者と区別する。例えば採用や人材育成に行き届かない点が生じてもすぐには収益に表われないが，販売や生産の不調は直ちに収益に反映する。

2 非製造業での重要性

販社側にとっても経営上生産管理に詳しくなることは重要である。購買時に相手と買値交渉をする際，相手の原価の秘密を知っているほど交渉に強くなれるし，さらに協同して原価低減に取り組む場合に知恵を貸せる。良品計画は商品の企画以外は全て外注により差別化商品を調達して成功しているが，これも生産を知らずにはできない。

2 生産管理論の対象領域

1 伝統的な生産管理論の対象

では生産管理論ではどのような生産を対象にするのか。コーリン・クラークは全産業を第1次（農，牧畜，漁，林業），第2次（鉱，製造，建築業，公益事業），第3次（その他のあらゆる産業活動，運輸，通信，商業，金融，保険，公務，防衛，個人サービス）に分類している（クラーク[1]）。第1次産業での生産は自然の育成を人が援助することによる生産で，自然が主役である。また第3次産業では，サービス，すなわち何かに役立つ労務を提供するのであって，ものを生産するのではない。これまで生産管理論の対象としてきたのは，一般的には第2次産業のうち鉱山業，建設業やエネルギー産業などの公益事業を除いた工場での生産を行う製造業，すなわち工業生産に限られる。

2 新工業時代の対象

しかし現代では工業の概念が大きく変わってきており，クラークの産業分類も大きく変える必要があろう。またそれに合わせて，生産管理の対象も時代に合ったものに変えていかなければ，現代の工業生産に役立たない。

例えばトフラーは『第3の波』で，ものづくりを中心とした時代からの新しい転換を指摘した。トフラーはその第3の波が何かを厳密には追究していないが，情報システムや多種多様な価値は重要な要因である。目でみて触ることのできる対象をハードなものという。クラークが，産業は社会の経済発展につれて自然物の第1次産業から，ハードを扱う工業が中心の第2次産業，次いでサービスが主体の第3次産業に次第にウエイトが移ると指摘したことはよく知られ，またこれまで経済社会の実態はそのように推移してきた。このような変化の先を読んで，工業にもサービスを加味した第2.5次産業論や，さらに情報システムを含めた第2.7次産業論が提起されているが（関本［2］），その定義は経営の諸問題を追究するために活用できるほど明確ではない。

新しい産業社会の要素を，これまでのハードに対し，直接には目に見えず触れることもできない知的で有用なもの，すなわちソフトと表現すると，それらは情報やコンテンツ，システム，AI（人工頭脳）などであろう。サービスも見えず触れられないものであるが，ソフトはサービスとは機能特性が異なるものとして区別し，新工業の要素に加えるべきと考える。

3 | 工業生産の新しい概念

1 ソフト中心の新産業

これまではサービスとソフトの全てを第3次産業としてきたが，平松はサービス，情報システム（コンテンツを含める），AI を区別し，第3次産業はサービスのみに限定し，情報システム産業を第4次，AI 産業を第5次産業とすることを提起している（平松［3］）。ソフト領域の産業が大きく発展した昨今，すべてを第3次としたのでは新しい産業の追究ができない。**表 7-1**に示すよう

表 7-1　第 2 ～ 5 次産業の特性比較

		産業（次）			
		2	3	4	5
特性要因	形	有形	無形；行為	無形；知的体系	無形；知的体系
	利用性	多重	同時	多重	多重
	保存性	可能；消耗	不能；消滅	可能；消去困難	可能；消去困難
	蓄積性	人為	不能	自然＆人為	人為
	自律性	—	—	他律	自律

（注）　産業特性はその技術特性を示す。
（出所）　平松茂実『現代生産経営論』青山社，2001年。

表 7-2　ハードとソフトの複合産業事例

①ハード＋情報（録音・録画テープ，ビデオ，CD-ROM など）
②ハード＋システム（ゲーム・ソフト，コンピュータ，ワープロ，FA 機器など）
③ハード＋情報＋システム（CAD，CAM，情報ネットワークシステム，カー・ナビゲーション・システムなど）
④ハード＋システム＋AI（自動操縦船舶・航空機，CIM プロセス，ロボットなど）

（出所）　平松茂実『現代生産経営論』青山社，2001年。

に，第2次産業を含めた4種の産業の特性要因は明らかに異なり，これらをひっくるめて同列に扱えないことは明白である。

2　ハードとソフトの複合産業

なお新しい工業は，第4，5次産業のほか，これらの組合せた産業も当然対象になる。むしろ情報システムや AI 単独の産業は少なく，ほとんどが複合産業として存在しよう。その事例の一部を**表 7-2**に示す（平松［3］）。

4　工業生産の本質

1　付加価値

工業生産の本質，すなわち生み出された価値とは何であろうか。いろいろな

図 7-1　付加価値産出方法

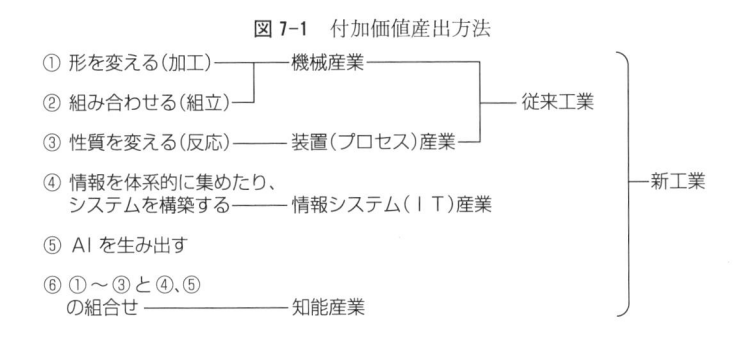

① 形を変える(加工)────機械産業────┐
② 組み合わせる(組立)──┘　　　　　├─従来工業─┐
③ 性質を変える(反応)────装置(プロセス)産業─┘　　　│
④ 情報を体系的に集めたり，　　　　　　　　　　　　├─新工業
　 システムを構築する────情報システム(IT)産業　　│
⑤ AIを生み出す　　　　　　　　　　　　　　　　　　│
⑥ ①〜③と④、⑤
　 の組合せ ──────────知能産業──────┘

見方があろうが，ここでは工業が生み出す付加価値であるとする。付加価値＝売上高－対外支払であり，利益に企業内部で発生する人件費や設備償却費を加えたものである。

2　付加価値を生み出す方法と新しい工業の分類

　この付加価値を工業ではどのようにして生み出しているのであろうか。それは図7-1にもみる，以下の諸方策による。

　例えば原料鉄塊を針金にし，それを切断し削ってビスねじにするのは加工である。すなわちものの形を変えることで付加価値を生み出す。原料鉄より針金，針金よりビスねじは目方当たりの単価は高くなる。自動車はこれらの部品約10万点を集めて組み立てたもので，部品全体の値段より高額な製品となる。ものを組み合わすことで新しい価値を生み出す。この2種類の機械産業の工程は観察することができ，また一般にモーターなどの動力で機械装置が動き，音のすることが多いので，機械産業と呼ばれる。

　これに対し，ものの性質を化学的に変えることで価値を増そうとするのが反応操作である。原料鉄は酸化鉄である鉄鉱石を溶鉱炉で還元させてできる。鉄は最早鉄鉱石とは異なる物質である。ビールは麦を発芽させて麦芽とし，その澱粉を糖化したうえで苦味原料ホップを加え，ビール酵母で糖分を発酵させてアルコールに変えたものである。麦の澱粉はアルコールに変わっている。このような変化は容器（装置）のなかで反応させることで可能なので，装置（プロ

セス）産業と呼ばれるが，反応は一般的に静かに装置のなかで行われ，反応現象は普通外部からは見ることができない。

　情報の体系的集成やコンテンツを含む情報の創出を第4次産業とするが，地図は地理的情報の配置の集積であり，地図つくりは第4次の情報システム産業の一つとみられる。機能要素を関係づけた体系をシステムと呼び，必要次第で望む情報を取り出して表示するしくみもシステムの一種である。自動車に搭載されるカーナビゲーターは，ハードである機器のなかにシステムが組み込まれ，地図情報が入っているので，第2，4次の複合産業といえる。

　自律的判断ができるシステムを，特に人工頭脳 AI として情報システムから区別しておきたいが，もしカーナビゲーターに地図情報に従って自動操縦する AI を組み込めば，第2，4，5次複合産業になる。これからはこれら全てを

▶▶ *Column* ◀◀

ビールと自動車の生産
　本文中で述べたビールと自動車の生産の概要を，参考までに工程図で示す。

＜ビールの製造工程＞

```
　　　水　　　　　　水　　　　　　　　ホップ　　　種酵母
　　　↓　　　　　　↓　　　　　　　　　↑　　　　　↓
ビール麦→麦芽→粉砕液化→糖化→濾過→ホップ添加煮沸→主発酵
　　　　　　　　　　（反応）↓　　　　　　　　　　（反応）
　　　　　　　　　　　　麦芽粕
　　　　　　　　　　生ビール
　　　　　　　　　　　　↑
　　　→貯蔵（後発酵）→濾過→火入れ→ラガービール
　　　　　（反応）　　　　　　↓
　　　　　　　　　　ビール酵母→飼料・栄養剤・エキスなど
```

＜自動車の生産工程＞

```
資材→パーツ加工→モジュール（集合部品）組立→自動車組立→塗装→完成車
　　　（約10万点）（フレーム，ボディー，ドア，
　　　　　　　　　　エンジン，バッテリー，
　　　　　　　　　　ガソリンタンク，ホイール，
　　　　　　　　　　ウインドガラス，タイヤなど）
```

新しい工業とみるべきであろう。

　生産に関する研究をするか，実際に生産管理を行う場合，このように産業の種類で様々な相違があり，一概にいえないことが多いことに留意する必要がある。

5　生産の形態

　生産には様々な形態がみられ，常に適合した生産形態の選択的構築が生産管理上重要である。先述の技術的方法による加工，組立，装置の区別のほか，市場特性（顧客との関係）による受注と見込生産，製品の種類と生産量による少種多量生産，中種中量生産，多種少量生産，生産の流し方に基づく個別，ロット，連続生産などの区別がある。

　受注生産は注文を受けてから生産を開始するもので，顧客の求める製品の特性，量，納期などが予測しにくく，様々に変動するので，柔軟に対応できる生産体制が必要になる。見込生産は売れると予測した分を，販売に先行して生産するもので，生産は平準化し安定するが，在庫が必要になり，見込違いによる不良在庫が発生する危険が大きい。良い経営のモデルとされたカンキョーも，最近これで倒産している。

　少種多量生産は生活に必要で消費の多い汎用品向けであり，規模が大きいほどコスト的に有利とされる。一方多品種少量生産は特殊な用途や顧客の好みが反映される製品に対するもので，競争優位を形成しやすいが，生産工程が複雑になる。

　個別，連続生産の間にはいろいろな中間状態があるが，一般にそれはロット生産と呼ばれている。

　これらは相互に図7-2にみるような一定の関係をもつ。

図 7-2　生産形態の相互関係

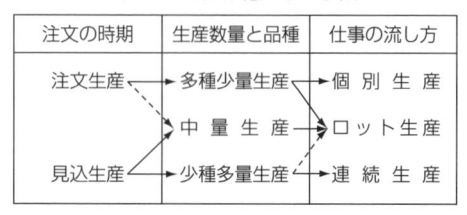

注文の時期	生産数量と品種	仕事の流し方
注文生産	多種少量生産	個 別 生 産
	中 量 生 産	ロット生産
見込生産	少種多量生産	連 続 生 産

（出所）　鈴木達夫「生産管理の概要」『現代生産管理』同友館，1994年を一部修正。

6 生産に必要な要素

1 経営資源

　生産するためには経営資源が必要である。わかりやすい表現として，よく経営にはヒト，モノ，金，情報が必要であるというが，生産も例外ではない。

　生産するためはまず生産を計画し，実行する人がいなくてはならない。何を生産するにしてもなにがしかの場所（土地）と何らかの設備や機械・装置が必要であり，多くの場合それは建物内に設置されている。次に生産するのに必要な原材料を調達しなければならない（一般に機械産業では材料，装置産業では原料と呼び，総称を原材料とする。なお例外として第4次産業ではほとんど人の知恵だけで，原材料が不要な場合もある）。その上で何をどのようにつくるかについての技術情報が必要になる。これらを整えるためには全て費用を要するため，一定の資金を準備しなければならない。

　このヒト，モノ，金，情報それぞれについて，他の産業にない工業の特徴をみておこう。

2 ヒト

　工業では他の産業にはない研究開発と生産部門が存在する。技術者はその部門に不可欠の人材層であるが，最近は他の産業でも同様に技術系の人材が必要になっている。一方生産現場には，技能的業務や労務作業に従事するブルーカ

ラー層が配置されており，この人材層は工業に特有といえる。技術を担当する技術者や事務的業務をフォローするホワイトカラーは，原則的に各人が異なる業務を自律的に行うが，ブルーカラーは指定された定型作業を行う比率が高い。日本ではこの両者の差を，単に職種の違いとして扱うことが多く，両者とも非管理者は労働組合員になるが，欧米では後者のみが労働組合を構成し，またブルーカラーは年俸・月給制の給料ではなく，週給・日給制の賃金である。したがって日本でもこの両層の労務人事管理は異なる点が多いことに留意する必要がある。

3 モノ

設備費のウエイトが大きくなり，貸借対照表での固定資産，損益計算書での設備費のウエイトが高まり，工業簿記や原価計算（製造原価明細書）が登場し，償却費や補修費という勘定科目を扱うことになる。

4 金

生産に関する財務・経理が特別に加わってくる。上述した工業簿記，原価計算が必要になるほか，生産は工場を建設して成果を生み出すためには普通何年もかかるので，資金が長期間寝ることになる。また仕入れた商品を販売する場合に較べ，原材料を加工する期間だけ資金回収が遅れる。したがって経営に投入する総資本（総資産）回転率は，流通では普通年4～5回であるが，製造業では0.8から1回転に留まる。そのため資金調達は自己資本と長期（固定）負債の比率が高まることになる。

なお求める製品は直接すぐにはつくれず，まず生産するための工場を建設することから始めねばならず，この迂回生産という概念を知ること，それを反映しての長期経営計画の必要性が，工業では他の産業よりも高くなる。

5 情報

工業では特に研究開発や生産技術についての情報が必要になる。この情報を

生み出す組織として，ほとんどの製造企業は研究所や生産技術センターなどをもっている。また技術についての情報を収集するための技術調査センターや，自社が開発した技術情報を保護する特許部のような組織ももつのが普通である。

　工場をベースにした生産設備は工業に特有の存在であるため，工場全体の企画力，設備や工程の選択や設計についての技術力，設備管理のノウハウなどが必要になる。設備の管理（保全）も必須となり，設備の生産性を最高にするための，TPMという日本型生産技術も生まれている。

7 製品（商品）に求められる要素

1 製品の伝統的 4 要素

　前節に述べたような経営資源を用いて製品（商品）を生産するが，その際製品に求められる基本的な要素がある。これまではそれは量，品質，価格，納期の 4 項目であるとされた。すなわちどんなものを，どれだけ，いくらで，何時までに供給できるかが問われる。この 4 項目は相互に拮抗的存在であり，例えば高い品質を求めれば価格も高くなり，価格を値切ればあまり納期に注文は付けにくくなる。従って生産者も消費者も，全てに最良を求めることはできず，常に 4 要素の総合的な最適満足点を追求せねばならない。例えば品質を期待レベルより落とす代わりに価格も安くするとか，割り増し料金を払って納期を早めるなどである。

2 新時代の多元的要素

　しかし現代では，市場への供給は飽和し，消費者の欲求レベルも高まり，かつ多様化したため，製品に求められる要件も複雑多様になってきている。平松が提起している新しい製品要素の一覧を表 7-3 に示す（平松 [3]）。4 要素の内容も変わってきているが，市場対応の度合や公共性などの新しい要素も加わってきている。

表 7-3 製品に求められる新時代要素

項 目	要 素	工業用製品		消費者製品	
		汎用品	ハイテク技術品	汎用品	ハイテク技術品
生産量	非過剰供給	◎	◎	○	○
	供給保障	◎	○	◎	△
品 質	差別化・新規性	△	◎	○	◎
	使い易さ	△	△	◎	◎
国際コスト	国際コスト	◎	△	○	△
納 期	迅速性（アジル）	△	◎	△	◎
	柔軟性	◎	○	○	◎
市場対応度	顕在ニーズ	○	○	○	○
	潜在ウォンツ	○	◎	○	◎
公共性	公共性	○	△	◎	○

（注）　◎：きわめて重要，○：重要，△：ある程度重要。
（出所）　平松茂実『現代生産経営論』青山社，2001年。

8　生産管理の本質

　生産管理とは何であろうか。様々なその手段としてのスキルをみる前に，その構造的本質を考えてみたい。生産をする際には，生産に求められる経営資源を活用して，製品に求められる諸要件を満たさねばならない。これが他社より劣れば，その組織，企業は競争市場で敗退し，また社会的にも存在する価値がない。したがってそれを他社よりも有効かつ能率的にやることが必要で，そうすることが生産管理なのである。生産に必要な経営資源を如何に節減しつつ有効に使用するか，そして製品に求められる諸要件を如何に多く満たすことができるかが生産管理の課題である。

9　生産管理のプロセスと管理手法

1　生産プロセスの基本構造

　生産は原則として計画，組織化，生産活動，結果の統制のプロセスを繰り返

しつつ行われる。従ってその管理もこのプロセスを繰り返し，それぞれの段階で数多くの手法やスキルが用いられている。ここでは個別的で多様な生産活動のスキルを除き，一般的な3つのプロセスについて要点を述べる。

2 生産計画

　計画のない生産はありえない。それには生産品目，生産量，品質または規格，生産日程（期間，月次，日程計画など），設備能力（工数または稼働日数），要員，資材などの計画や，予定原価を設定する必要がある。

3 作業の組織管理

　生産特有の組織問題として，現場の作業グループをどう編成配置するかである。量産工程でよく知られたものはコンベア方式である。しかし最近コンベア方式の極端な分業化やコンベアの流れに支配されるストレスからの作業者の解放，多様化し変化が多くなった需要対応などを反映し，コンベアを分割し自由度を増したGFMS方式（平松［4］），ボルボ方式と呼ばれる固定台での一貫したチーム作業，さらに少人数で行うセル方式，1製品の製造工程を1人で受けもつ「1人屋台」方式など様々な工夫が試みられ，その選択が生産管理上の鍵となってきている。

　また生産にのみ特有なものではないが，生産職場の要員合理化は労使関係の問題でもあり，合理的，かつ公平に行う必要があり，職務分析の手法が有効である場合が多い。

4 生産統制

　統制とは定めた予定通りに生産を推進する工夫・努力である。実際の生産では様々な原因で予定通りには生産できないのが普通であるから，生産の過程でその進度を掌握し，修正する努力が必要である。例えば量の管理には進度表やガントチャート，工程の安定や製品の品質には管理図，在庫にはABC管理などがよく用いられる。

また生産成果の点検には歩留率（正味使用量／総使用量），作業能率（標準時間／実績時間），不良率（不良品数／検査総数），生産達成率（生産実績／予定値）などがあり，また操業の余裕度をみるために操業度（実生産／生産能力）や稼働率（稼働時間／総時間）がよく用いられる。

また生産が効率的に行われたかどうかが，生産管理の優劣を判定するために必要である。そのための指標が生産性であり，これは製品産出量／経営資源投入量で示される。産出と投入に何を置くかは，管理者の意図する管理項目によって異なり，投入資源の名前を入れて区別する。ただし労働生産性だけは通常労働の記載を省略している。

10 製造原価とコストダウン

1 コストダウンの重要性

第2節に触れたように，企業経営は売上高－原価＝利益のプロセスであり，生産管理のなかでコストダウンは重要な経営課題である。ほとんどの企業は原価低減を主要な経営目標に置いており，最近の日産自動車の経営復活は代表的なコストダウンによる成功例である。

2 製造原価の分類

財務諸表の一つに製造原価明細書があるように，製造原価は経営上の重要な指標である。その利用目的によって様々に分類されるが，主要なものを挙げれば形態的（原材料・労務・経費），製品別，操業度の影響別（固定・変動費），管理の可否別，管理目的別（予定・実際・標準・直接原価）分類などである。

固定費と変動費の分類は，コストダウンの施策上重要である。形態的分類はもっとも一般的な原価表示の方法で，製造原価明細書もこの方法によっている。製造業の原価構成は業種で大きく異なるが，平均ではおおよそ原材料費60％，労務費15％，経費中の設備費15％（償却費，補修費半々），その他10％程度であり，一般的に原材料費の低減が最も重要な課題となる。

3 製造原価の低減（コストダウン）

　コストダウンを計るにはまず原価の構成内容を知ることである。原価構成を知らなければ有効な追究はできない。その上で，原価管理の原点はパレートの原理にある。すなわち人の努力には限界があるため，原価に占める比率の高い構成費目数点に集中して費用低減を徹底的に計ることが，結局成果を挙げやすい。また価値分析（VA）（価値＝機能／コスト）も有用な場合が多い。今やっていることにこだわらず，視点を変えて何をしたいのかその価値を掌握すれば，同じ価値をより安価な機能で代替させることでコストダウンが計れる。例えば金属板を接合する場合，ビス止めを溶接に変えることで，時間を短縮しつつコストダウンを計ることができよう。

11 ｜ 品質と品質管理

1 欠陥をなくす品質管理

　品質という用語は，通常2つの意味で用いられている。一つは欠陥の度合いであり，品質が悪いとは欠陥が多い製品を意味する。もう一つは製品がその使用目的に合致するレベルを指し，品質が良いとはより満足度の高い製品であることを意味する。

　欠陥をなくす品質管理とは失敗をなくす管理である。当初は欠陥品の検査による選別が，管理の中心になっていた。しかしファイゲンバウム（A. V. Feigenbaum）の提起する「近代的品質管理とは，消費者を完全に満足させるもっとも経済的な水準で生産およびサービスができるように，社内各部門の努力を，品質の維持および品質の改善のために協力させる効果的な組織を言う」に端を発し，最近では検査では完全な製品を保障できないことの認識が普及して，日本で発展した小集団活動の一つである，TQC（Total Quality Control）活動と呼ばれるチームワークによる職場ぐるみの改善活動によって，検査不要の完全な製品の生産工程での作り込みこそが，真の品質管理であるとされるようになった。

2 レベルを高める品質管理

　レベル向上の品質管理は，品質の改善活動が欠陥をなくすことから全体の向上に向けられた時に始まる。そのためには関係者全員の参加と積極的で自律的な改善活動が必要になる。トヨタ生産方式と呼ばれるトヨタ自動車のJITは，日本的な生産管理のスキルであるが，方式だけではなく，トヨタの経営理念である全員マネジャー精神に裏打ちされてはじめて大きな成果を挙げているのである。ただし活動は価値分析に基づいてなされるべきで，コストを増さずに価値向上を計らねばならない。

12 生産と情報システム（IT）化

1 情報化レベルのマネジメント

　現代の生産は情報システムと関係なしには考えられない。生産の経営管理全体を情報システムがサポートし，コントロールしている。ただし情報システムにはコストがかかり，また保全が必要なので，どこでも同じように情報システム化を進めてよいのではなく，生産立地条件に適合した情報システム化の度合いを選択するのが経営上重要である。一般に人件費が高く，かつ情報システムのインフラストラクチャーが整っている先進国では，情報システム化の度合いが高く，一方諸条件がその逆の発展途上国・地域では，情報システムより人に頼る割合を増やした方が経営上有利である。

2 生産の情報化の全体像と高度化ステップ

　図7-3に生産に必要な情報システムの一般的な全体モデルを示す。ここに見るように，現在の生産では，受注から資材購入，生産，出荷までの一連のプロセスが，すべて情報システムによってサポートされ，コントロールされている。
　このうち特に生産プロセスに直接関係する情報システム化は，おおよそ①フィードバック・コントロール，②プログラム化，③ロボット化，④CIM（コンピュータを用いた全系のシステム化）の4段階に分類でき，また歴史的にほぼ

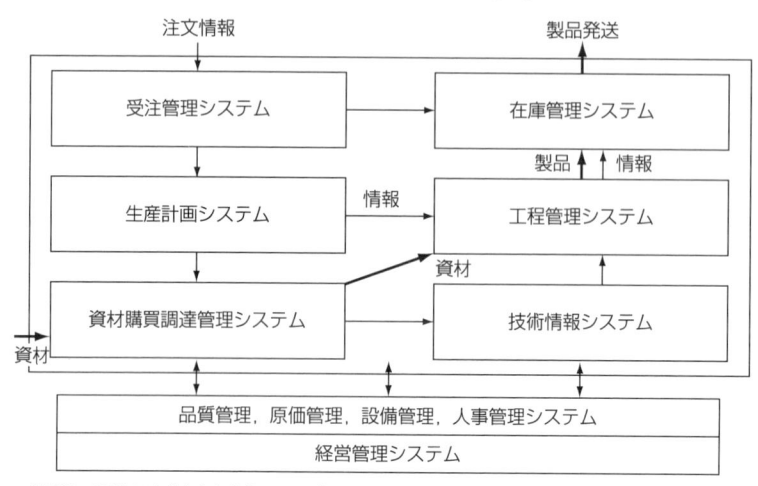

図 7-3 製造業の情報システムの一般的モデル

（出所） 近藤高司「生産自動化・FA」『現代生産管理』同友館，1994年。

この順に発達してきた。

　例えば工程の温度を一定に保ちたい時，工程の温度を常に測定し，その変動に応じて必要な加熱蒸気の流量を自動調整するシステムである（①）。この温度を計画的に変化させたいときには，コンピュータにプログラムを記憶させ，その出力情報で蒸気の流量を変えていけばよい。金属を複雑に削り込んで成形するには，コンピュータ・プログラムが付いた NC 工作機械が多用されている（②）。人が持てないくらいに熱くした部品をある部分に組み込みたい時，ロボットはそれをつまみあげ正しい位置に組み込むことを，センサーで確認しつつ耐熱アームを用いて行うことができる。自動車組立工場での溶接は今や溶接ロボットが主役である（③）。昨今の生産は，激しい需要の変動に応じ，生産量の調節や多種少量生産が求められ，工場全体の柔軟な生産体制の構築が必須である。それは情報システムの活用で初めて可能であり，コンピュータ統合生産（CIM＝Computer Integrated Mamufacturing）と呼ばれる（④）。

③ 情報化の留意点

しかし情報システムを通じた管理システムは，いわばバーチャルな世界であることを忘れてはならない。受注データベースに入力された顧客の注文で表示に現れない本当の顧客の希望・欲求や，異常なしと表示された生産現場のデリケートな状況の変化などは，現場に接近し現場を見ないとわからないのに，昨今は画像情報を真実として信用し過ぎる危険がある。

13 日本経済における工業の位置づけと日本の工業生産のあり方

日本は水と硫黄以外の資源に恵まれない国であるが，それにもかかわらず世界の陸地の0.3％以下の国土に世界人口の3％の人が住み，世界のGNPの約15％を生み出して，高水準の経済生活を享受している。そのためには資源・原料の輸入と加工工業製品の輸出が不可欠である。かつて瀬島龍三は，日本経済は年々6～7億トンの資源を輸入し，6～7000万トンの工業製品を輸出することで成り立っていると指摘した（平松［5］）。それを平松が図式化したものを図7-4に示すが，最近に至るまで数値は大きく変わっていない。

工業なくして日本経済は成り立たない。アルプスの麓に広がる日本のリゾート地長野県は，だれもが農林地域とみるであろう。しかし長野県の産業の産出高はおおよそ工業5兆，観光6000億，農業4000億円で，じつに工業で成り立っている県なのである。家電製品の輸入急増に代表されるように，昨今の日本工業の国際競争力の低下は日本経済の盛衰にとって重大な危機であり，生産管理論の役割もますます大きいといわねばならない。

［参考文献］
［1］ C・G・クラーク『経済進歩の諸条件』（大川一司ほか訳）勁草書房，1960年。
［2］ 関本忠弘「現象に惑わされず，本質をつかむ」『日経ビジネス』 1997年3月27日号，5ページ。
［3］ 平松茂実『現代生産経営論』第4章，青山社，2001年。
［4］ 同上書，第5章。

図 7-4　日本の生存・繁栄構造（1993～94年）

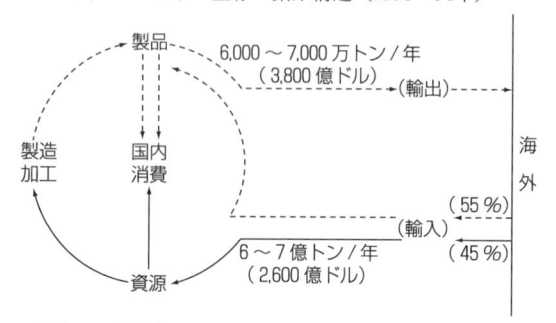

　　　　　　　　　　6,000～7,000万トン／年
　　　　　　製品　　（3,800億ドル）　　　（輸出）
　製造　　国内
　加工　　消費　　　　　　　　　　　　　　　　　　海
　　　　　　　　　　　　　　　　　　　　　（55%）外
　　　　　　　　　　　　　　　　　　　（輸入）
　　　　　　　資源　　6～7億トン／年　　　（45%）
　　　　　　　　　　（2,600億ドル）

（注）1：瀬島龍三の発想を現状化・作図。
　　　2：貿易額は1993年, 94年の平均だが, 現在も大差ない。
（出所）平松茂実『現代生産経営論』青山社, 2001年。

［5］　同上書, 第1章。

［基本文献紹介］
①工藤一兵衛『現代生産管理』同文舘, 1994年。
　　本書は新しい内容に乏しいが, 生産管理の全領域の概要の紹介と各領域の基本的な用語, 手法, スキルなどを丁寧に解説, 紹介しており, 標準的な入門書として推薦できる。
②甲斐章人『生産管理の理論と技法』泉文堂, 1998年。
　　主要な理論と技法をわかりやすく紹介したもので, ①と併用すると相互に不足が補足され, 効果的である。
③田中一成『図解生産管理』日本実業出版社, 1999年。
　　基本から応用までを図解中心に示し, ①, ②と併用すると理解に役立つ。
④宗像正幸・坂本　清・貫　隆夫編著『現代生産システム論』ミネルヴァ書房, 2000年。
　　専門書で初学者には難しいが, 現代の生産システムの新しい変化に焦点を当てて分析しており, 有益な知見が得られよう。
⑤平松茂実『現代生産経営論』青山社, 2001年。
　　本書も専門書であり, 初学者には難しいが, 工業生産の新時代変化やあるべき姿を論じたいわばマクロ視点からの生産管理理論であり, ミクロ視点に立つ④と合わせて活用することで, 新しい専門知識と考え方を身につけることが期待できよう。

［設　問］
①企業の経営にとって, 生産管理論を学ぶことはどんな意味, 意義があるかを述べなさ

い。
②生産管理論の対象とする工業はどんな産業かを説明しなさい。
③経営的に成功か失敗した製造事例をとりあげ，その成功や失敗の原因を本章の内容から考察しなさい。

（平松茂実）

第8章　人事管理論

> **▷ポイント●**
>
> 本章では現在最も重要視されている経営資源であるヒトのマネジメントに焦点をあてる。すなわち経営環境の変化のなかで人材の採用から退職までの一連の活動であり，集団と個人の，動機づけと貢献のバランスをダイナミックに変革，マネジメントする活動である。その人事管理の仕組み（体系）を理解するとともに，その中核的要素である人事戦略と人事制度，評価制度に絞って，その概況と課題，新たな動向を検討することをねらいとしている。

【キーワード】　HRM，人事制度，評価制度，コンピテンシー，エンプロイヤビリティ，目標管理，ナレッジ・マネジメント

1　人事管理とは何か

1　ヒト・人材・人財が企業の中心

　企業組織はヒト，モノ，カネ，ジョウホウの経営資源によって成り立っているといわれている。どんなに優秀な技術や機械設備，資金をもっている企業もそれを活用し，積極的に仕事に取り組むヒトがいなければ品質の良い製品や顧客に喜ばれるサービスは提供できない。まさに経営者，管理者，従業員と呼ばれる人の良し悪しが企業の力，他社との競争力，しかもグローバルな競争力の決め手になる。最近では企業の仕事の多くは機械化，IT化が進み肉体的な労働力よりも知的判断力や創造性のもとになる知識（ナレッジ：Knowledge）や，他のヒトがなかなか真似できない熟練した技能や技術であるスキル（Skill）や成果をあげることのできる行動能力としてのコンピテンシー（Competency）が特に重視されてきている。

　こうしたナレッジやスキル，コンピテンシーをもつヒト，言い換えれば人材の意欲・能力を高め，活用し企業の経営戦略や経営目標の達成に向けて，企業

の成果・業績を向上させ，人材の満足度を高めるためのマネジメント活動が人事管理といわれている。

現代は知識社会とか，知識創造時代などといわれているが，ますますヒトの重要性が高まり，そうした意味を込めてアメリカを中心に1980年代から人的資源管理（Human Resources Management＝HRM）という言葉が使われ，資金以上に最も重要な資本としての意味で人的資本管理（Human Capital Management）といった用語も，21世紀に入り登場してきている。日本ではヒトこそ最重要な財産の意味を込めて人財とか人財管理あるいは人材マネジメントという言葉が使われるようになっているが，"人事管理"が一般的な用語であり，ここでもその用語を使うが，英訳すれば先に紹介したヒューマン・リソース・マネジメントでありHRMすなわち人的資源管理と同じ意味で使用したい。

そうした人事管理は特に以下の4つの視点が重要である。第一は人事管理のプロセスの視点であり，人材の採用から退職までの一連のプロセスに関する活動であること。それは人材の生涯の生活，職業・キャリアの視点からマネジメントすることでもある。第二は役割（機能）からの視点であり，いかに人材のニーズに対応する仕事や地位や賃金，働き甲斐を感じられる理念，文化を提供し，人材のもつ能力・意欲をベースに経営戦略に向けて貢献を引き出すかの管理活動である。それには人材の要望に対応し，動機・意欲の刺激（Incentive）と企業への貢献（Contribution）のバランス，すなわちICバランスのマネジメントともいわれている。第三は人材のどの側面を管理するかの視点から，人材個々人の意欲・能力・エネルギーを引き出すばかりでなく，チームワークを高め，人材が同一の方向を目指したり，労働者の組織である労働組合という組織とのよりよき関係を維持し向上するためのヒトの集団・組織のマネジメントという個人と集団・組織のマネジメントの両面をもっていることも忘れてはならない。第四には経営を取り巻く環境や経営目標，そして人材の期待やニーズも時代の流れのなかで大きく変化しており，それに対応して活動もダイナミックな変革が求められていることも忘れてはならない。

すなわち人事管理はこうした4つの側面をもつ，経営環境の変化のなかで人

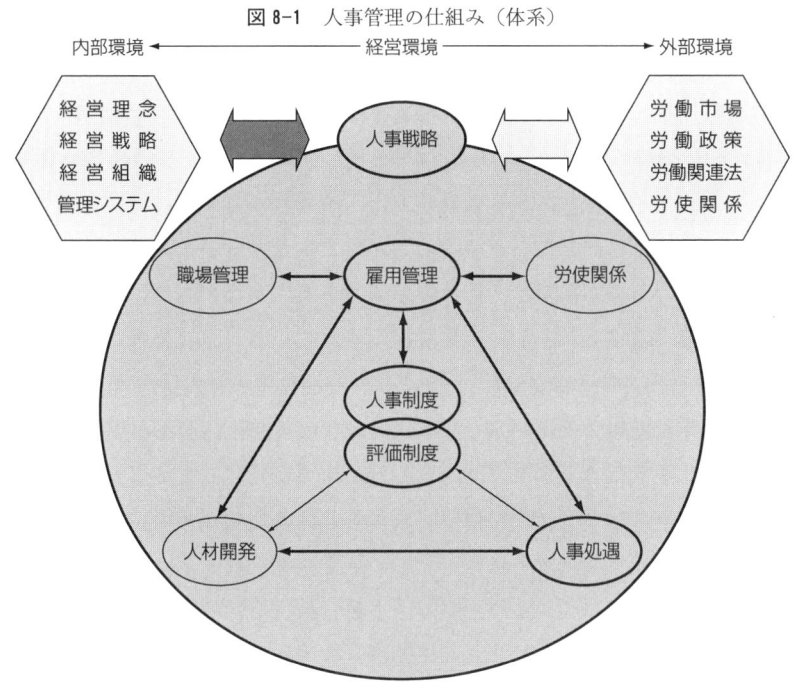

図 8-1 人事管理の仕組み（体系）

内部環境 ←――――― 経営環境 ―――――→ 外部環境

経営理念
経営戦略
経営組織
管理システム

人事戦略

労働市場
労働政策
労働関連法
労使関係

職場管理　雇用管理　労使関係

人事制度

評価制度

人材開発　　人事処遇

（出所）　根本　孝『E-人材開発』中央経済社，2002年。

材の採用から退職のプロセス一連の活動であり，集団と個人の動機づけと貢献のバランスをダイナミックに変革，マネジメントする活動ということができる。

2　人事管理の仕組み

ここでは人事管理の具体的内容（構成要素）の仕組み（体系）を整理することにしよう。それが図 8-1 である。

人事管理は単独で活動がなされるわけではないことはいうまでもない。様々な企業の内部要因（一般的には内部環境と呼ばれる）と，企業を取り巻く環境（外部環境）から影響を受け，また逆に影響を与えながら，そうした経営環境へダイナミックに適応，対応していくことが求められる。図の矢印が両方に向いているのは，双方向への影響，相互作用を示している。特に昨今では地球環

境保護，グローバル競争，IT 活用，人口の少子・高齢化，男女共同参画社会づくりなどが重要な経営環境として焦点が当てられてきている。それに対応する経営戦略（最近では経営戦略を具体化した経営のあり方である経営モデルなどとも呼ばれる），その実現のための経営組織，さらにはどのように組織全体を管理するかの具体的管理システムのあり方が人事管理の方向づけを左右することになる。具体的にはグローバル競争のなかで日本企業は特に高付加価値戦略が求められ，そのために事業は，他社の追随できない自社の強みに選択・集中する「選択と集中戦略」が多くの企業で採用されている。自社の強みはコア・コンピテンス（Core Competence）と呼ばれ，それによって世界でユニークな，唯一つの企業を意味するオンリーワン（Only one）をそれぞれの領域で目指すことになる。そうなると企業は，それぞれの事業に特化してスピーディな意思決定と責任をもった"俊敏な組織"が求められ，多角化した大企業は事業毎に分社独立する組織戦略がとられ，それらの独立事業会社を統括する持株会社制の導入が進められてきているのである。それは持株会社を中心とするグループ経営であり，自律独立的行動とともに連携・協働行動の両立を目指すことが求められてきている。

　もう一つ人事管理に大きな影響を与えるのが人事に直接関連する外部環境要因としての労働市場であり，国のみならず国際機関の労働政策，労働法，そして国および国際的レベルの労使関係が重要となる。企業競争が激化するなかで企業は人員削減が進められ，また安い労働コストを求めて中国等への企業進出が進み，国内産業の空洞化の結果，世界的に失業問題が再び大きな社会問題になってきている。一方ではIT化の進展でIT関連技術者の不足や世界的な獲得競争というのが今日の労働市場の概要といえよう。そうしたなかでいかに失業をなくし，スムースな労働移動やIT技術者を育成するかが重要な労働政策の方向である。またワークシェアリング（仕事の分かち合い）や男女の労働条件の均等化あるいは育児・介護休暇などの労働の法制化が進んできているのである。さらには経営のグローバル化に対応して労働組合運動もグローバル化し世界的な協調，組織化が進み国際的な労使関係の人事管理への影響も強まって

きている。

　そうした内外環境のなかで人事管理の基本方向としての人事戦略を策定し，それに基づく雇用制度（雇用区分）と等級格付け制度（等級区分）に二分される人事制度が構築され，人事の基本的な構造が決められる。具体的には正社員・パートタイム社員，契約社員・臨時社員といった雇用形態の区分であり（雇用制度），能力や職務をいくつかの等級区分によって格付けし（等級格付け制度），それに応じて労働条件や配置・異動などの雇用管理や処遇が決定される人事管理の基盤となる制度である。もう一つの人事管理の基盤となるのが人材の活動の評価基準，評価のための仕組みである人事評価がある。この2つをベースに採用・配置・異動・退職そして労働条件の管理がなされ（雇用管理），賃金や昇格がきめられ，福利厚生が提供される（処遇制度）。そして人材および組織の学習・能力開発を支援する（人材開発）が行われる。そうした人事管理は企業の労働組合との労使関係のなかで多様なレベルでの協議・交渉（労使関係）を通じて決定・実行される。人事管理の具体化はそれぞれの職場で実行されるが，職場での人事管理の実践（職場管理）は従業員の意欲や能力の向上，そして仕事への貢献を大きく左右することはいうまでもない。

　こうした諸要素をつうじて人事管理が進められる。以下では中核的要素である人事戦略，そして人事制度と評価制度に絞って，その概況と課題・新動向を中心に検討する。

2 　日本的人事管理と人事戦略

1 　終身雇用，年功序列，企業別労働組合

　日本企業の人事管理といえば終身雇用制度，年功序列そして企業別労働組合という3つの特徴をもつ日本的経営といわれてきたことを思い浮かべることであろう。それらは「三種の神器」として戦後の日本の経済成長を支えたものとして日本のみならず世界が注目した。それらは一般的には日本的経営の特徴といわれるが，それは正確に表現すれば日本的人事管理である。その後QCサー

表 8-1　日米の人事管理の特徴比較

	日本型人事管理	新動向（新日本型人事）	米国型人事管理	新動向（新米国型人事）
人事戦略	終身雇用と生活保障（年功主義）	自律人材の尊重成果・能力主義と長期雇用	短期業績達成	流動的人事政策
労使関係	企業別労働組合：協調的関係	相補的関係	産業別労働組合：敵対的関係	相補的関係
職場管理	人事部人事直接参加と改善	事業部重視 自己責任と協働 改善・共創	ライン人事	チームワーク重視
人事制度	正社員中心 職能資格制度	雇用の多様化 役割等級制度	管理者中心 ジョブ・グレード制度	ハイタレント重視 ブロードバンド制度
評価制度	上司・人事部評価：年功主義による相対評価	実力・成果主義 目標管理，コンピテンシー評価，	職務と業績主義，目標管理	360度評価 コンピテンシー評価
雇用管理	新卒採用 活発な異動 定年退職	キャリア採用 公募制度 早期退職奨励と継続雇用	セニオリティー制度	ジョブ・シェアリング
人事処遇	年功賃金	年俸制 育児・介護休業制度，福利厚生のカフェテリア方式	エグゼンプトとノンエグゼンプトの区分	業績とインセンティブ ワーク＆ライフバランス
人材開発	継続的階層別教育	専門教育とキャリア支援	管理職中心	学習組織づくり

クルやトヨタ生産方式（JIT経営：Just in Time，すなわち必要なときに必要なものを必要なだけ部品等を供給する）が日本的生産システムの特徴として指摘されたり，顧客重視のマーケティング，部品下請けメーカーも親会社と共に並行的に開発・設計をすすめるコンカレント・エンジニアリングもそれぞれ日本的マーケティング，日本的開発・設計などと呼ばれ日本的経営の特徴として指摘されてきている。

　さてそうした三種の神器の基盤にはどのような考え方があったのだろうか。

戦後の厳しい経済環境のなかで企業は従業員の生活の保障とともに市場の要求する製品を大量かつ安価で継続的に生産，提供することが期待された。それを実現するためには首切りのない安定的雇用で経験を積み上げ能力を高めると共に，それが生活の保障と年々の生活の向上に結びつき，意欲を高めることが必要とされたのである。そうすることが企業はもとより，労働者，労働組合にとっても大きな意味をもち，労働組合は企業別労働組合活動が中心となり，長期雇用と生活の保障が人事戦略の基本方向になっていった。それは具体的には協調的労使関係を維持し，全員参加で改善を進め，継続勤務によって能力と地位を高め，能力と生活の必要に応じた生活給を保障する，年功序列賃金，昇進制度を確立してきたのである。必要な人材は新卒を中心に採用し社内の継続的な教育により育成し，仕事の必要に応じて人材の社内異動，転勤を活発化し，それは同時にマンネリズムを防止し，幅広い能力を身につけ，また全社的視点から仕事に意欲的かつ協力的に取り組むことを促進した。

従って人事管理は職場の直属の上司のみならず人事部が全社的視点から評価・異動・育成の方向づけや調整を行う，人事部に人事権限が集中したものとなり，「人事部人事」とも呼ばれているのである。

2　新日本型人事管理：成果・能力主義と長期雇用

80年代初頭には日本企業は"ジャパン・アズ No1"と賞賛され，それは二度にわたるオイルショックを乗り越え，新しい成長を達成した日本的経営ないし日本的人事管理は世界のモデルとして注目を集めた。

アメリカでも"カイゼン""ネマワシ""カンバン"等の日本語がそのまま辞書に登場したり，使われたり，アメリカ企業をはじめヨーロッパ企業は日本から学ぶことに力を注いだのである。しかし日本企業の地位の向上は貿易摩擦を生み，そして85年のプラザ合意による円高の容認は日本企業を輸出戦略から海外生産戦略への転換を進めさせたのである。そしてバブル景気のなかで日本企業は高付加価値，高価格製品の生産，さらには多くが不動産投資への傾斜を強め，ついに92年バブル崩壊を迎えることになった。グローバル競争，IT革命

の進展そして知識創造社会のなかで日本企業は対応に遅れ、一転バブル不況のなかで次の戦略を模索した。それは、付加価値の高い、しかも独自な製品部品のスピーディーかつ効率的な生産であり、モノづくりへの特化と、ブランドや特許など見えざる知的資産の創造と蓄積を志向し、人事管理も大きな転換期を迎えたのである。そして期待される社員像も、経営環境の変化を敏感に洞察し対応すべく自律的に判断、行動し、また長期的視点で自らの能力開発、キャリア開発に取り組む自律的社員と変化していった。そして付加価値の創造、成果達成に直接貢献する意欲、活動の促進のための評価が重視され、それは"年功主義"から"成果・能力主義"と呼ばれている。成果・能力主義も多様であるが短期的な業績のみを追求する業績主義とは異なる。単なる結果のみではなく成果のプロセス、成果を達成するための能力開発も重視する成果と能力開発を目指す成果・能力主義が重要である。しかも"モノづくり"は能力と経験をベースとする知とその共有、さらに新たな知、付加価値製品の共創（Collaboration）が求められ、それを推進する中核的メンバー（コア・社員）の長期的雇用も重要である。

3 人事制度と評価制度

1 日本企業の雇用制度と職能等級資格制度

①雇用制度の多様化

　企業で働く人材といっても正社員、嘱託社員とかパート社員、アルバイトといった多様な種類があることはよく知られている。しかも今日では派遣社員や契約社員などが増加し、いわゆる非正規労働とか、非典型労働といわれる一定期間のみ働く社員が増加している。それには企業側が必要な時期・時間帯にふさわしい人材を採用し効率的柔軟な雇用を進めるということと、働く側も長時間、長期に働きたい人ばかりでなく、短時間のみ個々人の生活に応じた働き方を求めるニーズが高まってきており、多様な働き方が拡大しており、雇用の多様化、就業の多様化と呼ばれている。それを進めるのは事業や職務の特質に

表 8-2 雇用制度（従業員区分制度）

		直接雇用（直用）	間接雇用（非直用）
従業員区分	雇用期間なし（無期契約）	正社員（72.5%）	
	雇用期間限定（有期契約）	契約社員（2.3） パートタイム社員（20.3%） 臨時社員アルバイト（1.8%）	出向社員（1.3%） 派遣社員（1.1%） 請負従業員（その他 0.7%）
正社員区分		非管理職（組合員）	管理職層（非組合員）
	職務・勤務地限定	一般社員 勤務地限定社員	
	限定なし	総合職 （グローバル社員）	専門職（専任職） 管理職

応じて，勤務時間，勤務期間や勤務地，労働条件を区分し，従業員の雇用形態の区分をするかが重要な課題となる。そうした仕組みは雇用制度（社員区分制度）と呼ばれている。

表 8-2の上半分は従業員全体の区分であるが，まず直接企業が雇用するか（直接雇用＝直用），派遣社員のように派遣会社に雇用されているものを間接的に雇用（間接雇用＝非直用）するかによって大きく異なる。もう一つの区分は雇用契約に期限がないか（無期契約），雇用期間が限定されているか（有期契約）かである。正社員は直接雇用の無期契約の従業員である。

前述したように現在増加し，さらに多様化しているのが，有期契約であり，直接雇用の特別な知識・スキル・経験を有する専門家である契約社員や，短時間勤務のパートタイム社員，一時的な臨時社員やアルバイトである。外食産業や小売サービス業ではこうした従業員が70～90％を占め重要な労働力となっている。さらに新たな雇用形態として急増しているのが派遣社員や，一定業務を他社に一括して委託し，その請負企業の従業員が請負従業員として勤務する形態等に区分される。他に関連会社の従業員が研修やプロジェクトのために一時的に業務に従事する出向社員も間接雇用の一形態である。そうした区分に従っ

て労働時間，賃金，福利厚生，勤務場所など労働条件は異なり，異なるシステムで雇用管理がなされる。それぞれの雇用形態の後ろの（　）内の数字は2001年の厚生労働省調査による全体の比率であり，非正社員の合計は企業平均で27.5％に達し，その8割弱（全体の20.3％）はパートタイムである。

　正社員をさらに区分したものが**表8-2**の下半分である。正社員は職務や勤務地に限定があるかないか，管理職層か非管理職層かによって大きく区分される。労働組合が存在する企業においては一般的に管理職層に昇格すると非組合員となり，非管理職層が組合員となり，残業手当が支給される。職務が補助的業務や転勤のない正社員は一般職であり，特に流通業界などで勤務地が限定されている正社員を勤務地限定社員と区分する企業も増加傾向にある。

　勤務地，職務に限定のない正社員が総合職であり，国際化している企業のなかにはグローバルな拠点で業務に従事する総合職を特別に選抜し国際要員とか，グローバル社員として区分するケースも少なくない。また管理職層は伝統的には管理職すなわちマネージャー職単一であったが，専門職を評価・処遇し，専門職を育成するねらいをもち，管理職層の複線化が進み，管理職と専門職の区分が進んでいる。また企業によっては特定業務に長期間従事し経験を蓄積した，その道のエキスパート（Expert＝熟練専門化）社員を専任職として区分し三本立てにしている企業もある。

②職能等級資格制度とジョブ・グレイド制

　企業の組織は係長，課長，部長といった役職を置き，権限を明確化し，指示や報告のコミュニケーションルートを明示し，社内秩序を維持する階層化がなされている。それは役職（管理職階層）と呼ばれているが，それとは別に社員の序列，処遇のための制度が設けられ，多くは職務能力や担当職務によって等級区分し，格付けする制度が設けられている。日本企業の多くは大企業を中心に職務遂行に必要な能力による等級区分格付け制度が採用され職能資格制度とか職能等級資格制度などと呼ばれている。それは職務遂行能力を7～10等級に区分し，職能等級基準でその能力基準を明確化し，等級ごとの呼称，それぞれの等級に対応する職位，新卒社員のはじめに格付けされる等級，昇格条件とし

ての基準年数，人事評価条件，昇格試験などが定められている。多くは新入社員から部長クラスまでの職能資格等級を区分し社員1級から10級とし，4級以上になると監督職能に区分され，主任，主事，副参事などと呼ばれ（呼称），7級以上の参事以上が管理職層に区分される。

　組織の効率化のために管理階層を減らすフラット化（水平組織化）が進むなかで課長，部長職位につける社員が極めて限定されてきている。しかし一方では一定の勤続年数を経過すれば課長そして部長昇進が一般的社会慣行とみなされ，それが不可能となると大きな意欲低下につながることが懸念され，職位の名称をチーフやマネージャーに変更し，等級資格の呼称を前述した主事を係長や，参事を課長などの名称に変更して，それぞれの資格等級に格付けされれば，組織上の職位につかなくても名刺などに係長や課長の呼称が使用でき，意欲の低下を防ぐ対応をする企業もみられる。

　一方アメリカ企業では社内の職務を調査しその職務に必要な知識・経験，問題解決に必要な能力，努力の程度，その職務の成果が経営全体に成果に影響する程度などによって重要度を点数化して評価し，ジョブ・グレード（Job Grade：職務等級）が決められる。社員一人ひとりは，その担当職務の重要度を評価，点数化し，それがどの職務等級に格付けされるかによって個々人の処遇が決められる「ジョブ・グレード制度」とか「職務分類制度」と呼ばれる制度が採用されている。職務調査・評価には多大な時間とエネルギーを要することから専門のコンサルタント会社が調査・評価法を確立し，企業への導入が進んでいるが，なかでもヘイ・コンサルティング社が開発したヘイ・システムが世界的に多くの企業で採用されている。日本企業も成果主義の人事管理の流れのなかでそれぞれの職務に応じた評価・処遇を重視することや，能力等級資格制度の中での，各等級の滞留期間（経験年数）などを重視するために，実質的には職能等級資格制度が経験・勤続年数を中心とするいわゆる年功序列制度に傾斜してしまい，それを回避するために，職務グレード制への転換を図る企業もみられる。

2 評価制度と目標管理

①能力・情意・成果評価

人事評価は人事考課などともいわれるが従業員の賃金や賞与，昇進・昇格，異動や人材開発等に結びつけるために能力や日常の業務遂行プロセスや成果を評価することをいい，その一連の基準，手続きのシステムを評価制度と呼んでいる。

なぜ評価するのかの原点をたどれば「やってもやらなくても同じ」という悪平等で，がんばった人の意欲低下を回避し，がんばった人には報酬を，「がんばらなかった人はそれなりに」ということである。報酬は賃金，賞与という金銭的報酬や昇進・昇格という地位や名誉等を与えること，また昇給や昇進・昇格のかなわなかったものは，一層の努力をしようとする動機づけ，すなわち「モティベーション」目的と，異動や人材開発という新たな職務や能力開発の機会を提供する「育成」目的である。困難なのは，がんばったかどうかを何によって評価するかである。すなわち何を評価するかが大きな問題となる。

規模の小さな間は評価する社長が一緒に仕事をしながらその仕事振りや成果を総合的に判断して，まさに総合評価がなされる。しかし総合評価はともすると評価者の好き嫌いや印象など主観的評価に陥りやすい。そこで組織規模の拡大とともに評価する項目を区分して要素ごとに評価するようになり，人事考課制度，人事評価制度としてシステム化されてきている。その評価項目としては大きく(1)職務評価（担当役割，職務），(2)能力評価（潜在能力，顕在能力），(3)情意評価（意欲・態度），(4)成果評価（業績・目標達成度・他部門強力度・部下育成度）に区分できる。すなわち成果＝職務×（能力×情意）であり，それぞれの事項にについて評価されることになる。能力評価は日本企業で一般的にみられる知識，技能そして理解力，判断力，企画力，折衝力，指導力などに細分されることが多い。これらは「……能力をもっているかどうか」の潜在的能力が評価される。しかし最近注目されているのはコンピテンシーと呼ばれる行動特性，行動力として「……ができる。……をしている」といった顕在能力であり，後に詳しく検討する。情意評価は働きぶりであり，意欲・態度が中心となり，積

極性，協調性，規律性，責任感，努力などが評価されるのである。

今日最も注目されている成果の評価である。成果はセールスマンのように，セールスの売上高などのように明確に評価が可能な部門もあるが，スタッフ業務のように測定が難しいものや，部下の育成など測定しにくい成果がある。それは年度始めに目指すべき成果目標を明確化し，その目標達成度によって成果評価をする「目標管理制度」に基づく企業が多い。

こうした4つの要素をどのように組み合わせ，どの事項に重点を置いて評価するかは(1)評価目的，(2)評価される者の職位によって異なる。すなわち能力評価は昇進・昇格のための評価には重視され，賞与のためには成果評価が重視さ

▶▶ *Column* ◀◀

コンピテンシー・モデル　人事評価として現在関心があつまっているのがコンピテンシー・モデルである。コンピテンシー（Competency）は高い業績を達成している従業員の資質や能力，行動特性を意味し，日本でよくいわれる"実力"に近い言葉であり，顕在能力であり，一般にはそのまま"コンピテンシー"として使われている。すなわち組織における役割，職務に対応して成果を挙げるために必要な資質，能力行動特性を整理，体系化し，基準化したものであり，それをコンピテンシー・モデルとかコンピテンシー・ファイルと呼ばれる。例えばNECでは全社共通的なコンピテンシー（企業倫理，顧客志向，自律，協働，朝鮮，責任感・率先など）と約250種の職種・部門別の専門コンピテンシー・ファイルに区分し，平均15項目程度の能力・行動特性が3等級に区分し基準化されている。従業員は，この基準に従って「常に行動できている」から「常に行動できていない」の4段階評価で，その時点での評価がなされる仕組みである。米国では1990年代後半から注目され，わが国でも90年代末から関心が高まり，今日では約1割の企業で導入されるにいたっている。こうしたコンピテンシー・モデルは採用，配置，育成，人事評価，賃金などに活用されることになるが，その活用目的によって内容は多様となることはいうまでもない。日本企業の適用実態をみると，あいまいかつ潜在能力の評価であった職能等級の評価基準を改革するために，コンピテンシーモデルを活用するケースが多い。また従業員の役割（職責）等級基準を明確にし，任用や人材開発に活用したり，目標管理の成果ではなくプロセスの評価にコンピテンシーを活用したり，採用のみに活用するケースなど多様である。いずれにせよ多くの企業ではコンピテンシー・モデルはWeb上に公開されており，年1度程度の改定が行われて，公表される同時にいつでも従業員はコンピテンシーの自己評価が可能なシステムも作られている。

れる。また昇給のためには成果と情意が評価されるというように異なる。また管理者は自らの意思決定や行動が直接成果を左右する立場であり，成果中心の評価，中堅は能力を重点に成果，情意も評価される。そして一般社員は能力を中心とし情意と多少の成果が加えられるという傾向がみられる。

②目標管理制度

成果の評価を支える目標管理制度はMBO（Management by Objectives）と呼ばれ，米国の経営学者として有名なドラッカーによって提唱され，広くアメリカ企業では管理者の評価のために活用されている制度である。その最大の利点を「自らの行為を統制することが可能になる」ことに求め，「自己統制は働く意欲を強くもりあがらせ」，「自己統制によって仕事の目標は一層高くなり，考え方もより広いものになる」と指摘しているのである。すなわち目標と自己統制によるマネジメントなのである。また目標による管理の狙いは，シュレーの指摘するように「組織の全体目標と個人の目標を関連づけ，しかも目標を達成することが，人間としての興味や欲求を満足させるようにすること」であるといわれている。具体的には年度始めに管理者と従業員が話し合いのなかで業務の目標を合意・決定し，その目標達成に向けて業務を遂行し，その過程で中間評価，指導が行われ，年度末にその達成度を5段階等で最終評価し，人材開発や処遇，さらに次期の目標設定へ関連づける制度である。

日本では，東京オリンピックの開催の1964（昭和39）年以来導入が進み1965年から1966年にかけてブームとなったのである。そして再び，成果主義への移行とともに，その成果を評価するための制度として再び脚光が集まり，第2次のブームといってもよい。35年ほど前の第1次ブームでは組織目標と個人目標の連鎖，統合のみならず，自己統制，達成感によるモティベーションの向上，さらにはPlan-Do-Seeのマネジメント・サイクルのレベル・アップによるマネジメント力の向上を目指し，一般的には"目標による管理"と呼ばれていた。

第2次ブームともいわれる現在は，年俸制導入の基盤としての目標による管理であったり，年功主義打破のための成果主義評価・処遇を実施するための目標による管理が目立っている。従って「目標管理評価制度」とか「目標チャレ

ンジ制度」などといったネーミングのもとに目標による管理ではなく"目標管理"と呼ばれるにいたっている。すなわち全社目標のブレークダウン，その達成による業績向上および評価・処遇の向上，その結果としてのモティベーションの向上が仮説され，能力開発主義の目標による管理から成果主義の目標管理への重点移動とみることもできる。

　こうした目標管理制度を基盤にした成果主義人事であるが，問題点もないわけではない。第一は，どうしても達成度を高めるために，安易な目標設定になってしまい，挑戦的な目標設定や，長期的な目標を設定しない傾向が強まったり，第二に設定した目標のみに固守してしまい，状況の変化によって生じる目標以外の業務や関連業務が無視されたり，エネルギーが注がれないといった問題，そして第三には結果のみの追求になり業務遂行プロセスへの関心や，育成指導が低下し，人材開発が進まないといった点が，成果主義とも関連づけて指摘されてきている。

　③評価制度の運用と課題

　評価は基準が最も重要であるが，誰がどのように評価するかも大きな問題である。最近はまず本人が自己評価し，直属の管理者評価とその突合せ調整を行う。さらにその上の上司の2次評価が行われる。従来はさらに人事部が全社の評価を調整し，最終評価とする企業が多かったが，そうした場合は最終評価のフィードバックがなされず，本人の反省や課題自覚にならないという問題もあり，最近は部門評価を最終評価とし，その結果を本人にフィードバックする企業も少なくない。また本人と上司評価のみならず，関連部門の上司，あるいは部下の評価も加えて，上下，左右の関係者の評価を行う「360度評価」を実施する企業も外資系企業を中心に増加している。それは多面的な評価結果を本人にフィードバックし，本人の認識を再確認し，その後の課題，行動の自覚，変革を目指すものである。

　人事評価は人が人を評価するわけであり，公平性と納得性が極めて重要であるが，先入観や固定観念が評価を左右してしまう先入観効果や，一側面の評価が他の側面にも影響してしまうハロー効果（後光効果），どうしても甘く，温

情的に評価してしまう寛大化傾向を回避することが必要である。さらに部門や評価者による評価のアンバランスや不公平をさけるために，評価者訓練が極めて重要である。そして納得性を高めることも評価制度やその運営の信頼を高めるために欠かせないことである。それにはいかに被評価者の日常的な行動を観察し，また指導しているか，そうした具体的事実に応じた評価をするか，時間とエネルギーをかけた評価が欠かせない。さらに最近では評価のために評価者の上司と部下が話し合いの上で評価を納得の上に確定する面接評価を導入するケースも少なくない。その納得性を高めるためには面接評価における評価者のカウンセリング・マインド（じっくり被評価者の話を積極的に聴く心構え）とその実践，そして日常からのコミュニケーションが極めて重要である。

［参考文献］
［1］石田英夫・梅沢　隆・永野　仁・蔡仁楊・石川　淳『MBA 人材マネジメント』中央経済社，2002年。
［2］今野浩一郎・佐藤博樹『人事管理入門』日本経済新聞社，2002年。
［3］本寺大志『コンピテンシー・マネジメント』日本経団連出版，2000年。
［4］日本能率協会編『日本企業の21世紀経営革新』日本能率協会マネジメントセンター，2001年。
［5］根本　孝『Ｅ－人材開発』中央経済社，2002年。
［6］根本　孝『ワークシェアリング』ビジネス社，2002年。

［基本文献紹介］
①今野浩一郎『人事管理入門』日本経済新聞社，1996年。
　　わかりやすく体系的な入門書。
②桐村晋次『人事マン入門』日本経済新聞社，1993年。
　　人事の実務をわかりやすく解説。
③金井寿広ほか『会社の元気は人事がつくる』日本経団連出版，2002年。
　　最新の人事の理論，現実を紹介した読みやすい書。
　根本　孝『就職力：納得できるキャリア選択をめざして』ビジネス社，2003年。
　　就職をどう考え，どう行動するかのガイドブック。
④守島基博編『21世紀の戦略型人事部』日本労働研究機構，2002年。
　　6社の人事部門の管理者の書いたケース紹介。

［設　問］
　①日本の新たな人事管理はどのような方向を目指すべきか。
　②職能等級資格制度の問題点と対応策について整理せよ。
　③日本企業は新大卒者の求職者にどのような能力を求めているか。

（根本　孝）

第 9 章　企業経営と金融

> **▷ポイント**
>
> 　企業の経営とは，その企業の利潤最大化を目指す行為であるといえる。そのために，本章では，資金調達の面と企業の統治構造の面から企業の経営を考えていく。まず，株式と負債をどのように組み合わせると企業価値が大きくなるのかを考える。そして，企業の関係者（ステークホルダー）を明確化し，どのようなガバナンス構造にすることで企業価値最大化を果たすことができるのかを考えていく。

【キーワード】　情報の非対称性，エージェンシーコスト，モニタリングコスト，ボンディングコスト，裁定機会（利益），コーポレイト・ガバナンス，無関連性命題，社外取締役，メインバンク

1　資金調達と企業価値

1　資金調達

　企業への主な資金提供源がどのような手段であるかによって，企業の価値は変わるのだろうか。現実の企業をみると，株式，社債，銀行借入など多様な手段となっている。もし株式を発行して資金調達をするのであれば株主という資金提供者を生むことになる。負債を選択し，社債を発行するならば債権者という資金提供者を生むだろうし，銀行から融資を受けるならば銀行という名の債権者を生むことになる。どのような資金提供源を用いるかによって企業の価値が変わるならば，経営者はどのような資金調達をするべきかを考える必要がある。

　資金調達をどのようにするべきかについては多くの議論が存在する。しかし，その基本となる考え方はそれほど多くない。本節では，最も基本となる MM の無関連性命題を紹介する。これは，一定の仮定の下では，企業の資本構成の違いは企業価値に影響を与えないということを示している。同じ会社が 100％

株式で資金調達をしても，99％負債による調達をしても企業価値に影響はないという主張である。この主張は，モディリアニとミラーによって1958年に発表され，非常に大きな注目を集めた。なぜなら，条件が満たされるなら，企業の財務担当者の資金調達の決定に関わる仕事は企業への価値を生まず，企業の財務担当者にとっては役割を否定されたようなものであるからである。ここでの主張は，ある特定の条件の下でのみ成り立つため，その後はこの主張を認めた上で，より現実に即した拡張が進められてきた。

2 無関連性命題

無関連性命題を示すための重要な仮定は，「市場が競争的であり，完全市場である」ということである。この仮定が意味しているのは，市場に税金がない，市場での情報に偏りがない，市場では一物一価が成立しているということになる。より具体的には，企業の経営者も投資家も全く同じ情報をもっていることを示している。

この仮定の下で，議論を進める。同一の投資機会，つまり同一の営業利益の予想Xをもつ2つの企業を考える。企業Uは，負債がない100％株式で資金調達をしている。もう一方の企業Lは，必要な資金の α の比率を株式で調達し，残りの $1-\alpha$ の比率を負債で調達している。つまり，この2社の違いは資本構成のみであるとする。

まずに，企業Uについて考える。企業Uの株式時価総額を S_U とすると，企業Uの総価値 V_U は株式時価総額と同じになる。つまり，$V_U=S_U$ となる。次に，企業Lについて考える。企業Lの株式時価総額を S_L とし，負債の時価総額を D_L とする。このとき，企業Lの総価値 V_L は株式時価総額と負債の時価総額を足しあわせたものとなる。つまり，$V_L=S_L+D_L$ となる。このとき，2つの企業の総価値の関係はどのようになっているだろうか。

今，企業Uの株式を α 分だけ保有することを考える。これを投資戦略1とする。このとき必要になる資金は，株式の α 分になり，$aS_U(=aV_U)$ となる。このときの期待収益は aX となる。次に，企業Lの株式を α 分だけ保有し，

第9章 企業経営と金融

表 9-1　投資戦略1と投資戦略2の比較

		購入金額	期待収益
投資戦略1	企業Uの株を a 購入	aS_U	aX
投資戦略2	企業Lの株を a 購入	aS_L	$a(X-rD_L)$
	企業Lの負債を a 購入	aD_L	arD_L
	合　計	$a(S_L+D_L)$	aX

企業Lの負債を a 分だけ保有することを考える。これを投資戦略2とする。この投資戦略2の必要となる資金は，株式の保有分として aS_L，負債の保有分として aD_L だけ必要となる。従って，投資資金は，$aV_L=a(S_L+D_L)=aS_L+aD_L$ となる。期待収益は，まず負債の保有から raD_L だけ得られる（ただし，rは負債の利子率〔収益率〕である）。株式の保有分からは，$a(X-rD_L)$ だけ得られる（なぜなら，株式の収益は企業自体の営業収益から負債の利子を引いたものになるからである。これは株式が企業の残余利益を受け取ることを意味している）。したがって，収益は $aX(=raD_L+a(X-rD_L))$ となる。この投資戦略2からも投資戦略1と同じだけの期待収益が得られることになる。

さて，もしどちらかの戦略の必要資金が少ないとするならば，すべての投資家はその戦略を選択するだろう。投資家が合理的ならば，期待収益率（＝期待収益/投資額）の高い方を選ぶからである。このように考えると，2つの投資戦略の必要資金は同じになるはずである。さてここで，2つの戦略の必要資金を振り返ると，投資戦略1は aV_U であり，投資戦略2は aV_L である。この結果から，$V_U=V_L$ でなくてはならない。以上の展開から，企業の価値はその資本構成よって変わらないことが示された（表 9-1）。

3　裁　定

さて，以上の展開のなかで一つの重要な事実が示されている。それは，「裁定」という考え方である。裁定機会が存在するとは，元手がなくても確実に利益を得る機会があることである。市場において，確実な利益機会を見逃すことを合理的な投資家は行わない。こんな例を考えてみよう。東京で100円で売買

されているものが,横浜で101円で売買されているとする。このとき,輸送費用がかからないとするならば,東京で100円で仕入れてお金を払うことを待ってもらい,横浜で101円で売り,その収入から東京で100円を支払うことで確実に1円の利益を得ることができる。この取引を何度も繰り返すことで,大きな利益を得ることができるだろう。しかし,このような行動を繰り返すと,東京では価格が高くなり,横浜では価格が安くなることが考えられる。その結果,東京と横浜の価格は同じになるだろう。つまり,一物一価となる。これを金融で考えると,もし同じ収益を得るためにより少ないコストですむなら,その金融手段を皆が使おうとするだろう。しかし,先ほどの論理と同じように,最終的にはある収益を得るためのコストは同じリスク水準である限り,すべて同じになる。このように考えると市場が機能しているならば,どんな投資家も元手なしで確実に利益を得る機会つまり,裁定機会は存在しないことになり,一物一価が成り立つはずである。

　ここで,裁定の考えを復習するために,2つの企業の価値が異なるケースを見てみる。$V_L > V_U$ であるとする。このとき,次のような戦略をすることで確実に利益を得ることができる。投資1として企業Uの株式を α 分だけ購入する。投資2として $\alpha r D_L$ の返済額となる借り入れをする。投資3として企業Lの株式を α 分だけ空売りする(空売りとは,将来のある時点でその株式を返すことを約束して,今,手元にない株を借りて売ることである。例えば,今100円の株を空売りすると100円手元に入る。将来にその株が120円の時は,その金額である120円を払ってその株を買い戻さなくてはならない。また,80円の時は,80円を払って買い戻す必要がある。従って,得をすることもあれば,損をすることもある)。投資1~3の必要投資資金は,$-\alpha S_U + \alpha D_L + \alpha S_L = \alpha(-S_U + D_L + S_L) = \alpha(-V_U + V_L)$ となり,最初の $V_L > V_U$ という仮定からお金が手元に残ることになる。次に,この投資の収益をみると投資1からは αX,投資2からは $-\alpha r D_L$,投資3からは $-\alpha(X - r D_L)$ となる。したがって,この投資戦略からの収益は,$\alpha X - \alpha r D_L - \alpha(X - r D_L) = 0$ となる。つまり将来は確実に損得なしになる。よって,今手元にお金がないときでも,確実に今お金が手に入ることになる。た

表9-2 裁定利益をとる投資

		現在の収益	将来の収益
投資1	企業Uの株式をα購入	$-\alpha S_U$	αX
投資2	αD_Lの借入	αD_L	$-r\alpha D_L$
投資3	企業Lの株式をα空売り	αS_L	$-\alpha(X-rD_L)$
	合　計	$\alpha(V_L-V_U)>0$	0

しかに,裁定利益が生じていることがわかった。

このように,裁定という概念を用いることで,一定の仮定の下では,資本構成が企業価値に影響を与えないことを示すことができる(**表9-2**)。

2 市場の不完全性とエージェンシー問題

1 法人税と倒産コスト

　前節で,一定の条件の下では企業の資金調達手段の選択が企業価値に影響を与えないことが示された。しかし,そこでの仮定は現実に反する部分がある。この節では仮定を修正したときに,結論がどのように変わるのかをみていく。

　最初に,税金がないという仮定を修正する。現実には,企業には法人税を始めとして多くの税金が存在する。そこで,仮定を次のように変更する。

【仮定】　法人税が企業の利益に一定率で課せられている。ただし,負債の利子支払いは控除されるとする。

このように仮定を修正すると,企業はできるだけ負債で調達した方がより多くの税控除を受けることができるので企業価値が高くなることになる。つまり,企業はできるだけ負債による調達を行うべきであるという結論になる。

　しかしながら,この結論も極端すぎる。そこでさらに次の仮定を加える。

【仮定】　企業は負債を抱えると,それに伴って倒産の可能性が高くなる。

　この仮定によって,負債を抱えることはその企業にとって倒産の可能性を高

くすることになる。企業が倒産する状態を，企業価値が負債の価値を下回ることだとみなすならば，負債の増加は企業が越えなくてはならないハードルが高くなることを意味している。当然，その可能性は負債の増加に比べて遙増的に増えていくだろう。言い換えるなら，倒産によって生じる企業価値の減少分の期待値（「倒産の可能性」に「倒産による企業価値の減少分」を掛けたもの）が大きくなることを意味している。したがって，企業は負債を増やすことで，税控除によるメリットと倒産コストの増加というデメリットを受けることになる。企業はこの両者を考えて，企業価値を最大にする株式と負債の割合を決定することになる。

　法人税と倒産コストを入れたフレームワークでは，より倒産の可能性が低い企業ほど負債を多く抱えることで企業価値を高くすることができることがわかった。

２ 情報の非対称性とエージェンシーコスト

　企業の経営者と株主は常に同じ情報をもっているとは考えにくいだろう。また，市場の投資家すべてが同じ情報をもっているとも考えにくいだろう。この点に注目すると，市場には情報の非対称性が存在することになり，完全市場ではないことになる。このことは，様々な問題を生じる。情報の非対称性があるとき，企業の価値はどのようになるのかをみていく。

　最初に，経営者と株主の間に情報の非対称性があるときの考え方を紹介していく。企業の経営者は，通常企業の株式の一部をもつ経営の執行者である。この場合，経営者は，企業の価値を最大化するという行動よりはむしろ企業の価値と自己の所得の両方を考えて行動するだろう。経営者といえども完全に企業のためだけに尽くすということは考えにくい。一方，株主は企業の価値の最大化を求めるだろう。このような条件下で，企業の価値がどのようになるのかをみていく。

　まず，企業経営者が100％オーナーで，負債を全く抱えていない企業を考える。経営者は，自分の報酬を企業価値から受け取ることもできるし，企業価値

のままで株式価値として受け取ることもできる。それは自身の受け取る報酬の経路が異なるという違いでしかなく，企業価値を減らした分だけ，報酬が増えるという構造になっている。この場合，企業価値と報酬の両者を考えて最も満足度が高い選択をするだろう。そのため，全てを株式価値で得ようとするのではなく，一部分は報酬として受け取ることを考えるだろう。これは企業価値を減らしていることになる。

　次に，経営者が100％オーナーではなく，ある一定割合の株式しか保有しないケースを考える。この場合は，経営者は次のような行動の誘因がある。企業の価値から自分の経営者としての報酬を1ドルもらうとしても，他の株主と損失分を分け合うので，保有している株式価値からの減少は，1ドルよりも少ないものとなるだろう。このように考えることができるならば，経営者は企業の価値を100％オーナーの時よりも減らして自己の報酬へと富の移転を行うことが想像できる。より一層の株式価値の減少が生じていることになる。

　しかし，他の株主は株式の価値が100％オーナーの時よりも減らされているから当然，そのような行為が起きないように経営者を監視することを行うことが考えられる。このような監視に関わるコストはモニタリングコストとして知られている。具体的には，第三者に委託して企業の経営状態を報告させたり，株主自身が経営者と面談し，企業の価値を損ねるような行動をしないようにすることが考えられる。このためにかかるコストは株主が企業に請求するか，そうでないなら株主自身が負担するしかない。株主自身が負担する場合，実質的に当該企業の株式からの利益を減らすことになるので，投資対象としての企業の株の魅力は低下することになる。株主はこのようなコストかけても経営者に自由に経営を行わせるよりも株式価値が高くなるなら，モニターを行うだろう。

　一方，経営者も株主がこのような行動を行うことがわかっているのならば，わざわざ第三者にチェックさせるよりも，自分から進んで情報を開示して不信感を取り除くことが考えられる。そのことによって，モニターにかかるコストは削減することができるだろう。当然そのような情報を整備し，伝えるためにはコストがかかる。そのようなコストをボンディングコストと呼ぶ。近年，企

業でのIR活動が盛んになっているが，これは投資家へ情報を伝える活動であり，その費用はボンディングコストとみなすことができるだろう。この結果，モニタリングとボンディングを含めて，企業は企業の価値が最も大きくなるように外部株主比率に応じた自己の報酬とボンディングコストを経営者は決定するべきである。

　一方，株主は株式価値の最大化を求めるとしても，債権者は要望が異なる。株主は，企業が大きな収益を上げるとそれに応じて株価が高くなるので，企業の株式価値が大きくなるように，ある程度のリスクを伴っていても収益の高い経営を望むだろう。債権者は，企業が大きな収益を上げても得られる収入は利子分だけであり，より大きな収益ではなく，より確実な収益を目指してほしいと考えるだろう。このように考えるならば，すべてを株主に任せることはできず，債権者にとってもエージェンシー問題は生じることになり，企業が危険すぎる投資に向かわないかをモニターするだろう。つまり，債権者のエージェンシーコストが発生する。このように情報の非対称性が発生してると，常にエージェンシーコストは発生するといえる。

　ところで，わが国はメインバンクという大きな特徴がある。これは，銀行という名の債権者から負債資金を調達していることになる。これをエージェンシー問題になぞらえて考えると，銀行と企業の間にあるエージェンシー問題から生じるコストは株式発行に比較して相対的に低いものであったと考えることができる。その理由として，メインバンクは，企業に長期的に資金を提供し，最も大きな資金を提供し，さらに役員を派遣するという行動をとっていた。基本的に，銀行からの融資の場合は，銀行にある程度の企業情報を伝えることになる。それに加えて，長期的な資金提供によって，お互いに情報の蓄積が生じ，より相手のことがわかるようになる。また，役員派遣によって企業の内部に情報源があり，より相手のことがわかるようになる。そして，資金額が大きいことから企業は銀行の意見を無視できないため，銀行の意見を経営に反映させるようになる。結果として，エージェンシー問題の発生源である情報の非対称性は少なくなり，エージェンシーコストが少ないために銀行借入を行ってきたと

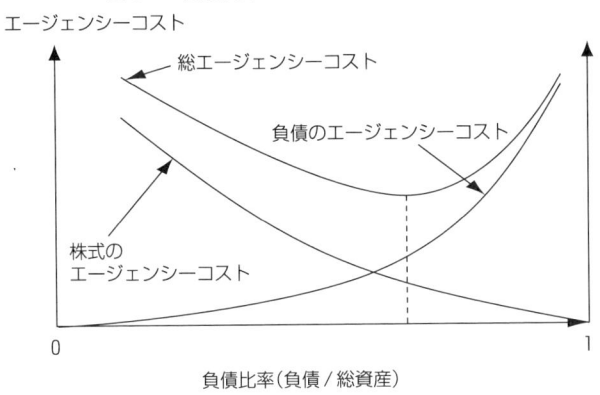

図 9-1　負債比率とエージェンシーコスト

エージェンシーコスト

総エージェンシーコスト

負債のエージェンシーコスト

株式の
エージェンシーコスト

0　　　　　　　　　　　　　　　　1
　　　　負債比率(負債／総資産)

考えられる。

　結局，企業の経営者は，株式調達と負債による調達の両者から生じるエージェンシーコストの総和が最小になるように資本構成を選択することになる。資金調達手段の決定は，企業にとって非常に重要な項目であるといえるだろう（図 9-1）。

3　コーポレイト・ガバナンス

　前節までで資金提供者によって大きく企業の価値が変わりうることがわかった。しかし，そのエージェンシーコストはどのようにすると軽減できるのだろうか。株主や債権者が企業の経営者をモニターするといってもどのようにするべきなのだろうか。決して，毎日長時間にわたって経営者を見張るわけではないだろう。そのように考えると，企業は，経営者と株主がともにより良い状態になるためのシステムが必要になるといえるだろう。また，従業員が企業の価値を最大化するように活動するためにはどのようなシステムを導入するべきだろうか。このような企業の利害関係者間の関係をどのようにすると効率的に行うことができるのかを考えるのがコーポレイト・ガバナンスである。

　コーポレイト・ガバナンスとは，企業統治と訳されるように企業をどのよう

に運営することが望ましいのかを考えることである。このときの大前提として，企業にどのようなステークホルダーと呼ばれる利害関係者が存在するのかを考える必要がある。ここまでの流れから，企業には，株式資本の提供者である株主と負債資本の提供者である債権者が存在することになる。これ以外には，労働力を提供する従業員，取引相手企業や顧客などが存在する。

今，企業の目的を企業価値最大化だと考える。このとき，次のような行動は企業価値を損ねているのだろうか。

①利益が予想以上に出たので，すべての従業員で3日間の旅行をした。

②企業のために長い年月働いてくれたので，取締役に迎えることにした。

③市場から資金を調達するとより費用を抑えることができるが，過去のつきあいがあるので，銀行からの借り入れにした。

④企業の業績が下がったが，それの原因は景気が悪いためにちがいないので，今までどおりの経営陣で経営を行うことにした。

このような行動を経営者がとることは現実にあり得るだろう。しかし，これらは株主価値最大化の観点からは好ましくない行動といえる。①は，株主への還元をするのではなく，従業員へ還元をしている。たしかに，企業で働く従業員は利益が増えたことに対する報酬が必要である。しかし，それはこのような旅行の形で行うことが妥当なのだろうか。さらに，この報酬額は従業員への還元としては大きすぎないだろうか。さらに，企業の利益があまりないときに，社員旅行などをすることは，従業員への過度の報酬と見なすことはできないだろうか。このように考えると，あまりに従業員の福利厚生を考える企業は，株主価値最大化を損ねているといえるだろう。

②は，取締役が企業の経営をモニターする役割であるならば，このような取締役は企業のことを非常によく理解しているために効果的にモニターできそうにみえるが，企業の経営に対して否定的な意見や行動をとる可能性は低いだろう。そのため，ある活動が企業価値を損ねるとしても経営者にとっては好ましい場合には，その機能が果たされない可能性がある。

③は，銀行から借り入れを行うというコスト高な選択をしている時点で企業

価値を損ねている。このような行動は，日本の経営によくみられた。それでは，経営者はどうしてこのような行動を選択したのだろうか。実は，企業は，株式発行や債券発行によって資金を調達しにくかった背景がある。株式は，ある程度認知された企業でもない限りは，投資家にとって情報の非対称性が大きいために割安につけられやすく，債券発行は，97年の適債基準の完全撤廃まで一定水準を満たす企業しか発行できず，その結果，利用可能な銀行からの借入が多くなり，多少割高でも銀行から借り入れをするという行動をとっていた。

④は，経営者は本来はその経営の責任と共に高額な報酬を受け取っているはずである。そうであるならば，長期にわたり業績が不振であるとき，経営者はその職を辞するべきであり，適切な経営陣の交代が起きない企業というのも，株主からみるとよりよい可能性を放棄しているという意味で企業価値を低下させているとみることができる。

以上のように，現実の経営は株主の方向を向いているとはいえない行動も多い。そこで，株主はその権利として株主の発言権を有効に利用し始めた。その一つの行動は，株主議決権の行使である。例えば，企業が提案する役員報酬案への反対や配当政策への反対を表明する行動がとりうる。さらに，積極的な行動として，株主提案がある。企業に対して経営陣の交代を要求することがあり得る。また，株主が効果的にこのような積極的な行動をとるためには，大株主が行動することが必要だろう。わが国では，大株主となっているのは，その企業の親会社や取引銀行を除くと，機関投資家といわれる主体である。具体的には，生命保険会社や投資信託などがあげられる。このような大株主が経営への行動を起こすことが企業への大きな影響を与えるといえるだろう。

一方，経営者側は株主がこのような行動をとりうることを考えて，自発的に株主の利益を目指した行動へとその方向性を変えることが考えられる。例えば，取締役会の規模を縮小したり，取締役の報酬を株価や業績に連動するようにするなどの行動がとりえる。

このように，企業の経営が効率的に株主利益の最大化を目指すために，株主と経営者はコーポレイト・ガバナンスについても考えるべきだろう。

表 9-3 取締役会規模による株式収益率

年　度		1990	1994	1999
株式収益率	第1四分位(低)	−11.810	−16.294	29.936
	第2四分位	−11.809	−16.630	24.336
	第3四分位	−11.660	−15.900	25.740
	第4四分位(高)	−12.034	−15.195	13.542
	平　均	−11.882	−16.005	23.401
平均取締役会規模		0.406	0.698	0.566

4 企業のトップボードの構成と企業の価値

1 取締役会の規模と企業価値

　コーポレイト・ガバナンスの一つの分析対象として，企業の取締役会がある。企業は取締役会によって経営の判断や監督を行っている。企業の経営は日々刻々と変化する経済環境に合わせて，適切に判断を行う必要がある。もしその判断に遅れや誤りがあるならば，本来得られるはずの利益を損ねているとみなすことができる。わが国の取締役会をみると，その規模が非常に大きいと指摘されている。このことは，多くの意見を吸収できるという見方もあるが，「船頭多くして，船山に上る」の喩えのように企業の決定を間違った方向に導いたり，意見調整に滞り，決定が遅れるというマイナス面がある。このように考えるならば，企業の経営の決定を行う組織は適切な規模が求められるといえるだろう。つまり，現在の状態では企業価値を損ねていると考えられる。そこで，過去10年間のわが国の企業をサンプルにして，企業の資産規模あたりの取締役会の構成人数が多いと企業の価値を損ねているかどうかを確認していく。

　表9-3は，わが国の90年代の企業の資産あたりの常務以上の取締役の人数の多い順に四分位に分けた企業群の，収益率の平均を示している。

　年度別にみると，平均的な取締役会の規模は，あまり変化がない。また，90年度では市場平均に比べて株式収益率は取締役会の規模によって変わりがしないものの，99年をみると取締役会の規模が大きい企業群は市場平均を大きく下

表 9-4　ストックオプション制度の有無
による株式収益率（1999年度）

	導入企業	非導入企業	年平均
株価収益率	42.916	18.760	23.401

回っていることがわかる。つまり，企業が株主を向いていないならば，株価はそれ相応に低くなることを示している。このことは，コーポレイト・ガバナンスの意識が，90年代後半になって広まったことを示しており，それだけ，ガバナンスの意識はここ数年に高まってきているといえる。このことを示すもう一つの分析がある。それは，ストックオプションについての分析である。ストックオプションを導入することは，企業の経営が株主を向いているシグナルと株主は理解するだろう。表 9-4をみると，ストックオプションを導入した企業の株式収益率は圧倒的に高いことがわかる。このように，近年ガバナンスの意識は高まり，株式市場がそれに反応していることが示された。

　それでは，どうしてこのような傾向が90年代後半に起きたのだろうか。90年代，日本は不況脱出の糸口を探していた。そのため，様々な方策を行ってきたが，企業が自ら変更できるものは限られている。そのなかで，企業自体を改善しようとしたのがガバナンスの流れである。企業が送り出す製品やサービスを改善するだけでなく，その根本の経営を見直そうという動きが出てきたためである。

　またこの背景には，金融市場のグローバル化を受けて，海外資本がわが国に流れ込んできたことが掲げられる。海外資本の提供者は，株式収益率を最も重視している。わが国の投資家のうち機関投資家といわれる投資規模の大きな主体も株式市場からより収益を得るという目的を掲げ始めてきた。そのため，保有している株自体の価値を高めるために，株主の権利である議決権を有効に利用して経営者に対して圧力をかけるようになってきた。このような動きを受けて，企業は経営を効率化するために取締役会の規模を縮小し，その結果として企業の価値の向上を図ってきたといえる。

> ▶▶ *Column* ◀◀

株式会社と株主総会　日本の株主総会は6月末に集中して，開催される。その上，総会自体は非常に短い時間で終了している。これは，日本の経済が右上がりで，株価が上昇していた時代の話である。最近は，株価低迷になり，短い時間の総会，いわゆるシャンシャン総会とはいかなくなってきている。代表的な出来事として，2002年の東京スタイルの株主総会がある。

　株主の側から，従来の約50倍の配当を求める提案があった。企業の利益の配分を，株主が決め，今までのように株主を軽視するのではなく，十二分な報酬を求めたのである。結果からいくと，株主総会で，従来通りの企業側の提案が支持され，株主提案は否決された。

　株主からすると，企業のお金を出しているのは自分たちなのだから，当然，その利潤の分配も自分たちに決める権利があるという主張である。今までの株主は，配当という形でお金をもらうよりも，企業にお金を預けておいて，そのお金を有効に使って，株式の価値を上げてもらう方がいいと考えていた。しかし，株式の価値が上がらないと思われるこのような時代には，企業の成長を簡単には信用できず，その利益の一部を配当で早めにもらうことを考えたのだろう。企業がよい事業を続けるなら，不足する資金を外部から調達すれば，配当による資金不足の問題は生じない。一方，このような意見に対して，企業は株主だけのものではないという考えがある。従業員や関係会社などにも大きく関わってくる。そのため，株主が自分たちのことだけを考えるのは，勝手だという意見である。

　これらの意見の対立は，まさにコーポレイト・ガバナンスを考える時代にきていることを象徴している。皆が十分と感じる利益が生じない時代になったために，その利益の配分を考える必要性が出てきたといえる。ちょうど，子供のころ，兄弟が3人いて，3個以上のケーキがあるときに，どう食べるかについてはそれほど大きな問題は起きないが，たった1個のケーキを分けるときには，結構もめるだろう。このようにものが足りないときに，配分の問題は非常に重要になってくる。

　確かに，株主だけの利益を考えることは極端すぎるのかもしれないが，これまで，多くの企業は株価が上がっていたために，株主がものを言わず，その結果株主を軽視してきた傾向があった。しかし，この出来事は，確実に日本の株主と経営者の意識を変えていくだろう。

2　取締役会の構成と企業価値

　取締役会の構成を考えると，従来の日本は企業出身者が多かった。このことは，企業のことを熟知している，企業への不要な圧力が生じにくいといった利

点があった。しかし，内部者のみであるために，株主の利益よりも企業の経営陣や従業員に手厚くする傾向があったのではないだろうか。さらに，取締役会の本来の役割は，株主の代表として経営のモニターやチェックをすることのはずである。内部出身の取締役が多いならば，当然のように経営者へのチェックは甘くなるはずである。このように考えると，本来の取締役会の機能を発揮するためには，経営者へのチェックが可能な人物を入れる必要があるだろう。つまり，その企業の関係者でない人物が望ましいことになる。このような人物を社外取締役という。このような人物がいる企業は，株主のチェックがより行き届いていることになる。したがって，企業価値を損ねるエージェンシーコストを減らすことができるだろう。

　社外取締役は確かに企業に寄与するが問題点もある。それは，会社のことを全く知らないために，その企業特有の情報を正しく判断できないのでないかという点である。財務情報などの判断が可能な部分以外では判断の誤りを行うのではないかという危惧がある。また，社外取締役は経営への発言力がないのではないかという問題点もある。たった一人社外取締役がいても，企業の経営の方向性を変更することはできないだろう。さらに，社外取締役は，現在の定義においては，当該会社かその子会社に過去に勤務していない人なら，誰でも社外と認められることになり，親会社，取引先や取引銀行などの出身者は社外と認めれ，真の外部者とはならない問題点もある。これは，形式上では企業に関係ないが，実質的には関係がある者が社外取締役として就任する場合でも，社外取締役がいると認められることになる。このように考えると，多くの問題点も抱えているが，それでも現在の流れとして社外取締役を導入する企業が増えている。このことは問題点よりも社外取締役を迎え入れるメリットの方が企業にとって大きいと判断しているからだろう。

　そこで，実際に，社外取締役の有無で企業を分けたときにどれだけの違いがあるのかをみていく。**表 9-5**は社外取締役を導入した企業とそうでない企業の株式収益率を示している。この結果は，予想に反して導入によっての改善は認められない。むしろわずかではあるが悪くなっている。これは，わが国の社外

表9-5 社外取締役の有無による株式収益率

年　度		1990	1994	1999
株式収益率	非導入企業	−10.680	−15.963	24.072
	導入企業	−12.164	−16.017	23.186

取締役が，期待される役割を果たしていないとみなされているからではないだろうか。確かに，社外取締役を導入して経営を効率的に行おうとする企業も多く存在するが，大部分は形式的な社外取締役であり，実質的に，従来と何の変更もないといえる。そのため，市場はその変化を好意的にとらえることをしなかったのだろう。企業に反対の意見を言える取締役の導入が望まれている。

5　これからの企業経営システム

　わが国の企業は，多くの問題を抱えている。しかし，その潜在的な能力は決して低くはない。そうであるならば，よりよい経営をすることで，企業の活動を活性化することが可能になるのではないだろうか。このとき重要な役割を果たすものが企業の金融面だろう。
　第一に，金融面の資金調達をより株式のウェイトを高める方向へもっていくならば，企業の経営は，よりリスクをとりつつも収益性を目指す方向へと変わっていくだろう。これまでの企業の多くは，銀行借り入れの比重が大きいために，その経営に銀行の意見が大きく反映されてきた。しかし，銀行の求めるものと他の投資家が企業に求めるものには違いがあるだろう。そうであるならば，企業は株主のものであるという株式会社の原点に立ち返り，より収益性を目指すべきである。
　第二に，ガバナンスから考えると，企業の経営はより効率的になるべきであると同時に，株主に対してより多くの情報を開示する必要性があるだろう。つまり，エージェンシーコストを下げる行動をとるべきである。具体的には，企業の経営陣のスリム化や実効性を伴った社外取締役の導入があげられるだろう。

このようなことから,これからの企業の経営システムを考えるならば,市場型の経営システムが必要になってきているといえるだろう。市場型になることで,日本の特徴である銀行依存から離れることが可能になる。同時に,それは株主を重要視することになる。株主を重要視するならば,企業の経営システムも市場原理に即したものを目指す必要が出てくるだろうし,そうなることで企業の価値をより高くすることができるだろう。

[参考文献]
[1] Franco Modigliani & Merton H. Miller, "The Cost of Capital, Corporation Finance, and the Theory of Investment", *American Economic Review* 48, June 1958.
[2] Merton H. Miller, "The Modigliani-Miller Propositions After Thirty Years" *Journal of Economic Perspectives*:2(4), Fall, 1988.
[3] Franco Modigliani & Merton H. Miller, "Corporate Income Taxes and the Cost of Capital: A correction", *American Economic Review 53*, June, 1963.
[4] Jensen & Mechling "Agency Cost and the Theory of the Firm", *Journal of Financial Economics*, 1976.
[5] R・A・ブレリー,S・C・マイヤーズ『コーポレート・ファイナンス 上・下(第6版)』(藤井眞理子・国枝繁樹監訳),日経BP社,2002年。
[6] Z・ボディー,R・マートン『現代ファイナンス論改訂版——意思決定のための理論と実践』(大前恵一朗訳),改訂版,ピアソン・エデュケーション,2001年。
[7] 田村達也『コーポレート・ガバナンス——日本企業再生への道』中公新書,中央公論新社,2002年。
[8] 小佐野 広『コーポレートガバナンスの経済学——金融契約理論からみた企業論』日本経済新聞社,2001年。
[9] 太田誠一・片田哲也・鳥飼重和『コーポレート・ガバナンスの商法改正——株式代表訴訟の見直し』商事法務,2002年。

[基本文献紹介]
①武蔵大学金融学科編『金融って何だろう?』日本実業出版社,2002年。
 65のテーマに沿って経済と金融を紹介している。金融の初学者に最適な本。
②大村敬一『現代ファイナンス』有斐閣ブックス,1999年。
 ファイナンス理論を構成する投資理論と企業財務論の基礎的な理論を平易に解説した入門書。

③久保田敬一『よくわかるファイナンス』東洋経済新報社，2001年。
　　入門者から中級者までをカバーするファイナンス理論の最新書。リスクやデリバティブについてよく理解できるだろう。
④深尾光洋『コーポレート・ガバナンス入門』ちくま新書，1999年。
　　コーポレートガバナンスを国際比較の点からまとめている。コーポレートガバナンスとは何かがよくわかる本である。
⑤『コーポレート・ガバナンス』ハーバード・ビジネス・レビュー・ブックス，2001年。
　　アメリカで議論されている「コーポレート・ガバナンス」の論文集である。様々な話題を取り扱っている。

[設　問]
①もし $V_L < V_U$ であるなら，どのような投資行動によって裁定利益が得られるだろうか。
②近年，企業には，自社株買いをする企業が増えてきた。なぜ，経営者は，この自社株買いを行ったのだろうか。また，企業価値にどのように影響するのだろうか。
③わが国のバブル崩壊後の企業について，業績が伸び悩んできた理由をコーポレイト・ガバナンスの観点から考えて，答えなさい。

　　　　　　　　　　　　　　　　　　　　　　　　　　　　　　（楠美将彦）

第10章　企業経営と法

―▷ポイント●―

　企業経営には，多くの取引が伴い，そこからトラブルが生じることは少なくない。また，行政上の必要から，各種の事業について，規制を内容とする多くの法令が定められている。企業経営には，法律知識は欠かせないものと認識すべきである。取引行為に関する法律の基本は民法である。民法の概要を理解することは，紛争の発生を防ぎ，万一生じた紛争の解決にも役立つ。本章では，民法の基本的枠組みを説明する。

【キーワード】　債権と物権，典型契約，不法行為，代理人，表見代理，相殺，消滅時効と取得時効，証拠の保存

1 法律は，「権利」（相手にとっては「義務」）について定める

1 権利・義務の関係

　法律は，誰かと誰かの間の，権利義務関係を明らかにするものである。法律的に社会を考える第一歩は，「誰」と「誰」の間の問題かを意識して，誰が誰に，どのような権利をもっているか（誰が誰にどのような義務を負っているか），と考えることにある。「権利」に注目することである。権利をもつ者を権利者または債権者と呼び，その相手方で，義務を負担する者を，義務者または債務者と呼ぶ。権利者に100万円を請求する権利があるとすれば，義務者は100万円を権利者に支払う義務を負うことになる。権利の内容を明らかにすれば義務の内容も明らかになり，義務の内容を明らかにすれば，権利の内容も明らかになるのである。

2 権利は強制力がある

　「権利」という言葉は，いろいろな意味をもつ言葉であるが，法律における

「権利」とは，相手（義務を負う者）が任意に権利の実現（義務の履行）に応じないときは，国家権力が権利の実現に力を貸すものを指す。金を支払わせる権利があるのに相手が払わないときは，申立てにより裁判所や執行官が，相手の所有する土地建物や，家財道具，預金債権，その他換金できるものは何でも，差押え，換金し，その金を権利者に渡してくれる。建物を明け渡させる権利があるのに相手が任意に出て行かないときは，執行官が，人夫を使い家財道具を建物から搬出し，強制的に建物を空にして，権利者に渡してくれる。

3 自然人と法人

権利・義務は，誰かと誰かの関係である。権利をもつ者（権利者）は誰で，義務を負う者（義務者）は誰なのかをつかむ必要がある。例えば，同窓会の宴会の呑み代は，店主が権利者であることはわかるが，義務者は誰か。具体的事情によって決まるが，意識しないと誰が権利者で誰が義務者なのか分りにくい場合が少なくない。まず，権利者・義務者は，ほとんどが，人（生身の人間・自然人）か，法人であることを知っておこう。法人は，法律によって権利者・義務者になることを認められたものである。人の集団（社団）や，一まとまりの財産（財団）のうち，法律の定める条件を満たしたものについて，人と同じように，権利者になったり義務を負担したりすることを，認められたものである。株式会社などの会社（商法第54条），公益を目的とする社団や財団（民法第34条），中間法人（中間法人法第3条），法律により設立された公団・事業団・組合などである。法律に根拠のない法人は，存在しない（民法第33条）。法人は登記されるので，相手が法人か否かを確認するには，登記を調べるとよい。同窓会の宴会場が株式会社の店ならば，呑み代の権利者は，株式会社であって店にいる生身の人ではない。

4 債権と物権

権利には，売買代金を受け取る権利や貸した金の返還を受ける権利のように，決まった相手との間の関係で生じる権利すなわち「債権」と，所有権・抵当権

など誰に対してでも自分が権利者であることを主張できる権利すなわち「物権」がある。債権は，売買や貸借などの契約により生じる権利や，交通事故の被害者が加害者に対してもつ損害賠償請求権のように，限られた権利者と義務者の間で権利義務が生じる。当事者以外の第三者としては，他人の間でどのような権利が発生したかを知る必要はない。これに対し，物権は，誰に対しても影響が及ぶ。例えば，ある人がある土地の所有権をもっている場合，その土地に勝手に建物を建てれば，誰でも所有者から建物をどけて土地を返せと求められる。土地の所有者は，誰に対しても，自分の所有権を侵害すれば，所有権侵害の除去を求めることができるからである。このように，物権は，誰に対しても影響が及ぶから，権利の内容は，誰にでも理解されるものでなければ困るし，誰がどのような物権をもつか第三者から知り得ることが必要である。そこで，物権は，すべて法律で定めるものとされており（民法第175条。法律で定められた内容の物権しか社会には存在しないとの趣旨），誰がどのような物権をもっているかを知り得るようにした制度がある（不動産登記など）。土地の所有者は，無断で家を建てた者に対し，所有権に基づいて建物の除去と土地の明渡しを求めることができる。このような，物権に基づき生じる権利を物権的請求権と呼ぶ。家を建てた者が，所有者に対し契約から生じる債務を負担するのではない。物権から生じる権利は，一般の債権・債務と少し違うものと知ればよい。物権は，他人に対し債権をもつのではないが，誰であれ侵害した者に対して侵害の排除（権利回復・侵害除去）を求めることが可能な権利なのである。所有権は，目的物を自由に使用・収益・処分できる権利である。その他の物権としては，抵当権を知っておく必要がある。抵当権は，不動産（土地と建物）について設定される物権で，登記され，貸金が返済されないときに，設定された不動産を売却（競売）して，代金を貸金の返済に充てる権利である。このように，債権の担保の目的で設定される物権を，担保物権とも呼ぶ。民法は，180条から398条の22までに，どのような物権をどのような内容のものとして成立させることができることにしたか，定めている。

2 債権の発生する原因としては,約束(契約)と不法行為がある

1 典型契約

　債権の発生する原因としては,約束すなわち契約が大きな部分を占める。民法は,契約の典型的なものとして,贈与,売買,交換,消費貸借,使用貸借,賃貸借,雇用,請負,委任,和解などについての規定を置く(民法第549条から696条)。これらにあたらない契約でも,公の秩序や善良な風俗に反するものでない限り,当事者が合意すれば有効であり,合意に従った内容の権利・義務が成立する。贈与契約は贈与者が受贈者にある財産をあげる契約であり(民法第549条),これにより,受贈者は贈与者に対しその所有権を移転する権利(債権)を取得する。もっとも,書面によらない贈与は,履行を終わらないうちは取り消すことができるが(民法第550条)。売買契約の締結により,売主は買主に対し代金の支払いを受ける権利(債権)を取得し,買主は売主に対し目的物の所有権の移転と引渡しを受ける権利(債権)を取得する。金銭の消費貸借契約を締結すると,借主は貸金の支払い(貸し付け)を受ける権利(債権)を取得し,貸主が借主に貸金を交付すると,貸主は借主から貸金の返還を受ける権利(債権)と,合意があれば利息の支払いを受ける権利(債権)を取得する。建物の賃貸借契約を締結すると,借主は貸主から目的物の引渡を受ける権利(債権)を取得し,貸主が目的物を引渡し借主にその使用収益をさせると,貸主は借主に対し,賃借料の支払いを受ける権利(債権)と,賃貸借契約が終了したときに目的物の返還を受ける権利(債権)を取得する。建物建築請負契約を締結すると,注文者は請負人に対し建物の建築を求める権利(債権)を取得し,請負人は建物を完成すると注文者に対し請負代金の支払いを求める権利(債権)を取得する。社会で締結される多くの契約は,典型契約そのものか,典型契約と一部異なるだけのものである。

2 合意の補充

　契約により発生した権利（債権），相手側からみると義務（債務）は，いつ，どこで履行するかなど，細部については，当事者が取り決めない場合が多い。民法の契約に関する規定は，大部分は，当事者が特別の取り決めをしていない権利の内容について，当事者の意思を推測して権利の内容を定めたものである。当事者が，民法の定めるものと異なった内容の権利を発生させる意思を明らかにしているときは，当事者の合意に従った内容の権利が発生する。結局，当事者が発生させる権利の内容を契約で細かく規定すれば，契約内容に従った権利が発生することになるし，民法の条文に定められた内容でよければ特別の合意をしなければよいことになる。

　社会生活は，無意識のうちに，当事者の契約（合意）によりいろいろな権利が発生し，義務者（債務者）が任意に履行する（義務を果たす）ことにより，目的を達成して権利が消滅していることが，理解されるであろう。

3 不法行為

　債権が発生する原因としては，契約に次いで不法行為が大きな割合を占める。不法行為とは，故意または過失により他人の権利を侵害することであり，被害者は不法行為者に対し不法行為によって生じた損害の賠償を求める権利（債権）を取得する（民法第709条）。具体的には，交通事故をはじめ，様々な態様がある。具体的状況において不法行為が成立するかどうか，成立するとして賠償すべき損害の範囲如何については，一律には説明し難い。基本的には，損害を加えることを知りながらある行為をし損害を与えたとき（故意による有責行為）と，損害を与えることが避けられたのに不注意で損害を与えてしまったとき（過失による有責行為）には，損害賠償義務を負う。賠償すべき損害の範囲は，通常そのような有責行為があれば生じる損害（有責行為と相当因果関係のある損害）である。

　義務者の立場からは，自分の知らないうちに誰かが自分に対する権利を持つことは容認しがたい。そこで，現代の法律は，契約の効力を認めることで，自

分が承知で認めた義務（権利）の成立を認めるとともに，その他では故意・過失による有責行為があったときだけ義務を負担することにしたと考えてよい（厳密には，限られた例外はあるが）。

4 対抗要件

　物権は，所有権が「物」を作ることにより成立したり，抵当権が抵当権設定者（所有者）と抵当権者の間の契約により成立するなど，法律の定める方法により成立する。すでに存する所有権を売買により買受けたり，抵当権を抵当権者から譲り受けることもできる。ただし，第三者に対して，自分が物権をもつことを認めさせるには，対抗要件を備える必要がある。不動産に関する物権の場合は，登記が対抗要件である（民法177条）。動産（土地建物以外のほとんどすべての物）の場合は，引渡が対抗要件である（民法第178条）。

5 契約・不法行為以外で権利の生じる場合

　事務管理（民法第697条以下），不当利得（民法第703条以下）によっても権利は発生するが，これにあたることは少ない。

　婚姻の成立（結婚）は，夫婦に同居・扶養の義務を生じさせる。法律が権利の発生を定めるものも多い（民法親族編，725条以下）。どのような場合にどのような義務を負担するかは，意識して学ぶ以外にない。

　国や地方公共団体が，行政上の必要から，国民にいろいろな義務を課している。事業経営にあたる者は，営む事業に関連する法律規制に精通する必要がある。義務違反に対しては刑罰が科されるものも少なくない。法律の条文は，総務省のホームページで簡単に閲覧できる。

3 契約は，他人（代理人）により締結することもできる

1 代理人

　契約が，権利の発生に大きな役割を果たしていることは理解されたと思うが，

契約は，本人が自ら締結するだけでなく，第三者を代理人として，第三者と相手方との間でも締結することができる。代理人が，本人の委任を受け，本人のためにすることを示して，委任の範囲内の契約を相手方と締結したときは，契約の効力は本人と相手方の間に生じる（民法第99条）。例えば，代理人が，本人を売主として買主たる相手方との間で売買契約を締結すると，本人は相手方に対して売主としての権利を取得するとともに義務を負担し，相手方は本人に対し買主としての権利を取得するとともに義務を負担することになる。

2 任意代理と法定代理

代理権は委任状を交付することにより本人が代理人に与えることが多いが，法律が代理権を与えたものもある。法律により代理権を与えられた代理人を，法定代理人と呼ぶ。未成年者の父母（民法第824条）や，成年後見における後見人（民法第859条）がこれにあたる。法定代理人が代理人として契約した場合も，本人に権利義務が生じる。

3 表見代理

代理人が，相手方と代理人として契約を締結した場合において，代理権がないのに本人が代理権を与えたかのような表示をした場合，あるいは，以前存した代理権が消滅した場合であるとき，または，与えられた代理権の範囲を超えた場合であるときは，相手方が代理権があると信じ，かつ，信じるにつき過失のないときは，代理権がなくとも，権利義務は本人に生じるとされる（民法第109条，110条，112条）。このような場合を，表見代理と呼ぶ。相手方を保護する制度である。

4 法人の「代表」

法人は，代表者と定められた者が法人の代表者として行う行為により，権利を取得したり義務を負担したりする。あたかも，代表者が法人の代理人であるかのように捉えるのである。代表者の選出方法は法律で定められている。株式

会社の場合は，株主総会で取締役を選出し，取締役で構成する取締役会において代表取締役を選出する。民法上の法人である公益財団や社団は，理事が代表権をもつ。代表者は登記されるので，登記簿の謄本を見れば確認できる。代表者が誰であるかを証明する書面（資格証明書）も発行されるので，これで確認することもできる。

4 詐欺，脅迫等による契約の効力

1 義務を負担する意思のないとき

契約について，合意の内容に従った効力が認められる根拠は，当事者の意思を尊重することにある。従って，外形上契約が成立していても，当事者の意思が契約に反映されていないときは，契約の効力が制限される。詐欺または強迫により，騙されたり脅かされて契約を締結したときは，契約を取り消すことができるものとされている（民法第96条）。同じ趣旨で，当事者が契約を締結する意思がないのに，契約を締結したかのような外形を作り出した場合も，無効とされる（民法第94条）。契約の当事者が，自分の真意と異なることを承知のうえで，真意と異なる契約を締結したかの外形を作り出したときも，相手がこれを知っているか知り得るときは，無効とされる（民法第93条但書）。契約当事者に契約の要素に錯誤（思い違い）があるときも，契約は無効とされる（民法第95条）。ただし，第三者を保護する必要があるときは，無効または取り消しが制限される。詐欺による取り消しは善意の第三者には対抗できず（民法第96条3項。強迫の場合は被害者の保護を優先し善意の第三者にも対抗できる），相手方と通謀した虚偽の意思表示についても善意の第三者には対抗できず（民法第94条第2項），錯誤による無効についても表意者に重大な過失があるときは表意者自ら契約の無効を主張できないものとされる（民法第95条但書）。表意者が真意でない意思表示であることを知っている場合も，相手方が表意者の真意と異なる意思表示であることを知らないときは，契約は有効となる（民法第93条本文）。

2 表意者を保護するための特別の制度

　契約の当事者が，未成年者や成年被後見人，被保佐人のように，自己の利益を充分守れない場合は，取り消すことが許されている（民法第4条2項，第9条，12条4項）。自分の利益を充分考えないで契約を締結することの予想される者を，特別に保護する制度である。

　契約が，取消されたり無効とされることは，避けるに越したことはない。契約当事者に思い違いがないか配慮したり，未成年者や被後見人・被保佐人との契約の締結は，避ける意思があれば避けることは可能である。

5 契約の解消，権利の変更・消滅

1 弁　済

　契約や不法行為などにより発生した権利（債権）が消滅する原因は，義務が履行され（弁済され）ることによる場合が大部分である。民法474条以下に，弁済に関する規定がある。特定物の引渡しの場合は引渡しを為すべき時の現状で引き渡すことを要す（民法第483条），弁済をする場所について当事者が特別に合意していないときは，特定物の引渡しは債権の発生当時そのものの存在した場所で行い，その他の債権の弁済は，債権者の弁済時の住所で行うことを要す（民法第484条），弁済のための費用（例，銀行の送金手数料）は特別の合意がなければ債務者が負担する（民法第485条本文），弁済者は領収書の交付を請求できる（民法第486条），全部の弁済があったときは，債権証書があればその返還を求め得る（民法第487条）等の規定は，知っておくとよい。また，全額の弁済でなく一部の弁済が行われたときに，複数の債権（複数の貸金や元金と利息など）が存在したときは，どの債権の弁済に充てられるかを決める基準に関する規定（民法第488条から491条）も，よく使われる条文である。供託（民法第494条以下）は，債権者が弁済の受領を拒んだり，弁済の受領ができなかったり，債権者を確知できないときに，法務局（登記所）に弁済の目的物（例，金銭）を供託し（預け渡し），弁済を済ませたことにする制度である。賃料の供託等

利用されることは多い。弁済者の代位（民法第409条以下）は，保証人が債務者に代わって債務の弁済をしたときに，債権者が有していた抵当権などの担保権を保証人が債権者に代わって（代位して）権利行使することを認める制度である。どのような場合に，どの範囲の権利を代位できるかなどが規定されている。弁済以外の債権の消滅原因としては，相殺，更改，免除，混同などがある。相殺は，AがBに100万円の債権を有し，逆に，BがAに60万円の債権を有するときに，差額の債権（AのBに対する40万円の債権）だけを残すことにより，他の債権を消滅させる制度である。双方の債権が弁済期にあるときに相殺できるが，債務者は債務を期日前に履行してもよい（期限の利益の放棄）ので，債権が履行期にあれば，自分の債務は履行期になくとも，相殺できることになる。相殺をするには，相殺する意思を相手に伝えればよい。相殺も，多く利用される制度である。

2 解 除

契約そのものの解消は，解除（賃貸借のような継続的契約のときは，解約とも呼ばれる）と呼ばれる。契約が解除されると，契約により生じた債権債務は消滅する。契約に基づき債務の一部が履行されているときは，原状に戻す義務が生じる（民法第545条）。履行を受けたものは，返還の必要が生じる。解除は，契約当事者の合意があればいつでもできるが，一方的解除は，解除権を有するときにだけできる。解除権は，契約締結時に，合意により，一方または双方に与えられることも多い。土地の売買契約において，買主に，買受資金の銀行借入不能の事態が生じたときは，買主は売買契約を解除できると定めることが，一例である。契約の維持困難な事態を予測し，解除権を確保することは，契約締結の際留意すべき要点の一つである。解除権は，法律が与えるものもある。債務者が債務を履行しないときに，債権者は，履行に必要と考えられる相当な期間を定めて履行するよう求め（催告），その期間内に履行がないときは，債権者に契約解除権が認められる（民法第541条）。この他，法律により解除権の認められる場合は多い（民法第542条，543条，561条から568条，570条，607条，

612条，635条，651条ほか)。

3 消滅時効

　権利が消滅したり移転したりする原因の一つとして，時効がある。一定期間権利の行使を怠ると債権は消滅する。消滅時効と呼ぶ。商行為による債権は原則5年間（商法第522条），その他の債権は原則10年間（民法第167条），権利を行使しないと消滅する。例外も重要である。請負工事代金は3年間（民法第170条2号），小売店などの商品の売買代金は2年間（民法第173条1号），給料（民法第174条1号)・運送賃（民法第174条3号)・飲食店の飲食代（民法第174条4号）などは1年間，毎月払う家賃は5年間（民法第168条2号）で時効消滅する。時効の完成は，訴えの提起など民法所定の事由があれば，阻止される（民法第174条以下)。ただし，請求につき，毎年請求すれば時効消滅することはないと，誤解している者が多い。毎年請求しても，時効が完成して債権が消滅することがあるのである。請求（催告）は，時効完成前の催告に限り，催告後6ヵ月以内に訴えの提起などより強力な手続きをとれば，時効の完成を阻止できるが，催告後何もしないと6ヵ月の経過により催告の効力は失われ，催告後時効期間が満了すると時効が完成し債務は消滅する（民法第153条)。要注意である。時効を確実に阻止するには，時効完成前に債務者に債務があることを認めさせておくことである。どのようないくらの債務が未履行で残っているかを確認する債務確認書は，時効を完成させない意味をもつ。債務が承認されると，時効期間は承認したときから起算されるからである。

4 取得時効

　時効には，消滅時効のほかに，取得時効がある。無権利者から土地を買っても，その土地の持ち主にはなれない。しかし，その土地の引渡を受け，20年間使いつづければ（占有する)，その土地の所有権を取得する。（民法第162項1項)。その結果，その土地の従前の所有者は，所有権を失う。引渡を受けたときに，平穏・公然であり，買った者が，所有権を取得したと信じ，かつ，信じ

ることに落ち度がなければ、10年間で時効が完成する（民法第162条２項）。

6 労働関係と借地借家関係には、合意の効力が否定されるものが多い

　取引関係に関する法律は、当事者の合意を尊重するから、明確に合意すれば、合意に従った権利義務が認められると考えてよい。しかし、借地借家関係の法律と労働関係の法律には、社会的弱者を保護する趣旨から、当事者で合意しても合意の効力が認められないものが少なくない。借地借家法において、借地契約や借家契約の更新に関する法律の条項に反するもので借地権者や借家権者に不利なものは無効とする（借地借家法第９条、30条）規定や、対抗力や建物買取請求権、造作買取請求権に関する法律の条項に反する特約で借地権者・転借地権者・借家賃借人・転借人に不利なものは、無効とする（借地借家法第16条、37条）規定、労働基準法で定める基準に達しない労働条件を定める労働契約は、その部分については無効とする（労働基準法13条）規定が存することは、忘れてはならない。

7 トラブルになると証拠が決め手

1 証拠の重要性

　法律は、どのような場合にどのような権利が生じるか、債務の履行を怠ったときはどのような責任を負うか等、当事者間の権利義務関係を明らかにする規定を定めている。トラブルに備えながら社会で活動するためには、法律に関心を持ち、より正確な法律的知識の獲得に努める必要があることは、理解されたと思う。しかし、トラブルに備えた対策としては、法知識の獲得に勝るとも劣らない対策がある。証拠の収集保存である。

　法律は、「ある事実があるとき、ある法律的効果が生じる」という形で規定されている。紛争が当事者間の話し合いで解決できないときは、裁判の場で審理されることになるが、裁判では、裁判官が、事実を認定し、認定された事実

に法律を適用して，権利の有無の判断を示すことになるのである。裁判の場では，当事者が，それぞれ，自己に有利な法律効果の生じる原因となる事実を主張し，相手が争えば，証拠が調べられる。自己に有利な事実が証明できなければ，裁判は負ける。例えば，金銭の貸主が，貸金50万円と遅延損害金の支払を求め，裁判を起こしたとする。貸借がなければ，返還請求権は成立しない。借主が借りていないと主張したときは，貸借があったことを示す証拠がなければ，貸主の負けとなる。借主が，金を借りたがすでに返したと主張し，貸主は，返済を受けてないと主張した場合，50万円の弁済があったとの事実を示す証拠がなければ，借主は負ける。ここで「証拠がなければ」とは，「事実を認めるに足りる証拠が裁判の場に提出されなければ」との意味である。借用証または金銭消費貸借契約書は，借主が「金銭の貸借はない。」と主張したときの備えなのである。領収証は，「金銭の授受はない。」と主張されたときの備えなのである。必要に応じて裁判の場に出せるよう，証拠を保存することが肝要なのである。的確な証拠が保存されていると，紛争そのものが生じにくい。証拠の収集・保存は，紛争の予防にも有効なのである。

2　書面の重要性

　裁判の場では，真実が明らかにされ，明らかにされた事実に法律が適用されて権利が認められることが，理想ではある。しかし，実際の裁判では，裁判官は，法廷に現れた証拠だけから事実を認定するので，真実とは異なった事実を認定することも多い。正直な人ほど，証拠を残す必要性を理解しない場合が多い。正しいことを行い，真実を述べれば，裁判官は分ってくれる，正義は勝つ，と思い込んでいる。テレビの大岡越前守や遠山の金さんの影響かも知れない。しかし，現代の裁判官が，直接真実を知ることなどほとんどない。また，証言は重要な証拠ではあるが，証言だけである事実を確信することは，難しい。証言には，強い証明力はないと考えるべきである。証明すべき事実の存在を裏付ける「書面」をできるだけ残すことが必要なのである。

3 捺印・サインの意味

　書面は，誰が書いたものか（作成者は誰か）分らないと，証拠としての価値はない。領収書は，「受取りました。」との意思が示され，受領者の表示（住所，氏名）と捺印があるのが普通であるが，もし，それが，受領者の書いたものでなければ，その領収書は受領者が受取ったとの事実を示す証拠にはならない。領収書，契約書，納品書等には，関係者が捺印するが，捺印には，文書の作成者を証明する意味がある。捺印は，その印影が誰かの印鑑によることが明らかになれば，偽造された文書であることや，預けた印鑑が預けた趣旨に反して使われたことなどの「例外的な事実」が証明されない限り，その書面の記載は，印鑑所有者の意思による表示と推定される。印鑑証明書は，その印影が特定の人の印鑑による印影であることを証明する証拠書面である。印鑑証明書の印を捺印して印鑑証明書を添付すれば，その書面に書かれたことは印を捺印した者の意思表示であると簡単に認められる。重要な契約については，この方法がとられることが多い。印鑑証明書の無い印鑑（認印と呼ばれる）の印影も，だれかがその印鑑をいつも使うことを証明できれば，その印影のある書面はその印鑑を使用する人の意思に基づく表示と認められる。継続的な関係がある者との間で作成される書面は，認印でも問題は少ない。1回限り受取る書面は，認印だけで良しとせず，用紙の様式なども考慮し，誰が作成したか証明できるかどうかを検討する必要がある。納品書などで1回限り受領する書面は，姓を自書させるほうが，特徴のない認印の捺印より，作成者の証明が容易である。認印が捺印者のものであることの証明より筆跡鑑定が利用できるからである。同じ印鑑が大量に作られ多くの人に利用されている場合は，争いになったときは，印影が誰の印鑑によるものか確定しにくい。他人作成の書面が自分のものと判断されたり，自分の作成した書面が他人作成と判断される危険がある。そのような印鑑の利用は危険である。大切な書類の場合は特に，避けたい。

4 争われる事実の例と証拠

　裁判の場で争われる事実は，いろいろであるが，よく問題になる事実を挙げ

てみる。金銭の授受の有無・時期・趣旨（何の代金等），約束された代金支払期限・借金返済期限・品物の引渡期限，履行期限の猶予の有無，請求の有無・時期，借家賃借人の建物補修請求の有無・内容・時期，請負契約における工事内容・追加工事内容・追加工事の代金額，建物引渡の有無・時期，工事の瑕疵補修請求の有無・内容・時期，相手は会社か個人か，解除権の付与の有無，債務の承認の有無，土地建物の占有の有無・占有開始時期・占有開始理由等々である。合意の内容は契約書で明らかにできるし，多くの事実は，書面を作成することで証明できる。「相当な期間を定めた催告をした」とか「相殺の意思表示をした」等，意思表示をしたことの証明には，配達証明つきの内容証明郵便が利用されている。郵便局で簡単に利用できる。また，電話による勧誘でトラブルに巻き込まれることも多いが，通話を録音しておけば，どのような会話があったか明確に立証できるので，強力な証拠となる。ファクスやコピーなどの「ある書面の写し」は，書面原本と比べると，証明力は弱い。しかし，ファクスの書面の端に記録される送信記録は，送信当事者や時期を示す重要な証拠となることもある。日本人には，書面の作成を相手に求めることに抵抗を感じる（相手を信用していないとの趣旨と受けとられると思い）者が少なくない。しかし，少なくとも商取引の分野では，証拠を残すことを最優先に考えるべきである。また，書面上は厳しい取決めを記載しながら，口頭では，厳しい対応はせず相談に乗るなどと告げられることがある。現実には，争いとなれば，書面の記載どおりに事態は進む。口頭の約束はないと考えるべきである。

5 公正証書・即決和解

　重要な約束の場合は，公証人役場で公正証書を作成することにより，約束の存在と内容を明確にすることもできる。さらに，約束の強制的な履行を迅速に行うために，金銭の支払いについては，公正証書が利用される（民事執行法第22条5号）。建物明渡しなど金銭支払い以外の債務の履行については，簡易裁判所において即決和解を成立させ，裁判所の調書に記載を残す方法がとられる（民事訴訟法第275条）。公正証書も和解調書も，他の必要書類とともに裁判所や

執行官に提出することにより，裁判によらず，ただちに強制執行ができるからである。

>> *Column* <<

司法の改革が進行中　　日本は，明治維新において，西欧に追いつき富国強兵を図るための方策の一つとして，法律の制定を急いだ。その後，太平洋戦争の終結後，平和主義，国民主権主義，民主主義の精神を強調した憲法が制定され，憲法の精神を具体化する法律もいろいろ制定された。しかし，日本においては，法律を基本として社会の秩序を維持することについて，なお未熟である。法律で定められた基準と異なった基準が社会のある部分で存在し，法律の目指す秩序がいまだ達成されないことが，ときどき明らかになる。最高裁判所が扱った事件で，憲法違反の判決が極端に少ないことは，憲法が最高裁判所に違憲立法審査権，すなわち，法律が憲法に違反するか否かの審査権を与えた趣旨が十分に機能してい証左であると指摘されたり，刑法で談合が犯罪であることを明記しているのに，発注者である官公署の職員が関係した談合の摘発が絶えないことは，刑法規範とは別のルールが入札関係者間に存在することを窺わせるのである。政府は，平成11年7月，司法制度の改革のための施策を調査審議するため，司法制度改革審議会を設置し，同審議会は，平成13年6月21世紀の日本を支える司法制度と題する意見書を発表した。平成14年12月には，関連法の一部が成立し，今後，法科大学院が数多く設置され，裁判官・検察官・弁護士の大幅な増員が予定されている。法律家が国民の身近な存在になることを目指しているのである。国民が裁判に直接関与する裁判員制度の具体化の準備も進められている。司法制度の改革は，国民に大きな影響を及ぼす。重大な関心をもって，その具体化をみつめよう。

8 ｜ 重要な問題の法律的判断は，専門家に相談する

　法律的判断は，似たような事実関係にあっても，具体的事案に応じ，結論が分かれることが少なくない。問題の重要性により，確実な判断が求められるときは，法律専門家に相談するべきである。トラブルになってから相談するのではなく，重要な問題に直面したときは，法律専門家の利用を考えるべきである。

［参考文献］
［1］『民法Ｉ　総則』『民法Ⅱ　物権』『民法Ⅲ　債権総論』『民法Ⅳ　債権各論』有斐閣Ｓシリーズ。
［2］『民法1　総則』『民法2　物権』『民法3　担保物権』『民法4　債権総論』『民法5　契約総論』『民法6　契約各論』『民法7　事務管理，不当利得，不法行為』有斐閣双書。
［3］水本　浩・遠藤　浩編『民法総則』『物権』『債権総論』『債権各論』青林書院。

［基本文献紹介］
①水本　浩著／内田勝一補訂『民法』（全）有斐閣，2000年。
　　民法全体の条文について，コンパクトに説明されている。条文の知識を，民法全体における位置づけを確認しながら，学ぶことができる。
②森泉　章編『入門民法』有斐閣ブックス，2002年。
　　民法全体が，論点ごとにやさしく解説されている。
③内田　貴『民法Ｉ』〜『民法Ⅳ』東京大学出版会。
　　民法全体の，教科書。民法全体を，少し深く学ぶ目的には，向いている。
④星野英一『民法のすすめ』岩波新書，2001年。
　　民法を，広い視点と民法の社会生活における機能に注目し，解説する。法律が，条文の文字の解釈だけでなく，深い背景のあることが理解される。

［設　問］
①法律上の権利・義務は，どのように成立するか。
②紛争を解決するための裁判においては，権利の有無をどのようにして，判断するか。
③義務が履行されないときには，どうすればよいか。

（山本剛嗣）

第11章 国際経営論

> **▷ポイント**
>
> 顧客の嗜好やニーズの均質化，グローバル・スタンダード，メガ・コンペティションの進展等から，近年，地球レベルのグローバル経営の有効性が指摘されている。一方，21世紀へ移行した今日にあって国や地域ごとに存在する文化，習慣，思想等の異質性はますます強まり，国ごとに適応するローカライゼーションの重要性も衰えることはない。グローバルとローカルの最適バランスを達成できた企業こそ，21世紀の国際競争において競争優位を獲得できる。

【キーワード】 国際競争力，クラスター，マルチドメスティック戦略，マルチリージョナル戦略，グローバル戦略，アライアンス戦略，戦略リーダー，センター・オブ・エクセレンス，トランスナショナル

1 国際ビジネス環境

1 グローバル・スタンダード

国際ビジネス環境では，次のような3つの出来事が加速化している（図11-1）。第一にグローバル・スタンダード（Global Standard）の進展である。例えば，会計分野では財務情報のディスクロージャー，時価会計やキャッシュフロー計算書等の国際会計基準への移行が急速に進んでいる。経営分野ではITの効果的活用や親中心主義の経営からグループないし連結経営への転換，さらに自社の生み出した画期的な発明・発見そしてイノベーションを大切に保護し持続的な競争優位性を構築する特許戦略も世界的に共通した流れである。

2 メガ・コンペティション

第二はメガ・コンペティション（Mega Competition）またはハイパーコンペティション（Hyper Competition）の進展である。従来の日本企業の経営は一律，国内中心であった。アメリカに次ぐ世界第2位の巨大な国内市場の存在，

図 11-1　国際ビジネス環境の3つの変化

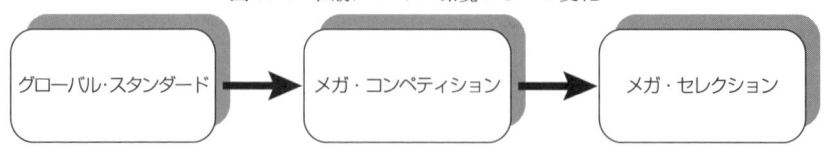

グローバル・スタンダード → メガ・コンペティション → メガ・セレクション

　中小企業の集積や企業間ネットワークによる革新的なイノベーションの生起，高い教育レベルに支えられた人的資源の確保から，日本企業は世界中の企業より競争優位性が高かった。ところが，90年代以降，アメリカ経済の劇的な回復とアジア諸国の急速な台頭をキッカケに海外の国際競争力が飛躍的に向上する一方，日本は財政赤字，規制緩和そして金融機関の不良債権問題が深刻化し，これまで健全であった日本企業の体力は急速に衰退した。その結果，金融や小売業はもとより日本の基幹産業である自動車産業でも，世界的な合併や再編，すなわち，メガ・コンペティションに見舞われていることは周知の通りである。

3　メガ・セレクション

　この2つの出来事の進展に加え，第三として今日，メガ・セレクション（Mega Selection）が進展しつつある。メガ・セレクションとは，世界中の企業を巻き込んだメガ・コンペティションの時代はすでに終結し，世界的な勝ち組みと負け組みが顕在化して淘汰の時代を迎えることを意味する。
　このように今後の国際ビジネス環境は，ますます不透明性が強まる方向にある。

2　日本の国際競争力とアドバンテージ

1　国際競争力とは何か

　国際経営論とは，自国における企業の諸活動および製品・サービスが国境を越えて海外へ拡大する取り組みないしマネジメントに関する学問である。多国籍企業はマーケットの拡大や生産の効率性をより一層高めるため，その目的に

適った海外の国や地域へ進出を果たすが，この際，進出する国や地域が有する国際競争力および立地特性を正しく把握することが不可欠である。多国籍企業の海外進出の成否は，進出する対象国またはその地域が有する実情と潜在的能力によって決定されるといっても過言ではない。

一国の競争力ないし国家のアドバンテージを国際的に比較した調査には，世界経済フォーラム（World Economic Forum：WEF）が発表するグローバル競争力レポート（Global Competitiveness Reports）やIMD（International Institute for Management Development）が毎年発表している世界競争力年鑑（The World Competitiveness Yearbook）が有名であるが，なかでも世界競争力年鑑は，各国の実態やその地位の推移を知るうえで最も有益な資料として広く知られている。

スイス，ローザンヌにあるビジネススクールのIMDでは，国際競争力の定義を企業の競争力を維持する環境を提供しうる国の能力としたうえで国の競争力を経済パフォーマンス（Economic Performance），政府の効率性（Government Efficiency），ビジネスの効率性（Business Efficiency），インフラストラクチャー（Infrastructure）という4つの大項目から総合的な国際競争力のランキングを決定している。

2　日本の国際競争力

表11-1は世界競争力年鑑における日米のランキング推移を比較したものである。これをみてもわかる通り，93年以降，世界第1位をキープしている米国に対し，80年代後半から90年代初頭にかけて第1位であった日本の国際競争力は近年大幅に下落し，2002年では世界49ヵ国中第30位の地位まで落ち込んでいる（主なアジア諸国のランキングをみると台湾は第24位，韓国は第27位，中国は第31位）。

2002年の日本の国際競争力について調べてみると，ハイテク製品等の輸出競争力，基礎的な教育レベル（中学校，高等学校，識字率）の高さ，外貨の保有高，特許取得の高さ，R＆D費の高さ，寿命の高さの項目で日本は世界で圧倒的に

表 11-1　日本と米国の競争ランキング

高い地位を占めているが，生活コストの高さ，外国人能力の不活用，財政赤字，起業家精神に乏しい，株主主権の軽視，企業価値経営の軽視という項目では，世界的に低位であると判断された（とりわけ，コーポレイト・ガバナンス関連の遅れは49カ国中最低という成績であった）。こうした結果から，IMDでは，日本を老化を意識して気力を失った中年の危機と指摘し，もはや世界経済の回復に貢献できないと酷評している。

3　ダイヤモンドとクラスター

ところで国のアドバンテージについて優れた理論研究を残した経営学者はポ

図 11-2 国のダイヤモンド

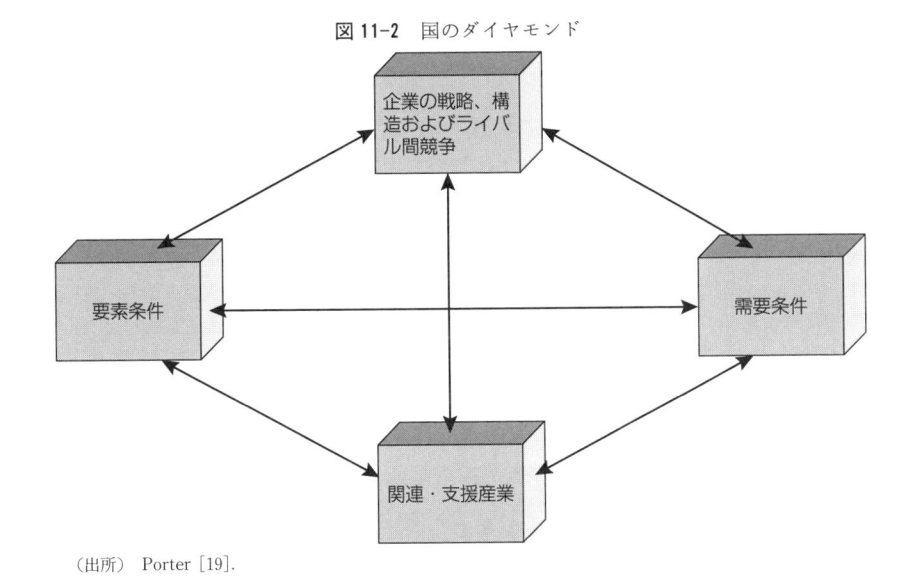

```
         企業の戦略、構
         造およびライバ
         ル間競争
              ↕
  要素条件 ←――――――→ 需要条件
              ↕
         関連・支援産業
```

(出所) Porter [19].

ーターである。競争戦略論（Competitive Strategy）を構築し，リソース・ベースド・ビュー（Resource Based View）と共に，今日の戦略論における二大体系の一つである業界構造ビュー（Industry Structure View）を確立したポーター [19] は，ある国が特定産業において国際的に成功する現象について次のように指摘した。すなわち，ある国が特定産業で成功する事実を究明するには，①要素条件（熟練労働者やインフラストラクチャーなど任意の産業で競争するのに必要な生産要素に関するポジション），②需要条件（その産業の製品・サービスに対する国内市場の需要の性質），③関連産業・支援産業（国際的な競争力をもつ供給産業とその他の関連産業が国内に存在するか否か），④企業戦略・構造・競合関係（企業の設立・組織・経営や国内での競合関係の性質を左右する国内の条件）の4要因を分析することが必要であり，ポーターはこのフレームワークを国の競争優位を明らかにするダイヤモンド理論（Diamond Theory）と命名した（図11-2）。このダイヤモンド・フレームワークの構築によって国の競争優位とは，国の経済構造，価値観，文化，制度，歴史等，国の特性がこれに深い影響を与えており，ある国が特定産業で国際的に成功を収める理由とはたゆまぬグレー

ドアップ，イノベーションそして変革によってもたらされることを解明した。

さらにポーターは，企業のイノベーションや成功が地理的に集中している事実に着目し，クラスターという概念を提示した。クラスター（Cluster）は，相互に関連した企業と機関とからなる地理的に接近した集団と定義され，クラスター内部の相互依存関係，スピルオーバー（Spillover：ある分野の経済活動が他分野に及ぼす影響の意味。溢出効果ともいう），諸要素の競争と協力の組み合わせが企業間競争やイノベーションに重要な役割を果たしているとする考え方である。

クラスターは，地理的に集中して発生することから経済地理学，空間経済学において登場する立地（Location）の優位性，集積（Agglomeration）の経済にも大きな影響を及ぼしたといわれている。例えば，映画の都ハリウッドには，映画製作会社に加え，配給会社，技術コンサルタント，スタジオ，演出家，俳優など，映画に関連する様々な経営資源が寄り集まり，一大集積を形成している（ソルベル＆サンダー［21］；ポーター［19］，［20］）。これは映画に関連した様々な構成要素の集積を通じて融合またはネットワークが生じ，イノベーションが創出されていることに他ならない。

3 グローバル戦略の論点

1 グローバル戦略のタイプ

近年のグローバル戦略（Global Strategy）は大きく3つの論点に大別が可能である。

第一の論点は伝統的なグローバル戦略のアプローチであり，どのレベルの市場において企業が競争を繰り広げるかを指すものである。伝統的なグローバル戦略のタイプは次のような3つのタイプが考えられる（図11-3）。

一つ目のタイプは，顧客の要求，ディストリビューション・チャネル，マーケット構造等において極めてローカル性が強く異質性が高い場合，企業は各国の市場を基本単位とみなして国ごとに子会社を設置して競争するマルチドメス

図11-3 グローバル戦略の概念図

マルチドメスティック戦略　　マルチリージョナル戦略　　　グローバル戦略

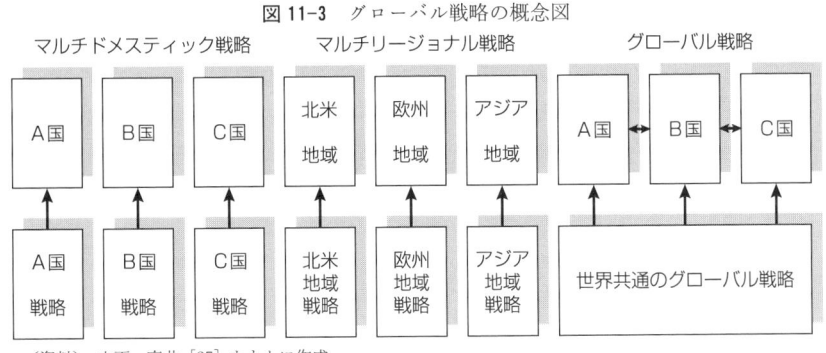

| A国 | B国 | C国 | 北米地域 | 欧州地域 | アジア地域 | A国↔B国↔C国 |

| A国戦略 | B国戦略 | C国戦略 | 北米地域戦略 | 欧州地域戦略 | アジア地域戦略 | 世界共通のグローバル戦略 |

（資料）山下・高井［27］をもとに作成。

ティック戦略（Multidomestic Strategy）を展開する。

　二つ目のタイプは，顧客の要求またはニーズ，マーケティング構造において同質的が高くディストリビューション・チャネルがワールドワイドに存在し，コスト低減のプレッシャーが強い場合，企業は世界全体を一つの市場とみなし標準化された製品を開発して競争するグローバル戦略（Global Strategy）を策定・実行する。

　国ごとに対応するマルチドメスティック戦略を個または点への対応，ワールドワイドに対応するグローバル戦略を面または全体への対応と位置づけるならば，次に述べるマルチリージョナル戦略は局面または部分への対応といってもよい。三つ目のタイプであるマルチリージョナル戦略（Multiregional Strategy）は，マルチドメスティック戦略とグローバル戦略のちょうど中間領域の戦略であり，例えば，北米地域，欧州地域，アジア地域毎に地域統括会社（Regional Headquarters）を設置して地域単位で接近または競争することである。マルチリージョナル戦略は，国毎の市場特性に適合する能力を維持しつつ，単一の海外子会社では実現できない経済合理性を地域レベルで統合する戦略といえよう（高橋［24］）。

2 グローバル・アライアンス戦略

　第二の論点はグローバルなビジネス戦略のアプローチであり，海外直接投資，

外国市場への参入，合弁戦略，グローバル・アライアンス戦略，クロスボーダーM＆A等がその主な内容である。ここでは紙面の関係上，グローバル・アライアンス戦略の今日的視点のみ触れてみたい。

グローバル・アライアンス戦略（Global Alliance Strategy）は，もはや今日の厳しい国際競争に打ち勝つために不可欠な戦略オプションである。戦略的意図（Strategic Intent）を互いに共有する企業または互いに異にする企業の間で，時には2社あるいはそれ以上の企業間で協力関係が構築される。そして協力目的もさらなる競争優位と業界標準を確立するため，業界のリーダー企業同士が結ぶWin-Win型提携から，業界リーダーと下位企業との補完型もしくは助け合い提携，さらに業界下位の企業同士が生き残りをかけて協力するサバイバル提携まで，協力のタイプとパターンは実に様々である。

グローバル・アライアンス戦略の研究は，今日，世界中の研究者たちの間で取り組まれているが，最近のトレンドとして学習（Learning）を前提とした協力関係の構築に一際注目が集まっている。例えば，ハメル［9］はアライアンスによる学習について次のような3点を指摘している。一つは学習する意志（Intent）の大切さであり，二つ目は学習を可能にする透明性（Transparency）であり，三つ目は学習の受容力（Receptivity）である。

新技術や知識獲得のためにラーニング・アライアンスを有効に活用するグローバル企業としてはGEが有名である。同社は，耐えざる変革と優れた手法を有する世界中のエクセレント・カンパニーと提携関係を構築して数多くのノウハウの吸収に努めており，これが同社の連続的な企業革新を可能にする原動力ともなっている。

３ 子会社戦略

第三の論点は子会社戦略（Subsidiary Strategy）である。これまでの国際マネジメントでは，本国本社のグローバル戦略，ネットワーク組織および調整メカニズムに関する問題が主要な対象とされ，海外子会社の組織能力，創造性，戦略展開などへの関心は非常に薄かった。一般に親会社は，海外子会社へ経営

▶▶ Column ◀◀

世界最強の GE の経営とジャック・ウェルチ　　以前，企業の寿命は30年であるという説が巷を賑わしたが，米国の多角化多国籍企業（Diversified MNCs）のゼネラル・エレクトリック（General Electric: GE）社は，米国のダウ工業30種平均株価指数（通称，ダウ平均）が1896年にスタートして以来，一度も採用銘柄から外れたことの無い唯一のエクセレント・カンパニーである。

　1897年，発明王で有名なトーマス・エジソンが興した会社として有名な GE は，創業以来，電力，産業プラント，白物家電，テレビ，ラジオ，航空宇宙等の事業を得意とする製造メーカーであった。ところが70年代後半から安くて高品質な日本の自動車や家電が世界的に普及したため，最大の危機に見舞われた。

　1981年，GE の会長兼 CEO に就任したジャック・ウェルチ（Jack Welch）は，サービス，テクノロジー，コアのスリー・サークル・コンセプトを自社のドメインと明記し，世界で No. 1か No. 2の事業以外は切り捨てる反面，今後成長が見込まれる有望事業（例えば，医療，金融・サービス）を積極的に買収するリストラクチャリングを断行した。

　その後，ウェルチはディレイヤーリング，ワークアウト，3S，ベスト・プラクティス，ベンチマーキング，エンパワーメント，自前主義の打破（Not Invented Here : NIH），学習する組織，ストレッチ，シックス・シグマなど数々の企業革新を展開する一方，GE を製造業中心の企業体からサービス業中心の企業体へ転換を図った。つまり，製品という箱を売る商売から，金融サービス業や製品のオーバーホール，サービス，メンテナンスなど顧客にソリューションを提供して利益を上げる企業へ変貌させたのである。これにより GE は，80年当時の売上に占める製品の割合が85％であったものが，近年のサービス業の割合は75％と逆転した。

　このような一連の企業革新は功を奏し，ウェルチが就任した81年と退任した2001年における業績は，売上高（収入）が280億ドルから1260億ドルへ，純利益額が16億ドルから137億ドルと大幅に成長し，GE は高収益体質の企業へ変貌を遂げた。

　GE の強さの秘密とは，ウェルチという近代稀にみる優れた経営者の存在に加えていかなる状況下においても企業が自己変革を怠らず，常に学習とチャレンジを続けた個を活かす組織力に隠されているのである。

にまつわる多くの権限と主体性を与えている反面，肝心な部分では強い執行力を行使して直接，意思決定を下したり，子会社をタイトにコントロールする傾向が強かったからである。ところが，1980年代以降，子会社の企業家精神，子会社イノベーションに注目が集まり，子会社の戦略的活用に対する関心の度合

いが一挙に高まった。その理由としては次のような3点があげられる。

第一は，グローバル企業の急速な発展と進化に伴い，本国本社のマネジャーが世界中のすべてのマネジメントを処理することが困難となり，代って海外子会社のマネジャーの重要性がより増したことである。第二は，海外子会社の活動の成否が本国本社の競争優位を決定したり，進出国におけるジョブの創造をもたらすなど現地国の経済発展に大きな影響を与えるようになったからである。第三は，新しいネットワーク組織論の提唱によって，これまでの親中心を超えて本社—子会社が互いに相互依存するグローバル・グループ経営の浸透である。

バーキンショー&フード［4］によると多国籍企業の子会社戦略は，主に本社—子会社関係，子会社の役割，子会社の開発という3つの流れに分類できる。

本社—子会社関係（Headquarter-Subsidiary Relationship）は，本社—子会社が形成する内部ネットワークに着目し，本社による子会社統制や本社—子会社間の調整メカニズム，ネットワークライクな本社—子会社関係の構築等が議論されたが，とりわけ，ネットワークライクな本社—子会社関係の構築に関する代表的見解としては，海外子会社を役割別にそれぞれ分散化，専門化，相互依存させながら共同で知識を開発し世界中で共有するトランスナショナル（バートレット&ゴシャール［3］），子会社の類型化に伴う差別化されたネットワーク（Nohria & Ghoshal［18］）が指摘されている。

子会社の役割（Subsidiary Role）は，その役割と責任に応じて子会社を分化または差別化してコア子会社か周辺子会社を明らかにする取り組みである。子会社の類型化は，ホワイト&ポインター［25］が子会社をミニチュア・レプリカ（Miniature Replica），製品スペシャリスト（Product Specialist），合理化された製造業者（Rationalised Manufacturer），戦略的インディペンデント（Strategic Independent），マーケティング・サテライト（Marketing Satellites）の5つに分類して以来，多くの論者たちが子会社を3ないし4にタイポロジーしているが，ここではバートレット&ゴーシャルによる類型化を取り上げてみよう。

バートレット&ゴーシャル［2］は，現地環境の戦略的重要性と現地組織（つまり，現地子会社）の能力のレベルをもとに海外子会社をブラック・ホール，

図 11-4　海外子会社の類型化

	低	高
高	ブラックホール	戦略リーダー
低	実行者	貢献者

現地環境の戦略的重要性（縦軸）／現地組織の能力のレベル（横軸）

（出所）　Barlett, C. A. & S. Ghoshal [2] pp. 87-94.

実行者, 貢献者, 戦略リーダーに類型化した（図11-4）。

　実行者（Implementer）は現地環境の戦略的重要性が低く子会社の能力も低い場合である。実行者は, 戦略リーダーや貢献者にも劣らずその重要性は高いといわれている。実行者が存在するゆえ規模または範囲の経済性というグローバルな合理性を手にできるからである。ブラック・ホール（Black hole）は, 現地環境の戦略的重要性は高いが子会社の能力は貧弱な場合である。ブラック・ホールは, 現地の戦略的重要性が高いにもかかわらず, 子会社能力のレベルが低く非常に懸案されるケースである。貢献者（Contributor）は, 現地環境の戦略的重要性は低いが子会社の能力が高い場合である。戦略的重要性が低い現地環境へ能力の高い子会社が設置されることもまた多国籍企業にとりあまり有効ではない。戦略リーダー（Strategic leader）は, 現地環境の戦略的重要性が高く子会社の能力も高い場合である。戦略リーダーは, 最も理想的な子会社のタイプであり, もはや子会社というよりは本国本社のパートナーとして機能する戦略センター（Strategic Centre）である。

　近年の子会社の類型化研究では, ノルディック諸国の研究者たちが精力的に精緻化を図っている。例えば, ホルム＆ピーダーセン [11] は子会社の能力（Competence）が高く, さらに子会社の能力を多国籍ネットワーク内で多重利用する頻度が高い子会社をセンター・オブ・エクセレンス（Centre of Excellence）と呼び, その重要性について指摘している。

図 11-5 グローバル組織デザインの進化

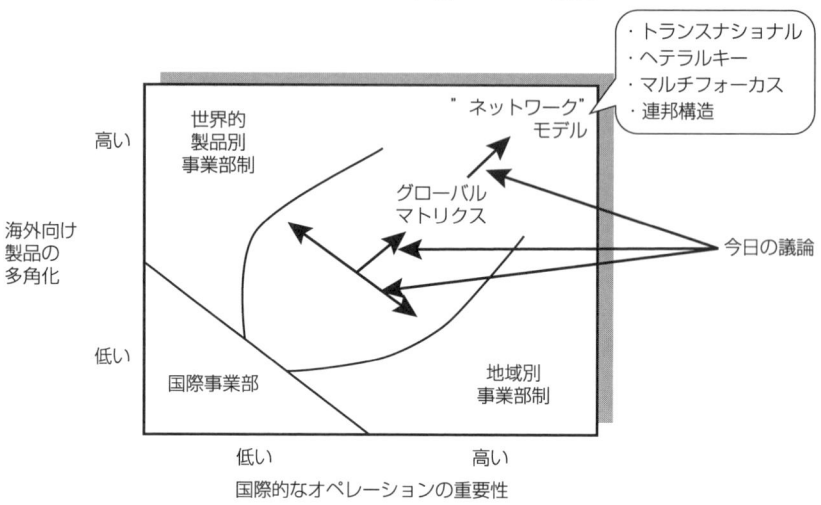

```
                        ・トランスナショナル
                        ・ヘテラルキー
                        ・マルチフォーカス
                        ・連邦構造

        世界的         "ネットワーク"
高い    製品別          モデル
        事業部制
                  グローバル
海外向け            マトリクス         今日の議論
製品の
多角化

低い    国際事業部    地域別
                     事業部制

        低い          高い
        国際的なオペレーションの重要性
```

（出所）Malnight [16] p. 202.

4 グローバルな組織デザイン

1 組織デザインの進化プロセス

近年の多国籍企業（Multinational Corporations：MNCs）の組織デザインは，分散化モデルからネットワークベース・モデルへ（Malnight [15]），階層構造から非階層構造（Less-Hierarchical Structure）へのシフトが重要視されている（Marschan [17]）。

例えば，ヘッドランド [10] のヘテラルキー（Heterarchy），フォルスグレン [7] のマルチセンター（Multi-Centre），バートレット＆ゴーシャル [3] のトランスナショナル（Transnational），ドズ＆プラハラッド [5] のマルチフォーカル（Multi-Focal），ホワイト＆ポインター [26] のホライゾンタル（Horizontal）等，実に様々なネットワークベース・モデルまたは非階層構造モデルが研究および提唱されている。

図 11-5は，ストップフォード＆ウエルズによる国際組織の段階モデルをも

とに Malnight［16］が作成したグローバルな組織デザインの進化プロセスである。ストップフォード＆ウェルズ［23］によれば，通常，多国籍企業は国際化の初期の段階，すなわち，国際的なオペレーションの重要性が低く海外向け製品の多角化が低い時，国際事業部（International Division）により国際経営する。そして海外向け製品数を増やさず，海外販売を伸ばすことで国際的なオペレーションの重要性が高まった企業は，地域別事業部制（Area Division）を採用し，逆に国際的なオペレーションの重要性は低いものの海外向け製品数が高まった企業は，世界的製品別事業部制（Worldwide Product Division）を採用する。さらに国際的なオペレーションも海外向け製品数も共に高くなった企業は，グローバル・マトリクス（Global Matrix）によって運営される。このように多国籍企業が進化の過程で地域別事業部制を採用しながらグローバル・マトリクスへ達するか，あるいは世界的製品別事業部制を経てグローバル・マトリクス構造となるかが一つの大きな議論となる。

　一方，国際組織のもう一つの議論は，グローバル・マトリクスを凌ぐさらなるネットワーク・モデルの構築である。いうまでもなくマトリクス組織は，地域と事業という異なる分野を同時にバランス良くマネジメントできるため，例えば，エクセレント・カンパニーであるアセア・ブラウン・ボベリ（Asea Brown Boberi：ABB）はマトリクス組織を採用してきた。ところが，実際にマトリクス組織を採用するとそれぞれ異なる分野のマネジャーが存在するため命令系統が多元化してコンフリクトが発生したり，二元性組織ゆえに意思決定に時間や手間を要しスピーディーな対応が遅れるなど，様々な問題点が露呈した。このようなマトリクス組織の限界から，今日ではすでに述べたような数々のネットワーク・モデルが指摘されるようになった。

2 トランスナショナル

　その代表的なネットワーク・モデルとして国際経営論で最も支持されているトランスナショナルについて触れてみよう。バートレット＆ゴーシャル［3］は，組織構造を大きく4つに大別している（図11-6）。

図 11-6　組織ストラクチャーのタイプと特徴

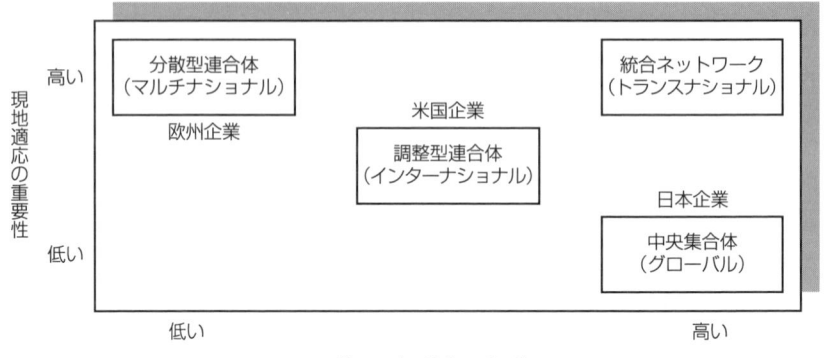

```
現地適応の重要性
　高い　│　分散型連合体
　　　　│　（マルチナショナル）           統合ネットワーク
　　　　│　                              （トランスナショナル）
　　　　│　欧州企業         米国企業
　　　　│                   調整型連合体
　　　　│                   （インターナショナル）
　　　　│                                日本企業
　　　　│                                中央集合体
　低い　│                                （グローバル）
　　　　└──────────────────────────────
　　　　　　低い                          高い
　　　　　　　　グローバル統合の重要性
```

（出所）Barney［1］p. 516

　一つは親会社の戦略を実行し中央で知識を開発して保有する中央集中体（Centralized Hub）であり，これはグローバル企業とも呼ばれ，日本企業の組織に数多くみられるタイプである。二つ目は親会社の能力を適応させ活用し中央で知識を開発して海外の組織単位に移転する調整型連合体（Coordinated Federation）であり，これはインターナショナル企業とも呼ばれ，米国企業の組織に多くみられるタイプである。三つ目は現地の好機を感じ取って利用しながら各組織単位内で知識を開発し保有する分散型連合体（Decentralized Federation）であり，これはマルチナショナル企業とも呼ばれ，特に欧州企業に多くみられるタイプである。

　以上の３つの組織構造はどれも長所と短所が混在し，多国籍企業の理想とされる姿とはいえない。今日，最も理想とされる多国籍企業は，現地適応の重要性が高くグローバル統合の重要性が高い企業であり，すなわち，ここでいう統合ネットワーク（Integrated Network）であり，トランスナショナル企業である。

　第四の組織構造であるトランスナショナル企業の特徴とは，第一に能力が分散し専門化し相互依存している，第二に子会社の役割はそれぞれ分化している，第三に知識またはコンピタンスを共同で開発し世界中で分かち合うであるが，

残念ながら，このような内的一貫性と高度な組織力を備えた多国籍企業は今のところ存在せず，現在では世界中の企業の大いなる目標として理解されている。

[参考文献]
［1］ Barney, J. B., *Gaining and Sustaining Competitive Advantage,* Addison-Wesley Publishing, 1996.
［2］ Bartlett, C. A. & S. Ghoshal, "Tap Your Subsidiaries for Global Reach" *Harvard Business Review,* Nov-Dec, 1987, pp. 87-94.
［3］ Bartlett, C. A. & S. Ghoshal, *Managing Across Borders : The Transnational Solution,* Harvard Business School Press, 1989.（吉原英樹監訳『地球市場時代の企業戦略：トランスナショナル・マネジメントの構築』日本経済新聞社，1990年）
［4］ Birkinshaw, J. & N. Hood, *Multinational Corporate Evolution and Subsidiary Development,* Mcmillan Press, 1998.
［5］ Doz, Y. & C. K. Prahalad, *The Multinational Mission,* Free Press, 1978.
［6］ Doz, Y, J. Santos, & P. Williamson, *From Global to Metanational,* Harvard Business School Press, 2001.
［7］ Forsgren, M., "Managing in International Multi-Centre Firm : Case Studies from Sweden" *European Management Journal,* Vol. 8, No. 2, 1990, pp. 261-267.
［8］ Govindarajan, V. & A. K. Gupta, *The Quest For Global Dominance : Transforming Global Presence into Global Competitive Advantage* Jossey-Bass, 2001.
［9］ Hamel, G., "Competition for Competence and Interpartner Learning within International Strategic Alliance" *Strategic Management Journal,* Vol. 12, 1991, pp. 83-103.
［10］ Hedlund, G., "The Hypermodern MNCs : A Heterarchy ?" *Human Resource Management,* Vol. 25, 1986, pp. 9-36.
［11］ Holm, U. & T. Pedersen, *The Emergence and Impact of MNC Centre of Excellence,* Mcmillan Press, 2000.
［12］ Hood, N. & S. Young, *The Globalization of Multinational Enterprise Activity and Economic Development,* Mcmillan Press, 2000.
［13］ Korine, H. & P. Y. Gomez, *The Leap Globalization : Creating New Value from Business without Borders,* Jossey-Bass, 2002.
［14］ 松崎和久「日本企業のグローバル戦略と組織間学習」『高千穂論叢』第36巻第1・2号，2001年，72〜94ページ。
［15］ Malnight, T. W., "The Transition from Decentralized to Network-Based MNCs Structure : An Evolutionary Perspective" *Journal of International Business Studies,* First Quarter, 1996, pp. 43-65.

[16] Malnight, T. W., "Changing Perspectives on Global Strategy and Organization" Rosenzweig, P, X. Gilbert, T. Malnight & V. Pucik eds., *Accelerating International Growth,* Wiley & Sons, 2001.
[17] Marschan, R., "Dimensions of Less-Hierarchical Stractures in Multinationals" Bjorkman, I. & M. Forsgren eds., *The Nature of the International Firm,* Copenhagen Business School Press, 1997.
[18] Nohria, N. & S. Ghoshal, *The Differentiated Network : Organizing Multinational Corporations for Value Creation,* Jossey-Bass, 1997.
[19] Porter, M. E., *The Competitive Advantage of Nations,* The Free Press, 1990.（土岐　坤・中辻萬治・小野寺武夫・戸成富美子訳『国の競争優位：上・下』ダイヤモンド社，1992年）
[20] Porter, M. E., *On Competition,* Harvard Business School Press, 1998.（竹内弘高訳『競争戦略論Ⅰ・Ⅱ』ダイヤモンド社，1999年）
[21] Sölvell, Ö, I. & I. Zander, "Organization of the Dynamic Multi-national Enterprise : The Home-based and the Heterarchical MNE" *International Studies of Management and Organization,* 25, 1995, pp. 17-38.
[22] Stonehouse, G, J. Hamill, D. Campbell & T. Purdie, *Global and Transnational Business : Strategy and Management,* Wiley & Sons, 2001.
[23] Stopford, J. M. & L. T.Wells, *Managing the Multinational Enterprise : Organization of the Firm and Ownership of the Subsidiaries,* Basic Books, 1972.
[24] 高橋浩夫『グローバル経営の組織戦略』同文館，1991年。
[25] White, R. E, & T. A. Poynter, "Strategies for Foreign-Owned Subsidiaries in Canada" *Business Quarterly,* Summer, 1984, pp. 59-69.
[26] White, R. E, & T. A. Poynter, "Organizing for World-Wide Advantage" Bartlett, C. A. Y, Doz. And G, Hedlund. Eds., *Managing the Global Firm,* Routledge, 1990.
[27] 山下達哉・高井　透『グローバル経営要論』同友館，1993年。
[28] Yip, G. S., *Total Global Strategy : Managing for World Wide Competitive Advantage,* Prentice Hall, 1992.（浅野　徹訳『グローバル・マネジメント：グローバル企業のための統合的世界戦略』The Japan Times, 1995年）

[基本文献紹介]
① Bartlett, C. A. & S. Ghoshal, *Managing Across Borders : The Transnational Solution,* Harvard Business School Press, 1989.
（吉原英樹監訳『地球市場時代の企業戦略：トランスナショナル・マネジメントの構築』日本経済新聞社，1990年）
　　　今日の国際経営論で最も優れた業績の一つとして認められている本。特に国際的な

組織構造面に着目し，トランスナショナル・モデルという概念を提示した。
② Ghoshal, S & E. Westney, *Organization Theory and The Multinational Corporation*, Macmillan, 1993.（江夏健一監訳『組織理論と多国籍企業』文眞堂，1998年）
　　最新の組織理論や多国籍企業の研究について専門研究者たちが執筆した本。本書の内容は研究者レベルなため，初学者にはかなり高度ではあるが，意欲のある学生にはお勧めしたい一冊である。
③ Bartlett, C. A. & S. Ghoshal, *The Individualized Corporation*, HarperCollins, 1997.（グロービス・マネジメント・インスティテュート訳『個を活かす企業：自己変革を続ける組織の条件』ダイヤモンド社，1999年）
　　『地球市場時代の企業戦略』では，新しい企業，組織構造こそ成長の源泉として捉えたが，本書では一転して個人のコンピタンスと企業家精神を高めることを指摘。前書と読み比べて見ると面白い。
④ Porter, M. E., *On Competition*, Harvard Business School Press, 1998.（竹内弘高訳『競争戦略論Ⅰ・Ⅱ』ダイヤモンド社，1999年）
　　競争戦略論を体系化したマイケル・ポーターの初期の研究から最近の研究までを再構成した本。特にグローバル戦略では，グローバル業界とマルチドメスティック業界，立地とクラスターについて詳細な研究を提示している。
⑤根本　孝・茂垣広志・池田芳彦編『国際経営を学ぶ人のために』世界思想社，2001年。
　　「国際経営環境」「国際戦略経営」「国際マネジメント」という３つのアプローチから，近年における国際経営論の動向及び内容について詳しく触れている。初学者に最適なテキストである。

［設　問］
①日本の国際競争力が衰退した理由を説明しなさい。
②マルチドメスティック戦略とグローバル戦略の特徴について説明しなさい。
③トランスナショナル企業について説明しなさい。

（松崎和久）

第12章 中小企業・ベンチャー企業経営論

> ▷ポイント
>
> 　本章では，中小企業およびベンチャー企業の経営の特徴について学ぶ。一般に経営学は大規模な企業の経営活動を研究対象としてきた。しかし中小企業は，知名度の低さや経営資源の外部調達依存など，大企業と異なる特徴をもっている。また，革新的な事業に取り組むベンチャー企業は，成長スピードが速いために，適切な人材確保や人材育成が成功のキーポイントとなっているとともに，開発資金や増加運転資金の調達が不可欠である。

【キーワード】　企業規模と経営活動，経営資源の外部調達，革新性，成長性，企業家（起業家）

1　中小企業・ベンチャー企業とは

1　中小企業の定義

　一般的に経営学は，比較的大規模な企業の経営活動を研究対象としてきた。大規模な企業の方が組織が整備されており，経営活動の記録が公開されていることが多いからである。

　しかし実際には，比較的規模の小さな企業が，企業の大多数を占める。「中小企業」とは，規模に基づく相対的な言い方であり，大企業と全く異なる企業概念を示すものではない。だが，企業規模が小さいことが，企業経営に与える影響は大きい。例えば銀行から融資を受ける場面を考えてみると，銀行にとっては融資審査のコストは融資金額が100万円でも1億円でもあまり変わらない。そのため，より少額の融資を受ける中小企業の方が，大企業より融資を受けにくいということがいえる。

　このように，「企業規模が小さいために経営活動において相対的に規模の大きな企業と異なる経営特性を示す」企業が「中小企業」である。一般的には，

表 12-1　中小企業基本法における中小企業の定義

製造業，その他*	資本金3億円以上または従業員300人以上
卸売業	資本金1億円以上または従業員100人以上
小売業	資本金5000万円以上または従業員50人以上
サービス業	資本金5000万円以上または従業員100人以上

（注）＊その他の業種には，鉱業，金融業，建設業，運輸業，通信業等が含まれる。

　中小企業の定義を数値などで具体的に示す必要はないが，政策を講ずる場合は対象を明確にする必要がある。日本の中小企業の基本的方針を示す中小企業基本法においては，中小企業の定義は**表 12-1**のように規定されている。

2　ベンチャー企業の定義

　ベンチャー企業とは，今までにない製品やサービス，新しい生産方法や販売・提供方法などによって新規の事業を起こし，急成長している企業のことである。ベンチャー・ビジネスということもある。
　ベンチャー企業の定義は様々な研究者が述べているが，ここで日本における代表的な定義を示しておく。

- 「研究開発集約的，またはデザイン開発集約的な能力発揮型の創造的新規開業企業」
  「小企業として出発するが，従来の新規開業小企業の場合と違うのは，独自の存在理由を持ち，経営者自身が高度な専門能力と才能ある創造的な人々を引きつけるに足る魅力ある事業を組織する企業家精神をもっており，高収益企業であり，かつ，この中から急成長する企業が多く現れている。」
  （清成忠男・中村秀一郎・平尾光司『ベンチャー・ビジネス』日本経済新聞社，1971年）

- 「成長意欲の強い起業家に率いられたリスクを恐れない若い企業で，製品や商品の独創性，事業の独立性，社会性，さらに国際性をもった，なんらかの新規性のある企業」（松田修一『ベンチャー企業（新版）』日本経済新聞社，2001年，16〜17ページ）

▶▶ Column ◀◀

「ベンチャー・ビジネス」は和製英語　今では誰でも聞いたことのある「ベンチャー・ビジネス」という言葉だが，これは元々英語にはない表現である。この言葉は，わが国のベンチャー企業，企業家研究の第一人者，清成忠男氏が考案した「和製英語」である。清成氏は，それまで前近代的といわれてきた中小企業のなかに，高い技術力を生かして急成長を遂げている一群を見いだし，従来型の中小企業と区別して「ベンチャー・ビジネス」と名付けたのである。

バブル景気崩壊後，長期低迷する日本経済を救う切り札として，1990年代以降はベンチャー企業に注目が集まっている。ベンチャー企業創出の中心地であるアメリカのシリコン・バレーなどを視察に訪れる日本人が「ベンチャー・ビジネス」という単語を連発していたので，最近ではアメリカでも「venture business」が通じるようになってしまった。

　ベンチャー企業を説明する概念として共通するものは，「革新性」と「成長性」である。そして多くの場合，新規創業企業であることが示されているが，例えば老舗企業が社長の代替わりを機に新規事業に進出し，再び成長するようなケース（「第2創業」という）もベンチャー企業と呼ぶことがあるので，必ずしも新規創業企業だけではない。

　ちなみに，英語でベンチャー企業に相当する表現は，「emerging company」，「venturous small business」，「high-growth small and medium enterprise」などである。

2 経済・産業における役割

1 経済・産業に占める中小企業の位置づけ

　中小企業が企業の大多数を占めると述べたが，実際に日本の経済・産業において中小企業はどのような位置づけにあるのだろうか。統計数値を用いてみてみよう。

　①企業数・従業者における位置づけ

　前述の中小企業基本法の定義に従って，日本の総企業数に占める中小企業の

表 12-2　業種別規模別企業数・従業者数

業　種	中小企業				大企業		合　計
	企業数	構成比(%)	うち小規模企業		企業数	構成比(%)	
			企業数	構成比(%)			
建設業	555,372	99.9	526,027	94.6	475	0.1	555,847
製造業	605,212	99.6	537,430	88.4	2,414	0.4	607,626
卸売業	293,903	99.2	203,261	68.6	2,259	0.8	296,162
小売業	1,084,209	99.7	945,211	86.9	3,784	0.3	1,087,993
飲食店	714,754	99.9	639,231	89.4	642	0.1	715,396
サービス業	1,181,827	99.7	1,001,806	84.5	3,881	0.3	1,185,708
その他	401,487	99.8	375,815	93.4	885	0.2	402,372
合　計	4,836,764	99.7	4,228,781	87.2	14,340	0.3	4,851,104

業　種	中小企業				大企業		合　計
	従業者数(人)	構成比(%)	うち小規模企業		従業者数(人)	構成比(%)	
			従業者数(人)	構成比(%)			
建設業	3,313,839	82.8	1,828,362	45.7	687,889	17.2	4,001,728
製造業	6,873,009	62.1	1,904,318	17.2	4,189,681	37.9	11,062,690
卸売業	2,613,429	70.0	362,210	9.7	1,120,608	30.0	3,734,037
小売業	3,886,631	63.5	934,781	15.3	2,236,490	36.5	6,123,121
飲食店	2,100,391	73.2	795,190	27.7	770,822	26.8	2,871,213
サービス業	5,536,199	73.5	1,097,087	14.6	1,995,273	26.5	7,531,472
その他	2,749,538	50.5	594,010	10.9	2,699,459	49.5	5,448,997
合　計	27,073,036	66.4	7,515,958	18.4	13,700,222	33.6	40,773,258

(注)　1：数値は，中小企業基本法改正後（1999年12月）の定義に基づき計算している。
　　　2：「その他」の業種には，非1次産業で表に掲出されていない業種を含む。
　　　3：小規模企業は，常内雇用者20人以下（卸売業，小売業，サービス業は5人以下）の会社および個人事業。
　　　4：小規模企業の構成比は，全企業，全従業者数に占める割合。
　　　5：従業者数とは，常用雇用者（正社員，パート・アルバイト含む。個人事業主，無給家族従業者，有給役員は含めず）。
(出所)　中小企業庁編『2002年版中小企業白書』ぎょうせい。
(資料)　総務省統計局「事業所・企業統計調査（1999年）」再編加工。

割合をみると，実に99.7％が中小企業である（**表 12-2**）。中小企業が480万社以上であるのに対して，大企業はわずかに1万4340社である。マスコミ報道などでは大企業の活動を毎日伝えているし，テレビコマーシャルも大企業のものが多いので，大企業の方が多いように錯覚してしまうが，実際には個人商店から

表 12-3　生産・販売活動における中小企業の位置づけ

(単位：%)

	中小企業	大企業	調査年
製造業出荷額	51.2	48.4	2000年
卸売業年間販売額	62.3	37.7	1999年
小売業年間販売額	73.3	26.7	1999年

（注）　中小企業は，製造業においては従業者4～299人，卸売業においては従業者1～99人，小売業は従業者1～49人。
（資料）　製造業出荷額＝経済産業省「工業統計表」。
　　　　卸売業年間販売額，小売業年間販売額＝経済産業省「商業統計表」。

町工場，自社製品を製造・販売している企業まで，中小企業は多数存在している。

　従業者数においても，中小企業で働く者は全体の66.4%（会社の常用雇用者と個人の従業者総数。「事業所・企業統計調査（1999）」）に上っている。特に飲食店やサービス業では全体の7割以上が中小企業の従業者ということになる。

　②生産活動，販売活動における中小企業の位置づけ

　次に，生産活動や販売活動における中小企業の位置づけをみてみる（表12-3）。製造業においては，50%を超える製造業出荷額が中小企業によるものである。卸売業においては62.3%，小売業においては73.3%が中小企業による販売額である。

　このように，企業数や従業者数においては，中小企業が大多数を占めている。また生産活動や販売活動においても，中小企業は過半数を占める存在である。中小企業は，日本の経済・産業において，非常に大きな地位を占めているのである。

2　経済発展におけるベンチャー企業の役割

　ベンチャー企業は，売上高や利益率など，量的に定義することは難しい。そのため，経済・産業に占めるベンチャー企業の位置づけは，統計などで明らかにすることは困難である。そこで経済や産業におけるベンチャー企業の役割を

考えてみよう。

　ベンチャー企業は，今までにない新しい技術を開発し，それを事業化する企業である。製品の新しい生産方法や，新しい提供・販売方法，あるいは新しい販売先の開拓も，ベンチャー企業の起こす革新であるということができる。このような革新は，例えば生産性を飛躍的に向上させたり，人々の生活を一新させたりする。シュムペーターは，企業家が行う新結合（イノベーション）が，経済の均衡点を動かしてしまうような非連続な変化を引き起こすとしている（シュムペーター [14]）。

　実際の企業活動においても，ベンチャー企業が経済発展を引き起こしていることがわかる。ハーバード・ビジネススクールのクリステンセン教授の研究によれば，多くの業界において，業界の常識を変えてしまうような革新的な製品を開発し，最初に市場開拓した企業は，当該業界で成功を収めた大企業ではなく，新規参入の小企業，つまりベンチャー企業であったという（クリステンセン [1]）。

　このようにベンチャー企業は，その革新性によって経済発展に寄与しているのである。

3　中小企業・ベンチャー企業に期待される役割

　1960年代には，日本経済の高度成長の影響で，中小企業は大企業と比べて非常に近代化が遅れた存在であり，大企業支配の下で弱い立場の存在であるとみなされていた。大量生産・大量消費の時代には，規模の大きい大企業の方が生産性が高く，「過小過多」（規模が小さすぎて数が多すぎる）の中小企業は，組合などを作って事業を共同化し，大企業並の規模の生産性をあげられるようになるべきだと考えられていた。

　しかしながら，現在は状況が大きく変わっている。経済大国となった日本は，欧米の先進国にモデルをみつけて追いかける「キャッチアップ」型から，自ら新しい方向性を生み出す「フロントランナー」として競争していくことが求められている。経済の成熟化に伴い，消費者ニーズは多様化し，技術的開発の成

果もあって，多品種少量生産が普及してきた。また技術開発のスピードが速くなり，次々に経営環境が変化する時代になっている。

高度成長期には7～8％あった開業率も，現在では3％程度に落ち込み，廃業率が開業率を上回る状態が続いている（総務省「事業所・企業統計調査」による）。失業率も5％を超え，戦後最高値を記録している。中央集権や全国一律の成長発展ではなく，地域経済の自律的な発展が求められている。

このような状況のなかで，中小企業やベンチャー企業に期待される役割も大きく変化している。例えば新しい市場を開拓し，参入して市場に競争状況を生み出す役割，新しい製品やサービスを創出する役割，雇用の場の提供，そして地域経済発展の担い手といった役割が考えられる。

3 中小企業経営の特徴

中小企業の質的な定義は，「企業規模が小さいために経営活動において相対的に規模の大きな企業と異なる経営特性を示す」企業であると述べた。小規模であるための知名度の低さや経営者の役割の大きさなど，必ずしも「不利」とはいえないまでも，中小企業の経営の特徴として挙げられる経営特性は存在する。ここでは，多様性，信用力，所有と経営，経営資源の調達の4つに焦点を当て，説明する。

1 多様性

資本金や従業員数といった量的な定義でみると，中小企業は日本の企業の99.7％を占めている。このように多数の企業が中小企業として存在しており，個人事業から法人企業（株式会社，有限会社，合名会社，合資会社など）まで，あるいは小規模企業から中堅企業まで，その形態だけでも非常に多様である。

統計データで平均値をとると，大企業に比べて中小企業は利益率や生産性において低い数値を示すことが多い。しかし，数値のばらつきを示す標準偏差を比較すると，中小企業の方が大企業よりばらつきが大きいことがわかる。図

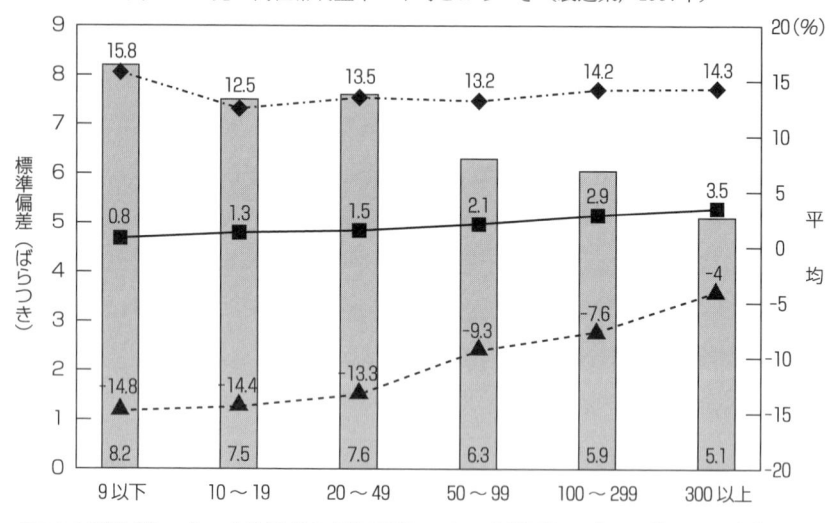

図 12-1 売上高経常利益率の平均とばらつき（製造業，1997年）

縦軸左：標準偏差（ばらつき）、縦軸右：平均(%)

従業者規模	標準偏差	上位10％の企業の平均	全体平均	下位10％の企業の平均
9以下	8.2	15.8	0.8	-14.8
10〜19	7.5	12.5	1.3	-14.4
20〜49	7.6	13.5	1.5	-13.3
50〜99	6.3	13.2	2.1	-9.3
100〜299	5.9	14.2	2.9	-7.6
300以上	5.1	14.3	3.5	-4

（出所）中小企業庁編『平成11年版中小企業白書』（大蔵省印刷局），1999年。
（資料）大蔵省「法人企業統計年報（1997年度）」再編加工。

12-1は，売上高経常利益率の平均と上位10％，下位10％の平均値，および標準偏差（ばらつき）を従業者規模別にみたものである。上位10％の利益率の平均では，従業者数9人以下の企業が15.8％であり，300人以上の企業（14.3％）を上回っている。標準偏差も，企業規模が小さいほどばらつきが大きい。このような傾向は，他の指標にもみられる。

例えばコンピュータの導入などの事例を考えてみても，全体的には大企業の方が情報化されていると思われる。しかし中小企業においては，まだコンピュータも活用していない個人商店が存在する一方，小規模でも高性能の情報機器やソフトを駆使してデジタル・コンテンツなどを制作している企業も存在する。平均値だけで中小企業を判断するのではなく，多様性を考慮した判断が必要である。

2 低い信用力

　中小企業は多数存在するが，1社1社の知名度は低い。これは，多額の広告宣伝費を使用できないことや，製品やサービスの流通が地域経済に限られていることが多いからである。また株式を公開している企業も少ないため，財務諸表など経営状況は一般には公表されない（株式会社は，本来，商法で貸借対照表と損益計算書の公告が義務づけられている）。

　「知られていない」ということは，企業経営に大きな影響を及ぼす。新規の取引開始や商品の販売において，取引先や消費者からみれば「知らない企業」は信用度が低く，なかなか取引を開始してもらえない。

　知名度の低さだけではなく，物的担保力の不足や情報公開していないことも，信用力の低さに結びつく。例えば金融機関から融資を受ける際，株式公開企業や大企業であれば情報開示（ディスクローズ）が行われているが，中小企業はディスクローズしていない企業が多く，外部からの経営状況の把握が難しいため資金調達が困難であったり，会社の借金に対して経営者個人の保証を求められたりする。中小企業に対する融資の利子には，リスクプレミアム（リスクに応じて利子を上乗せすること）がつけられることもある。

3 所有と経営の未分離

　株式会社は本来，株主が出資した資本を事業によって運用し，株主にその利益を配当する機関である。経営者は株主から企業経営を委託されている者であり，株主は企業の所有者である。しかし，商法上は1人でも株式会社を設立することができる。つまり，経営者イコール出資者になる。個人事業は，もともと経営者が自分の資産を元入れして開業するので，経営者イコール事業の所有者である。

　中小企業は，このようにオーナー経営者や，家族，親戚で出資して経営を行う同族会社が多く，所有と経営が未分離である企業が多い。

　所有と経営が未分離であると，本来株主が行う，企業経営に対するチェック機能が働かなくなる恐れがある。また個人事業を中心とする小規模企業では，

表12-4 事業上の収支と家計との関係

(単位:%)

	両者をはっきり区別している	帳簿は別だが一部重複	帳簿は別だがかなり重複	特に区別なし	その他
中小企業（小規模企業を除く）	80.2	6.4	1.9	1.9	9.6
小規模企業	60.0	16.4	6.0	9.1	8.5

(出所) 中小企業庁編『中小企業政策の新たな展開』同友館, 1999年。
(資料) 中小企業庁「中小企業総合調査」(平成10年11月実施)。

事業上の収支と家計の混合が起こっている。中小企業庁の調査によれば, 小規模企業では事業上の収支と家計とは「特に区別なし」という回答が9.1%,「帳簿は別だかかなり重複」が6.0%もあった(**表12-4**)。このような混合を防止するために, 青色申告制度(個人事業主が, 正規の簿記の原則に従った帳簿を作成し提出することを条件に, 年間45万円の所得控除や家族専従者の給与を経費に参入できるなどの特典がある)など帳簿作成の促進が行われている。

所有と経営の未分離は, デメリットばかりでなく, 意志決定のスピードが速い, 経営者が自らリスクを負って真剣に経営に取り組める, 利益を配当せずに次の事業や研究開発に投資できるというメリットもある。

4 経営資源の外部依存

企業経営には, 資金や人材, 設備, 技術や情報といった経営資源が不可欠である。経営に必要な経営資源の種類と量は, 経営環境や事業の進捗状況によって変化する。中小企業の場合, 資本金規模や従業員規模が小さいため, 将来使用するかもしれない経営資源を, あらかじめ社内に保有しておく余裕がない。また事業規模が小さいと, 使用頻度の少ない設備や頻繁に発生しない仕事を行う社員を抱えておくことは難しい。

そこで, 中小企業は, 必要なときに必要な経営資源を社外から調達することになる。生産の外注や人材派遣の活用, 特許の実施許諾による社外技術の活用, 弁護士や会計士など社外専門サービスの活用などである。

第12章　中小企業・ベンチャー企業経営論

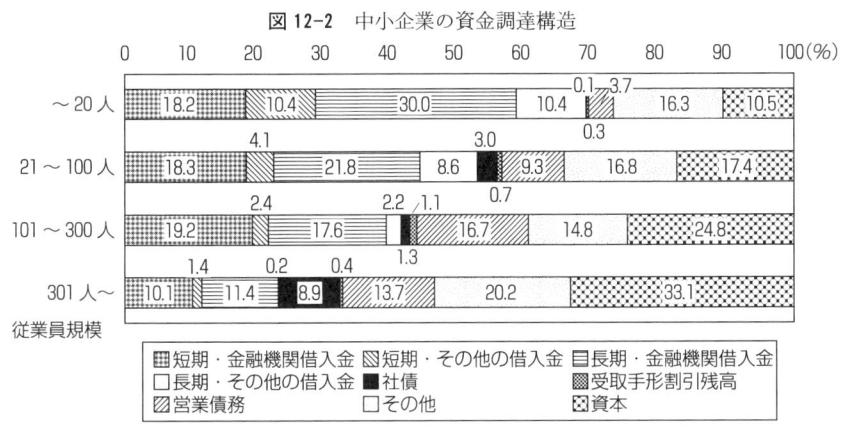

図12-2　中小企業の資金調達構造

従業員規模	短期・金融機関借入金	短期・その他の借入金	長期・金融機関借入金	長期・その他の借入金	社債	受取手形割引残高	営業債務	その他	資本
～20人	18.2	10.4	30.0	10.4	0.1	3.7	16.3	0.3	10.5
21～100人	18.3	4.1	21.8	8.6	3.0	9.3	16.8	0.7	17.4
101～300人	19.2	2.4	17.6	2.2	1.1	16.7	14.8	1.3	24.8
301人～	10.1	1.4	11.4	0.2	8.9	13.7	20.2	0.4	33.1

（注）1：各項目の構成比率は分母を負債＋資本＋割引手形残高として算出。
2：営業債務（企業間信用）は支払手形＋買掛金の残高。
3：その他とは、営業債務＋長期借入金＋社債以外の負債である引当金等の残高。
（出所）中小企業庁編『2002年版中小企業白書』ぎょうせい。
（資料）財務省「法人企業統計年報」（2000年度）再編加工。

　また資金調達においても，中小企業は自己資本や社債による調達よりも，金融機関からの長期借入金による調達の占める割合が高い（図12-2）。増資や社債の発行はコストがかかり，小口の資金調達には向かない。さらに投資家への情報開示が不可欠であり，そのための資料作成や情報提供に人材や資金を投入する必要があるので，規模の小さな企業には負担が大きい。

　必要とする経営資源を必要なときに自由に調達できる市場があればよいが，残念ながら実際には簡単なことではない。最近のように変化のスピードが速い時代には，大企業であっても大規模な設備等を保有することにはリスクが伴う。「小回りがきく」ことが中小企業の特徴であるが，その裏付けには経営資源の外部調達がスムーズに行えるような仕組みづくりが重要である。

4　ベンチャー企業経営の特徴

　ここでは，革新性と成長性というベンチャー企業の本質によってもたらされる経営上の特徴に焦点を当てる。

1　革新性に基づく経営の特徴

①不確実性とリスク

　ベンチャー企業は，新規性のある技術やアイデアに基づき，今までにない商品やサービスを提供する事業を始めたり，新たな生産方法や商品・サービスの提供方法，販売方法などを実現する。すでに世の中にある事業をモデルにするのであれば，どうすれば失敗しないか，どのような点に注意すべきか，成功の鍵は何かといった情報を得ることができる。しかし，新しい事業はこのようなモデルがないため，先が読めない。これが不確実性である。たとえば実際に商品を使用した場合の消費者の反応とか，製造工程間の微妙な調整の必要性とか，実際に直面してみて初めてわかる課題がある。

　このような不確実性を克服するためには，経営者である企業家が十分情報収集し，分析し，それに基づいて将来を予測することが必要である。情報分析や論理的な考察に基づく綿密な事業計画を作成し，また新たな情報の入手や状況変化に応じて事業計画を修正しつつ，より確実な予測を立てていくことの繰り返しによって乗り越える。

　よく，ベンチャー企業はリスクが高いといわれる。不確実性と異なり，リスクは「発生確率が計算できる危険」である。火災や交通事故のように，発生頻度がわかっているような危険をいう。ベンチャー企業自身のリスクは，自社の倒産や従業員の不正や犯罪，生産設備や店舗における事故の発生などである。このようなリスクは業歴の長い企業でも発生するが，ベンチャー企業では事業自体が新しいため，事故や不正を防止するしっかりしたマニュアルや規定が整備されていないことも多く，リスクの発生確率は高くなる。また社長自身が事故や病気で倒れた場合，ほかに代わる人がいないのもベンチャー企業特有のリスクである。

　また，取引先の倒産や資金調達の不調，開発計画の遅れなど，成長スピードが速いことや社内に経営資源の蓄積が少ないことから，大きなリスクとなりうるものもある。

　このようにリスクが高いと，金融機関からの借り入れの際に金利を高めに設

定されたり（リスクプレミアム），借り入れ自体が困難になる場合もある。一般にリスクが高い事業における資金調達は，失敗しても返済の必要のない投資などのエクイティ・ファイナンスによって行われる。

ベンチャー企業はリスクが高いが，しかし経営者である企業家は，「個人的，経済的にも計算されたリスクを負い，そのリスクを極小化すべく最大限の努力を惜しまない。」（ティモンズ［15］10ページ）のである。

②市場開拓と事業化の困難性

特に今までにない商品やサービスを世に出す場合，ベンチャー企業自らが市場を開拓しなければならない。商品を販売する流通ルートを開拓し，売り場を確保し，広告宣伝によって知名度を上げる。機械や設備なら，販売後のメンテナンスや消耗品の供給なども必要である。いらなくなった商品の廃棄方法も考えなくてはならない。顧客が商品やサービスを認知し，選択し，注文・購入し，利用する。このような一連の流れがスムーズにいくように，事業の内容を細部にわたって具体的に構築していく事業化の過程が，実は新規事業の立ち上げのなかで最も難しい。

しかも販売よりも事業開発や市場開拓が先行するため，かなりの資金調達が必要である。また今までにない商品やサービスは，利用者や顧客が商品そのものの存在に気づき，使い方を知り，浸透していくまでに，時間と費用がかかる。ベンチャー企業も顧客の反応をみながら，事業の内容を修正していく必要がある。

対象顧客が限られている特殊な商品・サービスであれば，ターゲットとする顧客を明確化してアプローチすればよいが，広く一般の消費者を対象とする商品は，商品そのものの開発よりも，むしろ市場開拓の費用のほうが多額になることもある。

顧客は新しい商品・サービスに対して，提供する企業の信頼性を重視する。知名度の低いベンチャー企業であれば，顧客の信頼を得て新しい商品・サービスを売ることは，より一層困難である。

2 成長性に基づく経営の特徴

　ベンチャー企業のもう一つの特徴は，成長性である。具体的な数値で示すことは難しいが，成功したベンチャー企業は，事業の立ち上がりの時期に，毎年売上高が倍増するような成長スピードをみせる。このような成長スピードの速さが，ベンチャー企業経営のもう一つの特徴である。

①人材確保および組織構築の困難性

　すでに業歴も長く，継続的安定的に事業を行っている企業であれば，計画的に人員を配置し，育成していくことが可能である。しかし，短期間に事業化し，急激に規模が拡大していくベンチャー企業にとっては，人材確保と組織構築・マネジメントが最も重要な課題となり，「人」の問題で失敗する場合が多い。

　ベンチャー企業は，通常，開発→事業化→販売・生産開始→事業の急成長→安定的成長といった段階を経て発展していく。各段階において必要となる人材は同じではない。開発段階では開発技術者が，事業化段階ではマーケティングや企画ができる者，販売・生産段階では営業担当者や生産管理者が必要である。社長の片腕として，社内管理やファイナンスを担当する者も欠かせない。

　急成長するベンチャー企業は，このような異なる能力をもった人材を，あらかじめ社内で育成することは不可能であるから，外部から採用することになる。しかし，適切なタイミングで適切な人材が採用できるとは限らない。また，一度正社員として採用してしまうと，段階によってあまり必要となくなる人材も出てくる。

　事業が成功して急成長期に入り，従業員が急に増加してくると，組織的な管理が必要となってくる。少人数の時は，社長も同じオフィスでわいわいがやがやと議論していればよかったが，従業員が30～50人を超えると就業規則や意志決定のルールを明確にしないと，組織が効率的に動かなくなってくる。また，後から入社してきた従業員が増えると，創業当時の経営理念や目標を共有できなくなり，一人一人が役割分担しつつ同じ方向に向かって協力することが難しくなってくる。

　経営者のマネジメントスタイルも，企業の成長とともに変化しなくてはなら

ない。松田修一氏は，ベンチャー企業の企業家の役割を，スタートアップ期には「事業への思い入れと強力なリーダーシップを持った何でも屋」，急成長期には「事業への使命感，先見・決断・スピードを持ち，人を動かす人」，安定成長期には「明確なビジョン，決断，先見，スピードを持ち，経営システムを動かす人」と指摘している（松田［13］81ページ）。

　しかし，一人の企業家がスタートアップ期から安定成長期まで，企業の拡大とともに成長を遂げることは難しい。良いサポート役となる共同経営者をみつけるか，自分の能力の限界がみえたら他の経営者にバトンタッチすることも一つの方策である。

　②資金およびその他の経営資源の調達

　ティモンズによれば，「成功するベンチャー企業が必要とする経営資源に，①経営チーム，取締役会，弁護士，会計士，コンサルタントなどの人材，②資金，③工場，設備などの資産，④ビジネスプランがある」（ティモンズ［15］314ページ）。

　人材についてはすでに述べたので，ここではそのほかの経営資源の調達について述べる。資金調達はどのような企業にとっても重要な経営課題であるが，新しい事業に挑戦し，急成長するベンチャー企業にとっては，事業化が成功するまでの開発資金と急成長する際の増加運転資金の調達は特に困難である。

　売上などの実績や物的担保がない時点で，研究開発や事業開発，販路開拓のための開発資金を調達するためには，投資家からの投資など，担保を必要とせず，返済義務のない資金調達方法が適している。しかし，投資家にとっても事業が成功するかどうか，将来どのくらいのリターンがあるのか，判断するための情報が必要である。そこで，ベンチャー企業はこれから行おうとする事業の内容や将来の利益計画，資金計画などを事業計画書（ビジネスプラン）にまとめ，情報開示を行うのである。事業計画書は，投資家に情報提供するだけではなく，どのような経営資源がいつ，どのくらい必要になるかを，企業家が自ら把握するためにも役立つ。

　急成長するベンチャー企業にとって，事業化が成功し，量産や販売を始めた

時の増加運転資金の調達も，重要な課題である。通常，商品などを販売して代金が支払われるまでには1～2カ月，手形などによる支払いの場合は，2～3カ月以上かかる。しかし，従業員の給料や工場の光熱水道費，運送費などの販売経費は，先に支払わなくてはならない。販売額が急増すると，この資金ギャップ（運転資金）が急増し，現金の手当が間に合わなくなってしまうのである。運転資金も担保の裏付けがない資金であり，数カ月後には現金が入金されることがわかっていても，金融機関からの融資を受けることが難しい資金である。

　資金の他にも，生産設備や店舗などの調達も，急成長に合わせて短期間で行うことが求められる。最近は，設備投資のリスクを避け，自社で生産工程を持たないファブレス企業も増えてきている。また小売業なども自社直営店舗を増やすのではなく，フランチャイズ・チェーン化して加盟店に店舗の土地・建物を調達させる方式で，店舗を急増させている企業もある。

　人材，資金，設備といった経営資源は，調達する際に意外と時間やコストがかかるものである。急成長するベンチャー企業は，できるだけ事業計画書を緻密に作成し，あらかじめどのような経営資源がいつ，どのくらい必用になるかを把握し，計画的に調達することが重要である。

3　ベンチャー企業と企業家の役割

　ベンチャー企業の本質は革新性と成長性である。革新的な事業で成功して成長するためのキーポイントは，事業機会を的確に捉え，そのなかで他社に勝つための戦略を策定し，必用な経営資源を集めることである。これらの活動は，特に企業家（起業家）が果たす役割が大きい。

　新しい技術やアイデアで，今までにないビジネスを事業化する者を企業家という。起業家ということもあるが，こちらの方は新規に会社を起こす場合にのみ使われるため，より狭い概念である。企業家は，既存企業の新規事業展開も含むより広い概念を示す。

　さて，企業家とはどのような者を指すのであろうか。著名な研究者の定義によって，企業家の本質を考えてみよう。

第12章 中小企業・ベンチャー企業経営論

▶▶ *Column* ◀◀

日本を変える企業家の成功　私たちの生活は，日々新しい製品やサービスであふれている。現在では，当たり前のように利用している製品やサービスも，かつて企業家によって初めて市場にもたらされたものが多い。たとえば映画や演劇，コンサート，イベントなどの情報誌やチケット販売サービス，海外旅行のときに購入する格安航空券を販売する旅行会社，回転寿司，低価格のコーヒーショップ，ファミリーレストランなどである。

　リスクを背負って新しいビジネスに挑戦し成功した企業家は，どのくらいの創業者利得を獲得しているのだろうか。東洋経済新報社の「ベンチャー・クラブ」2002年5月号によれば，ベンチャー企業経営者の株式資産を時価総額でみると，トップはソフトバンクの孫正義氏で2229億9000万円，2位が「ユニクロ」のファーストリテイリングの柳井正氏で733億8000万円，3位がサイゼリヤを経営する正垣泰彦氏の565億6000万円であった（肩書，金額は当時のもの）。いずれも株式を上場または公開している企業のみであるが，ほぼ一代で数百億円の富を生み出したことになる。

　アメリカでは，このように億万長者になった成功した企業家が，次の世代の企業家を育てるため，エンジェルとなって個人的にベンチャー企業に投資している。日本でも，成功した企業家が増加することによって，経済や産業の再活性化を期待するとともに，企業家を再生産する社会的な仕組みができることが重要である。

- 「新結合の遂行を自らの機能とし，その遂行にあたって能動的要素となるような経済主体のこと」（シュムペーター『経済発展の理論（上）』岩波書店，1977年，198～199ページ）

  5つの新結合

  ①新しい生産物ないしは生産物の新しい品質の創出と実現

  ②新しい生産方法の導入

  ③工業の新しい組織の創出（例えばトラスト化）

  ④新しい販売市場の開拓

  ⑤新しい買い付け先（原材料の仕入先）の開拓

- 「企業家は変化を当然かつ健全なものとする。彼ら自身は，それらの変化を引き起こさないかもしれない。しかし，変化を探し，変化に対応し，変化を機会として利用する。」（P・F・ドラッカー『イノベーションと企業家精

神』ダイヤモンド社，1985年，43ページ）
- 「創造的であって，創造の所産を企業化することに達成の意欲を有している人間」（清成忠男『中小企業』日本経済新聞社，1985年，48ページ）
- 「企業家は自己責任によってリスクを引き受け，創造的な事業活動によって市場機会に機敏に対応する。競争過程を通じて，企業家は多かれ少なかれイノベーションを展開する。」（清成忠男『中小企業ルネッサンス』有斐閣，1993年，7ページ）
- 「高いロマンに，リスクを感じながらも，果敢に挑戦し，自己実現を図るために，独立性，独創性，異質性，さらに革新性を重視し，長期的な緊張感に耐えうる成長意欲の強い起業家」（松田修一『シリーズベンチャー企業経営1：起業家の輩出』日本経済新聞社，1996年，12〜13ページ）

　これらの定義をみると，企業家に共通の概念は，市場の変化や事業機会をとらえ，それを創造的な事業活動によって事業化する者であるということができる。そして，このような創造的な事業活動を，強制ではなく自己実現と考えて自ら行っているのである。

　先行するモデルのない，革新的な事業に取り組むことは，不確実性やリスクに満ちた困難な事業活動である。こうした困難に挑戦し，多少の失敗やトラブルにもくじけずに立ち向かっていく企業家がいるからこそ，ベンチャー企業は成り立つのである。事業に対する信念や思い入れがなければ，多大な苦難を乗り越えることはできない。

[参考文献]
［1］　C・クリステンセン『イノベーションのジレンマ』（伊豆原　弓訳）翔泳社，2000年。
［2］　中小企業庁編『平成11年版中小企業白書』大蔵省印刷局，1999年。
［3］　中小企業庁編『平成12年版中小企業白書』大蔵省印刷局，2000年。
［4］　中小企業庁編『2001年版中小企業白書』ぎょうせい，2001年。
［5］　中小企業庁編『2002年版中小企業白書』ぎょうせい，2002年。
［6］　中小企業庁編『中小企業政策の新たな展開』同友館，1999年。
［7］　中小企業事業団中小企業研究所編『'92中小小売業の発展動向』同友館，1993年。
［8］　P・F・ドラッカー『イノベーションと企業家精神』（上田惇生・佐々木実智男訳）

ダイヤモンド社，1985年．
[9]　清成忠男・中村秀一郎・平尾光司『ベンチャー・ビジネス』日本経済新聞社，1971年．
[10]　清成忠男『中小企業』日本経済新聞社，1985年．
[11]　清成忠男『中小企業ルネッサンス』有斐閣，1993年．
[12]　松田修一・大江　建編著『シリーズベンチャー企業経営1 起業家の輩出』日本経済新聞社，1996年．
[13]　松田修一『ベンチャー企業（新版）』日本経済新聞社，2001年．
[14]　J・A・シュムペーター『経済発展の理論上・下』（塩野谷祐一・山中伊知朗・東畑精一訳）岩波書店，1977年．
[15]　J・A・ティモンズ『ベンチャー創造の理論と戦略』（千本倖生・金井信次訳）ダイヤモンド社，1997年．

[基本文献紹介]
①清成忠男『中小企業読本（第3版）』東洋経済新報社，1997年．
　　中小企業の概念から経済的社会的位置づけ，政策まで，歴史的変遷および最近の状況が概説されている基本的な1冊．
②清成忠男『中小企業ルネッサンス』有斐閣，1993年．
　　最近の産業構造変化と新しい中小企業・ベンチャー企業の役割を解りやすく論じている．海外の事情も豊富に紹介されている．
③松田修一監修／早稲田大学アントレプレヌール研究会編『ベンチャー企業の経営と支援（新版）』日本経済新聞社，2000年．
　　ベンチャー企業の役割，起業家，マネジメント，ファイナンス，支援策まで，データや実務に即して包括的に論じている．
④松田修一『ベンチャー企業（新版）』日本経済新聞社，2001年．
　　新書なので，ベンチャー企業に関する入門書として適している．ベンチャーをめぐる金融，会計や法律についても概説．
⑤ドラッカー，P.F.『イノベーションと企業家精神』ダイヤモンド社，1985年．
　　企業家と企業家活動の本質，内容を，具体例を豊富に示しながら論じている基本書．1997年に選書として上下2分冊でも出版されている．

[設　問]
①中小企業とベンチャー企業の違いについて述べなさい．
②中小企業の特徴である小規模性は，経営においてどのようなメリットとデメリットになっているか，具体例を挙げて論じなさい．
③ベンチャー企業が成長していく過程で，企業家の役割はどのように変化するか考察しなさい．

（鹿住倫世）

用　語　解　説

第 1 章　経営管理理論・経営組織論の基礎理解

カオティック・パースペクティブ
　　組織環境が，不確実性状況に位置する組織における環境・戦略・組織構造・人間行動の関係を説明する概念であり，「ゆらぎ・混沌」によるマネジメントが展開されることになる。

環境決定論
　　組織行動あるいは，組織構造の設計は，環境の要請，ないしは，環境に適応する方向で決定されるという理論。伝統的組織構造論，コンティンジェンシー組織論が代表的理論である。

コスミック・パースペクティブ
　　組織環境が安定している状況における環境・戦略・組織構造・人間行動の関係を説明する概念であり，「調和」によるマネジメントが展開されることになる。

戦略的選択論
　　組織行動，あるいは，組織構造の設計は，組織の自律的・主体的視点により決定されるものであり，戦略も，環境も，組織により創造されるということを展開する理論。組織進化論，組織デザイン論，組織的知識創造理論が代表的理論である。

組織進化
　　組織は，変異・淘汰・保持のスパイラル的循環過程を継続的に展開することにより，自らの能力で進化・発展を実現することが可能であるとする組織パラダイム。

人間関係論
　　1924年から1932年にかけて，米国，ウエスタン・エレクトリック・カンパニーのホーソン工場においてはじめられた実験の結果，人間の仕事への動機づけは，人々の感情・情緒，および，その感情により自然発生的に形成される非公式組織・人間関係が最も強く影響するという見解を発表した。

人間欲求とモティベイション
　　人間の欲求構造と仕事への動機づけを分析する理論。規範理論の代表的学説として，

A・H・マズロー，F・ハーズバーグ，また状況理論の代表的学説として，ブルーム，ポーター＆ローラー等の学説がある。

ネットワーク戦略

組織は自らの不足資源（資源依存モデル）を確保するための主たる方法の一つとして，他組織とのネットワーク形成を主体的に展開する。ネットワーク形成のパターンも，トップ・マネジメントの派遣・導入，ジョイント・ベンチャー，長期売買契約，合併等，様々である。

第2章　経営管理論・経営組織論における新たな研究課題

ガバナンス主権者

経営者を，任用・罷免する権限を有する個人・集団・組織のことである。このガバナンス主権者は誰なのか，誰が望ましいのかを検討することが，コーポレイト・ガバナンス論の中心的テーマである。

カンパニー制組織

本社・トップによる「集権化」，および，各事業部による「分権化」を事業部制組織（形態）より，一層明確にする目的で構築された組織形態である。日本において，ソニーにより，1994年に導入されたのが始まりである。

形式知と暗黙知

M・ボランニーが提唱した概念であり，人間の知識には，個人の行動・経験・価値等により形成されてきた主観的・直感的知識であり，他者への形式的伝達が困難とされる「暗黙知」と形式的・論理的言語により他者への伝達が可能な「形式知」の2種類があるとされる。

事業部制組織

1921年，米国・デュポン社において，多角的企業戦略に対応する目的でデザインされた組織形態である。日本においては，1933年，松下電器産業において実施されたのが最初である。

純粋持株会社制

持株会社制組織には，（親会社）自らも事業を展開しつつ他社の株式を所有する「事業持株会社」と，自らは一切の事業を行わず他社の株式を所有することのみを唯一の事業目的とする「純粋持株会社」の2種類ある。1997年6月の「独占禁止法改正法」により，「純粋持株会社制」が法制度上，認可された。

用　語　解　説

組織的知識創造

野中郁次郎を中心に展開された学説であり，組織の成長・発展は，組織内に，新たな知識を創造することにより実現されうるとする理論。組織的知識創造のメカニズムの解明が，特に注目されるところである。

知識変換モード

組織的知識創造のメカニズムにみる中心的概念であり，個人の暗黙知が，組織的知識へと変換されていく4段階から成るスパイラル的循環過程をいう。第一モードが，「共同化」，第二モードが「表出化」，第三モードが，「連結化」，第四モードが「内面化」と呼ばれている。

ハイパーテキスト型組織

組織的知識創造理論により提唱される新たな組織形態である。ルーティン・ワークを展開する①「階層型組織」と，新たな知識を創造する②「タスク・フォースないしはプロジェクト・チーム」の2つの組織構造のもとに，これらを相互補完的に連動させる第三の組織構造をデザインするというものであり，この③の「知識ベース・レイヤー」は組織的実体としては存在するものではない。

ミドル・アップダウン・マネジメント

マネジメントの方式には，①トップダウン・マネジメント，②ボトムアップ・マネジメント，そして，③ミドル・アップダウン・マネジメントの3類型がある。組織的知識創造マネジメントにおいては，③のミドル・アップダウン・マネジメントが最も適しているとされている。

第3章　経営戦略論

事業別戦略と機能別戦略

事業別戦略と機能別戦略は全社的戦略の下位に位置づけられる戦略である。事業別戦略は事業ごとに展開されている市場競争を意思し，各機能の具体的な調整と統合を行いながら事業別戦略の実現をサポートする。全社的戦略，事業別戦略，機能別戦略は相互補完関係にある。

水平的提携と垂直的提携

水平的提携とは，同一製品やサービスなどを提供している企業同士が主に規模の経済性を求めて行う提携であり，垂直的提携とは，生産から販売にわたる各業務段階において主に経営効率化を求めて行う提携である。

成長ベクトル

ベクトルとは大きさと方向性をもった量をあらわすが，経営戦略における成長ベクト

ルとは，製品および市場を基準にしてその企業がどの方向に進んでいくかを示唆するものである。アンソフによれば，新製品と新市場の組み合わせは多角化という方向性を示している。

全社的経営

経営戦略の核は全社的戦略であるが，これは企業の中核となる事業領域を定義づけ，それを中心にして各事業に対する経営資源の効率的な配分を行い，競争優位の源泉を見出していく戦略といえる。

戦略提携

戦略提携とは，提携企業が明確な戦略意図をもって全社的あるいは高い事業レベルに位置づけられた提携を指す。戦略提携によって創造された利益は双方が互恵的に入手できるとの認識をもつことが求められ，ここに協調関係の実現意識が生まれる。

中間組織

市場における取引といった緩やかな結びつきから企業統合といった強固な結びつきに至るまでの間に存在する結合形態。中間組織の概念は，スポット取引〜反復取引〜継続取引〜パートナーシップ〜提携というように，結合度合の強弱で認識することができる。

第4章　管理会計論

意思決定会計

業績管理会計とともに管理会計の体系を構成し，主として個別計画の立案など，経営意思決定を支援するために有用な会計情報を提供する領域をいう。

企業会計

企業の利害関係者が適切な判断と意思決定ができるように，企業活動を貨幣的に測定し，伝達する行為をいい，財務会計と管理会計の2つの領域から構成される。

業績管理会計

意思決定会計とともに管理会計の体系を構成し，主として期間計画立案と統制活動のために有用な会計情報を提供する領域をいう。業績評価会計と呼ばれることもある。

経営管理機能

計画と統制など，購買，製造，販売といった企業の基幹業務を効率的・能率的に遂行するための働きのことであり，管理会計の体系における一つの主要な視点を形成している。

用 語 解 説

財務会計
　　管理会計とともに企業会計を構成し，企業外部の利害関係者に対して情報を提供する領域をいう。外部報告会計と称されることもある。

総勘定元帳システム
　　損益計算書や貸借対照表という財務諸表を産出することを主目的として，取引処理システムの中核に位置づけられて機能するシステムをいう。

統合会計情報システム
　　基幹業務システムや原価計算，資金管理など複数のアプリケーションと統合された総合的な情報システムとして形成され，財務会計・管理会計の諸要請にこたえるものとして経営情報システムの中核として常時継続的に運用されるシステムをいう。

第5章　マーケティング論

価格設定
　　価格は企業の収益に大きく関係するものであり，一般的には顧客に提供する製品の価値を示しているが，企業の目的や製品の特徴などによって設定方法が異なる。一般的な価格設定方法には，コスト基準型価格設定，価値基準型価格設定，競争基準型価格設定の3つの種類がある。

市場細分化と標的市場の選定
　　市場細分化とは様々なニーズを有している顧客によって構成されている市場を特定の基準で同質の（あるいは類似の）市場に区分することである。細分化の基準には消費者の特性によるものと消費者の反応によるものに分けることができる。また，細分化された市場のことを市場セグメントという。企業はそのなかから十分な規模を有しているか，成長が見込める市場セグメントを選択する必要がある。

製品
　　マーケティングにおける製品とはその製品の物質そのものではなく，顧客に提供するベネフィットを中心に構成されるもののことを指す。企業はその製品の本質的なベネフィットを品質水準，スタイル，ブランド名などによって有形の製品にし，さらに保証やアフターサービスなど製品に付随する要素を加え顧客に提供しているのである。

チャネル
　　チャネルもしくはマーケティング・チャネルとは製品やサービスを使用したり，消費可能なものにしたりするために行われる一連のプロセスに関わっている組織の集合であり，製造業者，流通業者（卸売業者，小売業者）によって構成される。

プロモーション

プロモーションとは企業が顧客に対して製品や企業の情報を提供することである。プロモーションは広告，人的販売によるプロモーション活動，販売促進，そしてパブリシティに分けることができる。この4つの要素を組み合わせることをプロモーション・ミックスという。

マーケティング・コンセプト

マーケティング・コンセプトとは企業や組織がその顧客のニーズを満たすことによって利益を得ようとする考え方のことである。顧客のニーズを満たす政策を考える顧客志向，売上高ではなく利益を重視するという利益志向，そして顧客志向と利益志向を実現するためにマーケティング部門だけではなく企業内の様々な部門の活動を統合することという3つの要素がその内容である。

マーケティング・ミックス

マーケティング・ミックスとは標的市場を満足させるために，マーケティング担当者が用いる手段の組み合わせのことである。この組み合わせには様々なものが考えられるが，一般的には製品，価格設定，プロモーション，チャネルをマーケティング・ミックス要素として用いる。また，これら4要素の頭文字をとってマーケティング・ミックスを4Pという。

第6章　財務会計論

会計ビッグバン

企業の実態の適正な開示のため，また，会計基準を世界標準に近づけるための一連の流れをいう。

確定拠出型年金

保険料の運用成績により受給額が決定する年金制度。企業には年金コストの負担減少，労働者には年金のポータブル化等のメリットがあるが，受給額は労働者の自己責任となる。

企業会計原則

金融庁の企業会計審議会が公表している会計基準。一般原則，損益計算書原則，貸借対照表原則から構成されており，主要な財務諸表である損益計算書，貸借対照表の作成方法について規定している。法律ではないため強制力はないが，商法などの他の法令によって財務諸表を作成する際の基準となる。

キャッシュフロー

現金，預金等がどのように増減したのかということ。日本の会計は損益重視からキャ

用 語 解 説

ッシュフロー重視へシフトしている。

財務諸表
　　貸借対照表，損益計算書，キャッシュフロー計算書，利益処分計算書（または損失処理計算書），附属明細表など。企業外部の利害関係者に，企業の経営成績および財政状態を報告することを主な目的として作成される。

損益計算書
　　貸借対照表と並んで主要な財務諸表の一つ。一会計期間の企業の経営成績を明らかにするために作成される。

貸借対照表
　　損益計算書と並んで主要な財務諸表の一つ。決算日の企業の財政状態を明らかにするために作成される。

DCF（discounted cash flow）法
　　将来のキャッシュフローを資本コストで割り引いたもの。投資評価やM＆Aの合併比率の算定等に用いられる。

粉飾決算
　　架空の売上を計上する，損失を隠す，架空の資産を計上する，債務を隠す等の方法により実際よりも利益を多く見せかけた偽りの財務諸表を公表すること。反対に利益を少なく見せることもある。利害関係者の判断を誤らせることになる違法な行為である。

第7章　生産管理論

AI（人工頭脳）
　　artificial intelligence の略号で，人工知能とも呼ばれる。自己判断力のあるシステムであり，ひとの頭脳に代わる働きをし，ロボットの主要部分を構成している。

原価低減
　　生産する際に発生する費用を減らすことで，経営上売り上げ増と並んで重要な施策である。いろいろな手法が開発されているが，最も重要なのは「パレートの原理」の適用，すなわちウエイトの高い費用の節減を重点的に見直すことである。日本で開発された小集団活動に基づくTQCや，トヨタ方式ともいわれるJITは世界的に活用されている。

情報システム
　　情報を定義することはむずかしい。平松は情報はコミュニケーションの要素であり，データは何かを教える資料，情報はその何かの内容，知識は体系的な（問題解決のノウ

233

ハウが含まれた）情報であると理解している。システムは機能要素を関係づけた体系であり，システムに情報を乗せると新しい価値が生まれ，現在の情報システム時代が誕生している。

生産形態
　生産のいろいろな仕方の違いをいい，受注への対応，生産量と種類の多少，1度の生産量のまとめ方などで生産の仕方が異なってくる。

生産要素
　生産をするために必要な要素のことで，伝統的には「ひと，もの，金，情報」といわれるが，専門的には本書の説明を参照されたい。

製造原価
　生産する際に発生する費用を指し，用途別に様々な算出方法が用いられている。最も多用される形態的分類では原材料費，人件費，経費に三大別し，財務諸表上は原価計算明細書となる。生産量の影響別では固定費，変動費に分けられ，また製品別の算出も必ず求められる。

製品要素
　生産した製品（顧客からみた商品）に求められる要素のことで，伝統的には「量，品質，価格，納期」をいうが，現代の市場では公共性なども求められるようになった。専門的には本書の説明を参照されたい。

2〜5次産業
　コーリン・クラークは，採取中心の産業（農，牧畜，漁，林業）を1次，物的財貨の加工・製造産業（鉱，工，建設，エネルギー業）を2次，それ以外の産業（金融・保険，不動産，運輸・通信，卸・小売，サービス）を3次産業として分類したが，平松は新産業時代を迎え，3次から情報システム部門を4次，人工頭脳部門を5次産業として分離すべきであると提案している。

品質管理
　製品の品質を確保，向上させるための管理をいう。戦後アメリカのデミングが統計的品質管理を日本で指導し，優れた実績を達成した企業にはデミング賞が与えられるようになった。日本ではそれをさらに発展させ，検査不要の完全な製品をつくりだす組織ぐるみ改善活動に取り組み，TQCを生み出している。アメリカはさらに経営管理者の取り組みを強化し，それをTQMとしている。

付加価値生産
　経済活動が実質的に生み出した価値の増加（利益でなく売上高から対外支払いを差し

引いたもの）を付加価値といい，それを生産活動で行うことを指す。

第8章　人事管理論

HRM
　Human Resources Management の略で一般的には人的資源管理と訳されている。1970年代に米国では人材を経営における最重要な資源，資産として位置づけることが主張され，HRD（Human Resources Development）すなわち人的資源開発とともに登場してきた概念である。最近ではさらに人的資本経営（Human Capital Management）という用語も登場し，日本では人材マネジメントあるいは"人財"の言葉も使われる。

エンプロイヤビリティ（Employability）
　「雇用されうる能力」といわれ，特定の企業のみで通用する能力ではなく，他社や労働市場で通用する能力を指し，持ち運び可能なポータブル・スキル（Portable Skill）とも類似な言葉である。企業の終身雇用や安定雇用が困難になっていることから，経営者や管理者にはエンプロイヤビリティを育成する責任，個々人にはそれを積極的に開発する責任が問われてきている。

コンピテンシー（Competency）
　「高い業績・成果をあげている者の行動特性」などといわれているが，顕在化され，発揮された能力や資質，行動特性であり，いわゆる実力である。米国では担当しているジョブ（Job）を中心とする人事，日本は潜在・保有能力による人事が限界にきており，90年代以降，このコンピテンシーをベースとする採用，評価，昇進や能力開発などのコンピテンシー人事システムが注目され，一部の企業での導入が進んできている。

人事制度
　人材のマネジメント全体の制度システムを指す広義の意味もあるが，その中核となる人材の雇用区分（雇用制度）と等級区分（等級格付け）等の人材を秩序づける制度が人事制度と呼ばれている。

ナレッジ・マネジメント（Knowledge Management）
　知識の時代は，知の創造・活用・移転・蓄積を担うナレッジ・ワーカーの時代ともいわれている。そうしたなかで単なるデータや情報ではなく，その体系化された知をいかに創造・共有し，活用・蓄積するかのナレッジ・マネジメントに大きな注目が集まっている。IT技術の活用とともに，活用可能で，魅力的なナレッジ・マネジメントのシステム化が課題となってきている。

評価制度

人材の保有能力や行動，その成果を評価する基準，評価方法を定めた制度を評価制度と呼ばれている。最近は，評価基準が潜在・保有能力や年功から顕在・発揮能力や成果を重視する方向へ変化し，能力・成果主義と呼ばれ注目されてきている。また賃金・賞与・昇進などの評価目的，職種や階層等の評価対象者によってもその評価は多様化してきている。

目標管理

Management By Objectives の略であることから MBO とも呼ばれている。特に成果・能力主義人事への移行のなかで，その成果・能力を評価するためのツールとして再び注目されてきている。60～70年代には「目標による管理」と訳され，自主的目標設定によるモティベーション策として注目導入されたのに続く第2次のブームであるが，高い目標を押し付けるノルマ管理に陥る危険性が常に指摘されてきている。

第9章　企業経営と金融

エージェンシーコスト

情報の非対称性がない時の企業の最大価値から情報の非対称性があるために損なわれる減少分を指す。

コーポレイト・ガバナンス

企業の統治構造である。より一般的には，企業の経営構造や所有構造などによって，企業の経営を管理・監督する統治システムを指す。

裁定機会（利益）

不確実な世界においても，確実に利益の出る機会とその機会によって生じる価値。一物一価が成立していない状態にのみ生じる機会である。

社外取締役

会社の従業員や取引相手などの関係者以外の取締役のことである。ステークホルダー以外の取締役を指す。取締役の監視機能をより高めることが期待されている。

情報の非対称性

取引の当事者間の保有している情報に違いがある状態，もしくはその違いの程度を指す。企業自体の情報は，経営者が他のどのような取引相手よりも知っている状態にあること。

ボンディングコスト

情報の非対称性を減らし，エージェンシーコストを削減するために代理人（エージェ

無関連性命題
　将来の投資機会が全く同一な企業は，その資本構成の違いにかかわらず企業価値が変わらないという命題（統合資本コストも変わらないことになる）。

メインバンク
　企業にとって融資額が最も多いだけでなく，株式持ち合いや，役員派遣を受け入れるなどの総合的な取引関係のある銀行を指す。

モニタリングコスト
　情報の非対称性を減らし，エージェンシーコストを削減するために依頼者が監視を行うことなどによって生じる追加的なコスト。

第10章　企業経営と法

債権と物権
　売買代金の支払を受ける権利は，債権。所有権は物権。債権は，売買のような契約や不法行為（違法な侵害があるとき損害賠償義務が生じる）等により，契約の相手方や加害者に対し，生じる。所有権は，目的物を自由に利用，収益，処分する権利であり，それを妨げる者なら誰に対しても，返還を求めたり，予防措置を求めたり，損害の賠償を求めたりできる権利。民法が認める物権は，所有権，地上権，永小作権，質権，抵当権等，9種類だけ。

証拠の保存
　権利があっても，強制的に権利を実現するためには，権利があることを裁判により確定する必要がある。裁判所は，どのような事実があるかを当事者の提出する主張と証拠から認定し，認定した事実に法律を適用して，権利の有無・内容を判定する。権利があっても，根拠となる具体的事実を証明する証拠がなければ，裁判による確認が得られない。契約が成立したら契約書を，金銭等を渡したら領収書を残すこと。口頭の説明だけでは不足。

消滅時効と取得時効
　債権や，所有権以外の財産権は，長期間行使しないと消滅する。消滅するまでの期間は，債権は10年（商事債権は5年）が原則である（民法167条）。より短い期間で消滅するものもある。工事請負代金3年，小売商人の商品代2年，飲食代金1年。他方，無権利者から土地を買っても，所有権は取得できない。しかし，その後所有者として占有を続ければ，公然・平穏・善意・無過失なら10年，悪意または過失があれば20年で所有権を取得する。

相殺

　　甲と乙が互いに同種の債権をもち，各債権が履行期にあるときは，甲が乙に債務を履行し乙が甲に債務を履行するのに代えて，対等額については互いに債務を消滅させることができる。相殺と呼ぶ。相殺は，甲乙いずれからも相手方に対して相殺する旨意思表示することで完了する。民法505条以下。

代理人

　　本人に権利を取得させ，または義務を負担させるため，第三者と契約を結ぶことのできる権限（代理権）のある者を，代理人と呼ぶ。代理権は，法律で与えられる場合と本人が代理人に与える場合がある。前者が法定代理人である。父母は，普通に未成年者の法定代理人（民法824条）である。代理権の授与は，書面によるときは，「委任状」を本人が代理人に交付することが多い。

典型契約

　　民法は，債権の発生原因である契約について，社会で生じる様々な契約を類型化した13種類の契約を，549条以下に取り上げる。これを，典型契約と呼ぶ。売買契約や，賃貸借契約，請負契約，委任契約などのそれぞれについて，どのような債権債務が生じるか原則を明らかにする。民法の規定と異なった権利義務を生じさせることは，強行規定に反しなければ，原則自由。

表見代理

　　代理権がなければ，代理人として契約が結ばれても，本人には効力が及ばない。代理権がないのに代理人として第三者と締結された契約等を，無権代理行為と呼ぶ。無権代理行為のうち，本人に効力を及ぼすことが公平と考えられる民法所定の事情があるときは，本人に効力が及ぶ。これを，表見代理と呼ぶ。無権代理行為の相手方が，代理人に代理権があると信じ，信じるにつき落ち度もなく，本人にもそれなりの責任がある場合である。

不法行為

　　違法に他人の権利を侵害したものは，それにより生じた損害を賠償する義務がある（民法709条以下）。違法な権利侵害を不法行為と呼ぶ。交通事故により他人に怪我をさせたり物を壊す場合（過失による権利侵害）や，殴って怪我をさせる場合（故意による権利侵害）等である。契約によらない債権の発生原因である。具体的事例では，違法かどうか，どのような損害が生じたかについて，判断が難しい場合が少なくない。

第11章　国際経営論

アライアンス戦略

　　戦略提携，企業間協力とも呼ばれる。アライアンス戦略について日本企業と欧米企業

を比較すると，欧米企業は，新規事業へ参入するコストやリスクの軽減が主な目的であるのに対し，日本企業は，パートナーから新しいスキルやノウハウの学習が目的となるケースが多いといわれる。

クラスター

言語的には，ぶどうの房を意味するクラスター（Cluster）とは，関連企業，関連供給業者，大学や業界団体等の関連機関が地理的に集中し，競争または協力している状態と定義される。今日，経済地理学や空間経済学にも研究が取り入れられ，応用されている。

グローバル戦略

各拠点の能力を総動員して活用するシステマティックなモデルとなり，それぞれの海外子会社は互いに相互依存関係で結ばれ，諸活動のリポーティングまたはコントロールは本国本社に集中化され，各市場を超えて相互内部扶助政策が推進される性格をもつ。

国際競争力

国際競争力とは，企業の競争力を支える環境を提供できる国の能力である。各国の国際競争力を比較した資料として世界経済フォーラムが発表する『グローバル競争力レポート』やIMDが発表する『世界競争力年鑑』が有名である。

センター・オブ・エクセレンス

科学技術の分野では，「創造性豊かな世界の学術研究を推進する卓越した研究拠点」として定義されるが，グローバル経営では，子会社の能力（Competence）が高く，しかもその能力を多国籍ネットワーク内で多重利用する頻度が高い子会社と定義され，戦略リーダーとともに最近よく使われる言葉である。

戦略リーダー

Bartlett and Ghoshal が指摘した子会社の役割差別化における一つのタイプ。現地環境の戦略的重要性と現地組織の能力レベルがともに高い中核子会社のことである。戦略リーダー以外にも，戦略センター，コンピタンス・センター，センター・オブ・エクセレンスとも呼ばれる。

トランスナショナル

今日のグローバル企業の理想的な組織デザイン像をトランスナショナル（Transnational）という。特徴としては，第一に能力が分散し専門化し相互依存している，第二に子会社の役割はそれぞれ分化している，第三に知識またはコンピタンスを共同で開発し世界中で分かち合うことである。

マルチドメスティック戦略

現地国中心の戦略（Country-centered Strategy）とも呼ばれる。この戦略は，おのおのの単一国ないし地域市場において競争優位性の構築を目指すモデルであり，各市場やサブユニットは，その他の市場やサブユニットから完全に独立的に扱われ，諸活動の統制は分散化し，本国本社へはリポーティングがバックされるに留まるという性格をもつ。

マルチリージョナル戦略

マルチドメスティック戦略とグローバル戦略のちょうど中間領域に当たる戦略。北米地域，欧州地域，アジア地域毎に地域統括会社（Regional Headquarters）を設置して地域単位で接近を図りながら競争することであり，ゾーン・マネジメントとも呼ばれる。

第12章　中小企業・ベンチャー企業経営論

革新性

経営においては，技術や経営活動の新しさ，今までにない先端性を指す。ベンチャー企業の特徴の一つ。

企業家（起業家）

事業機会を機敏にとらえ，イノベーション（革新）を起こして，それを事業化する創造的な人材。企業家がベンチャー企業を起こす。起業家は，新規創業者のみを指すが，企業家は既存企業の第二創業も含めたやや広い概念である。

企業規模と経営活動

企業規模が小さいために，経営活動において相対的に規模の大きな企業と異なる経営特性を示すこと。中小企業の経営論が成り立つ根拠。

経営資源の外部調達

人，モノ，金，情報などの経営資源を，あらかじめ内部に蓄積しておくのではなく，必要な時に必要なだけ，市場などを通じて社外から調達すること。中小企業の経営の特徴でもある。

成長性

ベンチャー企業の特徴の一つ。短期間に売上高や従業員数，店舗数，利益額などが急増すること。

索　引

あ　行

IMD　*191*
アセア・ブラウン・ボベリ（ABB）　*201*
アルドリッジ，M. E.　*20*
アンソフ，H. I.　*3*
暗黙知　*27*
ERP　*79*
ECR　*56*
意思決定会計　*75*
一物一価　*154, 156*
印鑑証明　*184*
インターナショナル企業　*202*
ウエイク，K. E.　*13*
ウエルズ，L. T.　*200*
迂回生産　*123*
ウッドワード，J.　*3*
AI（人工頭脳）　*117, 120*
エージェンシーコスト　*160, 168*
SCM　*56*
エバン，W. M.　*20*
MBO　*148*
OEM　*60*
オールドリッヒ，H.　*20*
オズボーン，R. N.　*13*

か　行

開業率　*213*
会計期間　*72*
会計実態　*71*
会計情報システム　*76*
会計ビッグバン　*106*
会計責任　*70*
会計ビッグバン　*106*
解除　*180*
概念知　*30*
カオス　*13*
カオス原理　*18*
価格設定　*92*
価格設定方法　*91*
革新性　*217*
価値分析（VA）　*128*
活動基準原価計算　*79*
加点主義人事　*19*
ガバナンス主権者　*37*
株主議決権　*163*
株主主権　*41*
株主提案　*163*
貨幣的評価　*72*
ガルブレイス，J. R.　*13*
環境決定論　*4, 14*
環境デザイン戦略　*16*
環境不確実性　*13*
環境類型論　*13*
カンパニー制組織　*32*
管理（Management）　*1*
管理会計　*70*
管理行為の同時貢献性　*29*
機械産業　*119*
企業家（起業家）　*222, 223, 224*
企業会計　*68*
企業会計原則　*101, 105*
企業家の役割　*221*
企業別労働組合　*139, 141*
期待理論　*10*
機能別戦略　*53*
規範理論　*8*
キャッシュフロー計算書　*106, 107, 112*
キャンベル，D. T.　*13*
業界構造ビュー　*193*
業界標準　*196*
共感知　*30*
業績管理会計　*75*
競争戦略論　*193*
供託　*179*
共同化　*27*
協同戦略　*16*
業務的意思決定　*75, 79*

241

クラーク，C. G.　116, 117
グループ・カンパニー　32
グローバル・アライアンス戦略　196
グローバル・スタンダード　189
グローバル・マトリクス　201
グローバル・リーダーシップ・コンピテンシー論　20
グローバル企業　202
グローバル競争力レポート　191
グローバル戦略　44, 194
クロスボーダーM＆A　196
経営管理者　70
経営資源　122
経営資源の外部依存　216
経営資源の外部調達　217
経営者支配　41, 43
計画会計　74
経験的知識資産　30
形式知　27
契約の取消　178
契約の無効　178
原価概念　72
原価計算　123
原価構成　128
権利義務関係　171
コア・コンピテンス　138
合意の補充　175
工業用製品　125
貢献者（Contributor）　199
公正証書　185
行動主義　19
合理化された製造業者　198
ゴーシャル，S.　200
コーポレイト・ガバナンス　37, 161
コーポレイト・ガバナンス論研究のフレーム・ワーク　38
子会社戦略　196
子会社の役割　198
顧客志向　84, 85
国際事業部　201
コストダウン　127, 128
コスミック・パースペクティブ　4
個別　121
コミュニケーション・センター　29

婚姻の成立　176
コンセプト知識資産　30
コンティンジェンシー・パラダイム（状況適合理論）　3
コンテンツ　117, 120
コンピテンシー・モデル　147
コンピュータ統合生産（CIM）　130, 131
コンベア方式　126

さ　行

債権　172
差異測定システム　78
財団　172
裁定機会　155, 156
裁定利益　157
財務会計　69
財務諸表　99, 105
差別化されたネットワーク　198
サランシック，G. R.　17
三種の神器　139
360度評価　149
GE　196
JIT　129
時価会計　112
事業に関連する法律規制　176
事業別戦略　53
自己革新的組織の諸条件　14
自己実現　8
自己実現人モデル　8
自主的全体　71
市場カバレッジ戦略　87
市場細分化　86
システム　117, 120
システム知識資産　30
システム場　30
実現概念　72
実験主義　19
実行者（Implemanter）　199
実践場　30
社会的存在　69
社外取締役　167
借地借家関係の法律　182
社団　172
社内分社制　32

索　引

ジャンチ，E.　*14*
集権化　*35*
集権的職能別部門制組織　*31*
終身雇用制度　*139*
受注生産　*121*
取得時効　*181*
純粋持株会社制組織　*32, 35*
償却費　*123*
証拠の収集・保存　*183*
小集団活動　*129*
消費者製品　*125*
少種多量生産　*121*
情報　*117, 120, 122, 123*
情報システム（IT）化　*129*
情報の非対称性　*158*
証明力　*183*
消滅時効　*181*
職能資格制度　*144*
職務充実化政策（ジョブ・エンリッチメント）　*10*
職務分析　*126*
職務分類制度　*145*
ジョブ・グレード制度　*145*
所有と経営の分離　*43*
所有と経営の未分離　*215, 216*
人事管理　*136*
新製品開発　*90, 91*
人的資源管理（HRM）　*136*
人的資本管理（HCM）　*136*
シンプル・グローバル戦略　*44*
信用力　*215*
垂直的組織間関係　*19*
垂直的提携　*54*
水平的組織間関係　*20*
水平的提携　*54*
スタフ活動　*116*
ストーカー，G. H.　*3*
ストックオプション　*165*
ストップフォード，J. M.　*200*
スパイラル的循環過程　*27*
成果・能力主義　*142*
生産計画　*126*
生産形態　*121*
生産性　*127*

生産統制　*127*
生産プロセス　*126*
正社員　*143*
精神的成長欲求　*9*
製造原価　*115, 127, 128*
製造原価の分類　*127*
製造原価明細書　*123, 127, 128*
成長性　*217, 220*
成年被後見人　*179*
製販（あるいは製配販）同盟　*56*
製品　*90*
製品スペシャリスト　*198*
製品の伝統的4要素　*124*
世界競争力年鑑　*191*
世界経済フォーラム（WEF）　*191*
世界的製品別事業部制　*201*
責任会計制度　*78*
瀬島龍三　*131*
絶対主義人事　*19*
セルフ・オーガナイジング　*14*
セル方式　*126*
全社の戦略　*53*
センター・オブ・エクセレンス　*199*
戦略（Strategy）　*1*
戦略センター　*199*
戦略提携　*53*
戦略的意思決定　*75, 79*
戦略的インディペンデント　*198*
戦略的選択進化論モデル（Strategic Choice）　*14*
戦略リーダー　*199*
総勘定元帳システム　*76*
操作知　*30*
創出場　*30*
創造環境　*14*
創造性原理　*18*
創造的カオス　*28*
装置（プロセス）産業　*119*
相当因果関係　*175*
組織間関係論　*14*
組織間ネットワーク（組織セット）　*19*
組織形態　*15*
組織進化論　*15*
組織的知識創造の促進要件　*27*

243

組織的知識創造マネジメント論　15, 25
組織デザイン論　14
即決和解　185
ソニー　32
ソフト　117
損益計算書　99, 112

　　　　　　た　行

第1次産業　116
対応概念　72
体系知　30
対抗要件　176
第5次産業　117
第3次産業　117
貸借対照表　99, 100, 104, 112
退職給付会計　106, 110, 112
第2次産業　116
ダイヤモンド理論　193
第4次産業　117, 120
代理権　177
代理人　177
対話場　30
多角化　52
竹内弘高　25
多品種少量生産　121, 131
ダベンポート，T. H.　25, 26
多様性　213
担保物権　173
地域統括会社　195
地域別事業部制　201
知識資産　30
知識ベース・レイヤー　29
知能産業　119
知のリーダーシップ　30
チャイルド，J.　14
チャンドラー，A. D.　3
中央集中体　202
中間組織　54
中小企業　207, 210-215
中小企業の定義　208
調整型連合体　202
TQC　63, 129
TPM　124
ディビジョン・カンパニー　32

テイラー，F. W.　1
デュポン社　32
典型契約　174
伝統的管理会計　80
統合会計情報システム　76
統合的コンティンジェンシー・モデル　3
統合ネットワーク　202
倒産コスト　158
統制会計　74
淘汰　190
ドズ，Y.　200
トフラー，A.　117
ドメスティック戦略　44
トヨタ生産方式　129, 139
トランスナショナル　198, 200
トランスナショナル企業　202
取締役会　164

　　　　　　な　行

内部組織デザイン論　17
内面化　27
内容証明制度　185
ナイラン，K. J.　20
人間関係（非公式組織）　2
人間関係論的マネジメント　2
年功主義　142
年功序列　139
能率　125
野中郁次郎　3, 25

　　　　　　は　行

場　30
ハーズバーグ，F.　8
ハード　117
ハードとソフトの複合産業　118
バートレット，C. A.　200
バーリ，A. A.　43
バーンズ，T.　3
ハイパーコンペティション　189
ハイパーテキスト型組織　29
ハウス，R. J.　11
派遣社員　143
発展的管理関係　80
パレートの原理　128

索　引

ハント，J. G.　13
非公式組織　7
被保佐人　179
評価制度　149
表見代理　177
表出化　27
品質　128
品質管理　128, 129
ファインゲンバウム，A. V.　128
フェッファー，J.　17
フォルスグレン，M.　200
付加価値　118, 119
不確実性　218
物権　173
物権的請求権　173
不法行為　175
不満足回避欲求　9
ブラック・ホール　199
プラハラッド，C. K.　200
ブルーカラー　122
ブルーム，V. H.　10
プロモーション　93
分権化　35
分権化と集権化の同時実現　36
分権的事業部制組織　31
分散型連合体　202
文書の作成者　184
ヘッドランド，G.　200
ヘテラルキー　200
弁済　179
弁済者の代位　180
ベンチマーク　63
ベンチャー企業　208, 209, 211, 212, 217, 218, 220, 221
ポインター，T. A.　200
法人　172
法人税　157
法人の代表者　177
法定代理人　177
ホーソン研究　6
ポーター，L.　10
ポーター，M. E.　192
補修費　123
ホライゾンタル　200

ポランニー，M.　27
ボルボ方式　126
ホワイト，R. E.　200
本社－子会社関係　198
ボンディングコスト　159

ま　行

マーケティング　83, 84
マーケティング・コンセプト　84
マーケティング・サテライト　198
マーケティング・チャネル　95
マーケティング・ミックス　90
マーケティング情報　88, 89
マーケティング戦略　89
マクロ会計　67
マズロー，A. H.　8
松下電器産業　32
マトリックス制組織　31
マルチ・ドメスティック戦略　44, 194
マルチセンター　200
マルチナショナル企業　202
マルチフォーカル　200
マルチリージョナル戦略　195
マレット，C. B.　20
ミーンズ，G. C.　43
ミカエル，J. E.　26
ミクロ会計　67
見込生産　121
ミドル・アップダウン・マネジメント　29
ミニチュア・レプリカ　198
メインバンク　160
メガ・コンペティション　189
メガ・セレクション　190
目標・経路理論　11
目標管理制度　147
モニタリングコスト　159

や　行

有効性　125
要員合理化　126
予算編成システム　78
欲求・動機づけに関するコンティンジェンシー・モデル　10
欲求・動機づけに関するコンティンジェンシー

245

理論　8
欲求・動機づけマネジメント　8
4つの知識変換モード　27

ら　行

ライン活動　116
リアル・マン・モデル　11
リエンジニアリング　51
利害関係者　68
リスク　218
リストラ　51

リソース・ベースド・レビュー　193
ルーティン知識資産　30
連結化　27
連結会計　106, 107, 111
連結ピン　29
連続生産　121
労働関係の法律　182
ローシュ, J.　3
ローラー, E. E.　10
ローレンス, P.　3
ロット生産　121

執筆者紹介（所属・執筆分担・執筆順・＊＊は編者）

＊藤井　耐（高千穂大学理事長，はしがき，第1章，第2章）
　竹内　慶司（高千穂大学経営学部教授，第3章）
　成田　博（高千穂大学商学部教授，第4章）
　庄司　真人（高千穂大学商学部教授，第5章）
　深山　秀一（深山秀一税理士事務所・税理士，第6章第1，2，3節）
　赤坂　慎二（赤坂FP税理士事務所・税理士，第6章第4節）
　平松　茂実（平松技術士事務所・技術士〔経営工学〕，第7章）
　根本　孝（元明治大学経営学部教授，第8章）
　楠美　将彦（高千穂大学商学部教授，第9章）
　山本　剛嗣（山本剛嗣法律事務所・弁護士，第10章）
　松崎　和久（高千穂大学経営学部教授，第11章）
　鹿住　倫世（専修大学商学部教授，第12章）

〈編著者紹介〉

藤 井　　耐（ふじい・たえる）

1949年　生まれ
1972年　高千穂商科大学商学部卒業
1974年　明治大学大学院経営学研究科経営学専攻修士課程修了
　　　　高千穂商科大学商学部助手，同助教授，を経て
　　　　高千穂商科大学商学部教授，高千穂大学経営学部教授，
　　　　同大学院経営学研究科博士前期・後期課程教授
2001年　高千穂大学学長就任，高千穂学園理事就任
現　在　高千穂大学理事長

MINERVA TEXT LIBRARY㉘

経営学の新展開
――組織と個人の未来像――

| 2003年5月15日 | 初版第1刷発行 | 検印省略 |
| 2020年4月20日 | 初版第2刷発行 | 定価はカバーに表示しています |

編著者	藤　井　　　耐
発行者	杉　田　啓　三
印刷者	田　中　雅　博

発行所　株式会社　ミネルヴァ書房

607-8494 京都市山科区日ノ岡堤谷町1
電話代表（075）581-5191番
振替口座01020-0-8076番

©藤井　耐, 2003　　　創栄図書印刷・藤沢製本

ISBN978-4-623-03758-2
Printed in Japan

経営学
──────寸木俊昭編著　A 5判　264頁　本体2600円
●成熟・グローバル段階の企業経営　日本の企業社会は80年代後半に成熟段階に到達、また近年国内市場の開放を求める米欧アジア諸国の声はさらに高まる。急展開しつつある日本の企業経営の現状と近未来を考察する。

新版　現代の企業経営
──中村瑞穂／丸山恵也／権　泰吉編著　A 5判　292頁　本体2600円
●理論と実態　大規模化・多国籍化し、関連会社を重点的に支配する現代の少数巨大企業を頂点とする資本主義企業の今日的特徴を、個別企業の経営目的だけではなく、人間生活や社会経済と関連づけつつ理論的具体的に考察。

現代の企業経営を学ぶ
笹川儀三郎／山下高之／仲田正機／渡辺　峻編著　A 5判　288頁　本体2800円
●経営学入門　企業とは何か、経営はどのように行われているのかを学ぼうとする初学者のための入門書。はじめに企業経営の仕組みを知る基礎理論、次の現状・実態をグローバルな見地より分析、最後に企業経営の諸学説を概観。

テキスト経営学〔増補版〕
──────井原久光著　A 5判　352頁　本体3200円
●基礎から最新の理論まで　『テキスト経営学』(1999) に最終章、第21章「現代社会と企業」を追加して国際経営論、情報化、企業責任など企業の現代的課題を増補。用語・概念をわかりやすく解説した独学にも最適の 1 冊！

新しい時代と経営学
──────片岡信之／篠崎恒夫／高橋俊夫編著　A 5判　266頁　本体2800円
定説に束縛されることなく、21世紀の経営学の方向を大きく見据えようという視点に立ち、基本的諸問題を可能な限り的確に把握できるよう論述された、経営学にかかわる学生・研究者に贈る必読の一書！

現代経営学入門
──法政大学経営学部　藤村博之／洞口治夫編著　A 5判　240頁　本体2500円
●21世紀の企業経営　「経営学」とは何か？から始める経営学。学生はもちろん経済・経営学を全く学んだことのない人でも通読して理解できる記述と、現実に則した事項を用いて理論的枠組を理解できるよう構成された入門書。

──────ミネルヴァ書房──────
http://www.minervashobo.co.jp/